乡村振兴与中国特色城乡融合发展

白雪秋 聂志红 黄俊立 等 著

·北京·
国家行政管理出版社
NATIONAL ADMINISTRATION PRESS

图书在版编目（CIP）数据

乡村振兴与中国特色城乡融合发展 / 白雪秋等著 . —北京：国家行政管理出版社，2018.3（2021.3 重印）
ISBN 978-7-5150-2091-4

Ⅰ . ①乡… Ⅱ . ①白… Ⅲ . ①农村－社会主义建设－研究－中国②城乡建设－研究－中国 Ⅳ . ① F320.3 ② F299.21

中国版本图书馆 CIP 数据核字（2021）第 048500 号

书　　名	乡村振兴与中国特色城乡融合发展 XIANGCUN ZHENXING YU ZHONGGUO TESE CHENGXIANG RONGHE FAZHAN
著　　者	白雪秋　聂志红　黄俊立　等
责任编辑	陈　科　曹文娟
出版发行	国家行政管理出版社 （北京市海淀区长春桥路 6 号　100089）
综 合 办	（010）68928903
发 行 部	（010）68922366　68928870
经　　销	新华书店
印　　刷	中煤（北京）印务有限公司
版　　次	2018 年 3 月北京第 1 版
印　　次	2021 年 3 月北京第 2 次印刷
开　　本	170 毫米 ×240 毫米　　16 开
印　　张	19
字　　数	300 千字
定　　价	49.00 元

本书如有印装问题，可联系调换，联系电话：（010）68929022

序

人类文明进步是城市和农村相互依赖、工业和农业相互促进的过程。农业农村发展为工业化和城市繁荣打下良好基础；工业化加速和城市现代化又为农业产业化和农村繁荣提供强大的动力和支撑。而城乡融合发展既是现代化发展的必然要求，也是实现现代化的重要标志。由于历史的原因，中国是一个典型的城乡“二元结构”的社会。改革开放以来，党中央一直致力于破除城乡“二元结构”以缩小城乡差距。特别是进入新世纪的中国经济发展，已经到了工业化中期，具备了反哺农业的物质技术条件。党中央先后提出了“统筹城乡发展”“社会主义新农村建设”等一系列重大战略和历史任务，逐年加大了支农惠农的政策力度。2018 年的中央一号文件，全面贯彻党的十九大精神，以习近平新时代中国特色社会主义思想为指导，围绕实施乡村振兴战略讲意义、定思路、定任务、定政策、提要求。文件坚持问题导向，突出统筹推进农村经济建设、政治建设、文化建设、社会建设、生态文明建设和党的建设，加快推进乡村治理体系和治理能力现代化，加快推进农业农村现代化，走中国特色社会主义乡村振兴道路，是谋划新时代乡村振兴的顶层设计。自 2004 年起，连续 15 年的一号文件都是聚焦“三农”问题的解决。党的十九大在“统筹城乡发展”和“新农村建设”取得显著成就的基础上，进一步提出了“乡村振兴”战略，以加快实现农业农村现代化。这是新时代决胜全面建成小康社会和实现社会主义现代化的客观要求，也是彻底破除城乡“二元结构”、实现城乡融合发展的根本之策。

实施“乡村振兴”战略，涉及政治、经济、社会、文化和生态等方方面面的系列变革，是一个艰巨而又复杂的宏伟工程。尽管经过多年的不懈努力，我国城乡的“二元结构”已经明显松动，“三农”问题也已经得到有效缓解，城乡差距正在不断缩小，但继续推动城乡融合发展的任务仍然十分艰巨。当前，我国已经进入了新时代、踏上了新征程，社会的主要矛盾也随之发生了变化，全面建成小康社会进入决战期，农业农村现代化建设也步入了加快推动的重要阶段。新情况和新问题将不断出现，改革在深化，实践在发展。在此新的历史阶段，深入研究中国城乡融合发展的理论与实践，对于全面建成小康社会，实现中国特色社会主义现代化，具有重要的理论和现实意义。

目录
CONTENTS

| 第一章 |

导　论

中国是一个典型的农业大国。新中国成立以后，为了迅速建立起国民经济体系以巩固新生的社会主义制度，国家实施了优先发展重工业的“赶超”战略，并在高度集中的计划经济体制下实行了农产品统购统销和城乡“两策”、分而治之的政策体系。这一方面为新中国的工业发展成功地提取了所必需的原始积累，另一方面也进一步固化了城乡的“二元结构”。改革开放以后，随着家庭联产承包经营制的实施以及此后一系列农业农村改革政策措施的出台，农业市场化程度逐渐提高，城乡、工农之间的产品和要素交换环境得到了改善，但城乡的“二元结构”问题始终没有得到根本解决。特别是20世纪90年代中期以来，随着我国农产品供求关系发生了由过去全面短缺走向总量平衡和结构性、区域性相对过剩等重大变化，城乡差距逐渐拉大，“三农”问题日益凸显。

新世纪初，中国的经济发展已经到了能够反哺农业的工业化中期。正是在这种“三农”问题日益凸显而其发展阶段又到了反哺农业时期的历史条件下，党的十六大突破了以往“就农论农”的局限，提出了“统筹城乡经济社会发展”的宏伟战略。此后，党和政府从破除城乡“二元结构”的根本上解决“三农”问题的思路日渐明晰，理论认识不断深化，政策措施更加有力，农业农村发展经历了一个10年“黄金期”。

2012年，在新的历史条件下，党的十八大进一步明确提出：“城乡发展一体化是解决‘三农’问题的根本途径。要加大统筹城乡发展力度，促进城乡共同繁荣。”并对推动城乡发展一体化作出了新的制度性安排。党的十八届三中全会对如何健全城乡发展一体化体制机制作出了全面部署。经过五年的“一体化”推进，党的十九大在总结以往处理城乡关系之经验教训的基础上，明确提出了“乡村振兴”战略，以加快农业农村现代化，着力补齐整个现代化进程中的“短板”，最终实现城乡平等互动的融合发展。这是新时代对“三农”问题的再思考和再定位，是社会主义现代化建设中的城乡关系的再认识和再深化。

第一节　从“城乡发展一体化”到“城乡融合发展”

农业、农村、农民问题关系党和国家事业发展全局，中国共产党始终高度重视并着力解决农业、农村、农民问题。中国的改革开放率先从农村开始并取得了重大突破。从 1978 年党的十一届三中全会吹响了改革开放的号角到新世纪初的 20 多年里，我国的农村面貌发生了巨大的变化。废除人民公社，确立以家庭承包经营为基础、统分结合的双层经营体制，逐步放开农产品市场，初步形成了适合我国国情和社会生产力发展要求的农村经济体制；粮食生产不断跃上新台阶，农产品供应日益丰富，农民收入大幅增加，扶贫开发成效显著，依靠自己力量稳定解决了 13 亿多人口吃饭问题；乡镇企业异军突起，小城镇蓬勃发展，亿万农民工成为产业工人重要组成部分，有力地推进了中国特色工业化、城镇化和农业现代化。农村改革发展的伟大实践，不仅极大地解放和发展了农村社会生产力，有效地改善了广大农民物质文化生活，而且为实现人民生活从温饱不足到总体小康的历史性跨越、推进社会主义现代化作出了巨大贡献。

然而，受经济发展阶段、特别是城乡二元体制的制约，我国的城乡差距依然很大，农业农村发展大大滞后于工业化、城镇化发展，严重影响到全面建成小康社会目标的顺利实现，甚至影响到整个现代化建设的顺利进行。

因此，2002 年党的十六大明确提出了“统筹城乡经济社会发展”的宏伟战略，开启了城乡发展一体化的新纪元。此后，党中央围绕统筹城乡经济社会发展的战略，在解决“三农”问题和处理工农关系、城乡关系方面提出了一系列的新思想、新论断、新举措，不仅将解决“三农”问题作为全党工作的重中之重，而且制定了对“三农”倾斜的“多予、少取、放活”的基本方针；既准确做出了我国已经进入“以工促农、以城带乡”发展阶段的判断，也相应地找到了实施统筹城乡发展战略的重要平台——建设社会主义新农村。2008 年党的十七届三中全会通过的《中共中央关于推进农村改革发展若干重大问题的决定》首次提出，在新形势下推进农村改革发展，要把加快形成城乡经济社会发展的一体化新格局作为根本要求。

这是我国统筹城乡发展战略在新时期的深化。2012 年党的十八大进一步对推动城乡发展一体化作出新的制度性安排，党的十八届三中全会通过的《中共中央关于全面深化改革若干重大问题的决定》对如何健全城乡发展一体化体制机制作了全面部署。2017 年党的十九大站在新时代的历史方位上又提出了“乡村振兴”战略。至此，城乡融合发展的战略思想已成熟并正在加紧实施。

一、统筹城乡发展：破除二元结构的重大战略

自 20 世纪 80 年代中期开始，城乡差距重新拉大已经演变成中国社会经济生活中一个极其突出的问题。农业生产力不高、农民收入增长缓慢、农村社会事业落后的所谓“三农”问题凸显。对此，党中央于 90 年代采取了一系列诸如调整结构、农业补贴和保护等政策措施，但却收效不大。根本原因在于，这些措施都没有触动长期形成的城乡二元结构。实践证明，就“三农”论“三农”，无法从根本上解决问题。必须将城乡通盘考虑，统筹城乡经济社会发展，把解决农业、农村和农民问题作为全党工作的重中之重。因而，党的十六大明确指出：“统筹经济社会发展，建设现代农业，发展农村经济，增加农民收入，是全面建设小康社会的重大任务。”党的十六届三中全会通过的《中共中央关于完善社会主义市场经济体制若干问题的决定》，将“统筹城乡发展”列在了作为总要求的“五个统筹”之首。这一首要要求，正是针对中国城乡二元结构提出来的，是在深刻总结国内外城乡关系的经验教训和科学分析中国全面建设小康社会所面临的主要问题的基础上提出的。其实质是要改变“重城抑乡”“重工轻农”的传统观念和“城乡分治”的政策体制，从而，更多地关注农村、关心农民、支持农业，实现城乡平等而和谐的发展。

统筹城乡发展战略摒弃了“重城抑乡”“重工轻农”的传统观念，为改变城乡二元结构提供了全新的视角。由于长期受城乡分割的二元结构体制的影响，使得以往对“三农”问题的解决，总是在“三农”本身的狭小视野内苦苦寻求解决办法，结果仍然是“苦无良策”。而统筹城乡发展战略，彻底摒弃了“重工轻农”“厚城薄乡”的旧观念，将农业和工业、城市与农村作为国民经济良性互动且同等重要的组成部分，要求建立平等和谐的城乡关系；要求农民和工人同等享受国民待遇、工业和农业一体化发展。特别是在“三农”问题凸显的情况下，统

筹城乡发展的重点，是着力发展落后的农业和农村，建设现代农业，增加农民收入，大力推进农村社会事业的全面进步。这就跳出了“三农”范围，站在了国民经济整体的高度来审视“三农”问题的症结所在，从而为破除城乡二元结构，以便从根本上解决“三农”问题提供了全新的视角。

统筹城乡发展战略突破了“城乡分治”的政策框架，为改变城乡二元结构奠定了新的政策基础。社会主义改造任务完成之后，由于“优先发展重工业”赶超战略的实施，中国形成了“城乡两策、分而治之”的政策体系。而“两策分治”的实质，是向工业和城市倾斜，即通过价格“剪刀差”等办法从农业获取大量的积累资金来支持工业。而在新世纪初，中国的经济发展已经到了应该反哺农业的工业化中期，却仍向城市工业倾斜，造成了工农、城乡差距越来越大。统筹城乡发展战略正是抓住了“两策分治”的这一要害，强调城乡要统一谋划、良性互动、双向支持、相互促进、共同繁荣。特别强调要充分发挥城市对农村的带动和辐射作用，加强工业对农业的反哺，加大政府对农业的支持和保护力度。这就为改变城乡二元结构奠定了新的政策基础。

统筹城乡发展战略有利于打破“城乡隔离”的体制模式，为建立城乡融合的运行机制破除了体制障碍。农村和城市是有机统一的整体。实践证明，城市的发展不可能离开农村的发展，城市的发展也不会自然地带动农村的发展。特别是在“城乡隔离”的体制框架下，城市的发展不仅不会自然地带动农村的发展，而且还会人为地限制农村的发展，甚至一定程度上还会以牺牲农村和农业的发展为代价。历史上的这方面教训是极其沉重的。党中央正是在吸取了以往深刻教训的基础上提出了“统筹城乡发展”的重大战略。党的十六届三中全会通过的《中共中央关于完善社会主义市场经济体制若干问题的决定》从完善社会主义市场经济体制的战略高度提出“统筹城乡发展”要求，旨在破除城乡二元结构。它要求我们必须科学统筹城乡、工农及农村经济与社会发展，使得工农相互促进，城乡平等协调发展，最终实现全体人民的共同富裕。

总之，统筹城乡经济社会发展战略，是在深刻把握了“三农”问题的症结后所做出的科学决策，顺应了城乡经济的发展规律和新世纪中国经济社会发展的时代要求，是破除城乡二元结构从而实现工农和城乡协调均衡发展的重大战略。

二、“重中之重”：解决“三农”问题的战略定位

党的十六大之后，为具体贯彻落实统筹城乡发展的战略，新一届中央领导专门召开了中央政治局和中央政治局常委会会议。会议提出，要更加关注农村，关心农民，支持农业，要把解决“三农”问题作为全党工作的重中之重。2003 年的年初和年底，中央先后两次召开农村工作会议，并于 2004 年出台了《中共中央国务院关于促进农民增加收入若干政策的意见》的一号文件。可见，党中央对“三农”问题的重视达到了前所未有的程度。

把解决“三农”问题作为全党工作的重中之重，是一个重大的战略定位[1]。它完全突破了以往的“重农”思想，为在新时期着力解决“三农”问题、全面建设小康与和谐社会奠定了重要的思想基础。作为农业大国的执政党，重视农业、农村、农民问题是其一贯的战略思想。但在农业社会和工业化初期阶段，其传统的“重农”思想，更多的是基于农业的基础地位而重视其对工业化的支援（农产品、资金和劳动力的支持等），这既符合世界经济发展的一般规律，也是中国的国情及其面临的国际形势使然。然而，新时期提出的“重中之重”思想，则不仅仅是由于其农业的基础地位，而更多的则是基于“以人为本”的理念，基于全面建设小康与和谐社会的战略考虑。中国正处在工业化中后期，凸显的“三农”问题，不仅制约着国民经济持续健康发展，而且有损社会公平，是社会不和谐的一个重要因素。因而，只有把解决“三农”问题放在“重中之重”的战略地位，才能大力促进国民经济全面协调可持续发展，才能使得发展的成果为全社会成员的平等分享，进而有效地保证整个社会的公平和谐与小康社会的全面实现。

三、“多予、少取、放活”：解决“三农”问题的基本方针

党中央将解决“三农”问题确定为全党工作的重中之重之后，在处理国家与农民的关系上，又相应地确立了“多予、少取、放活”的总方针。2004 年的中央一号文件明确提出了“多予、少取、放活”的方针，以实现农民收入较快增长，

[1] 曾业松：《新一届中央领导集体重农思想初探》，《当代思潮》2004 年第 4 期。

尽快扭转城乡居民收入差距不断扩大的趋势。

2002年1月召开的中央农村工作会议，第一次将“放活”与“多予少取”并列，作为增加农民收入的总的指导思想提出。会议强调，新阶段增加农民收入，要有新的思路，采取综合措施。总的指导思想是“多予，少取，放活”。“多予”，就是要增加对农业和农村的投入，加快农村基础设施建设，扩大退耕还林规模，直接增加农民收入。“少取”，就是要推进农村税费改革，切实减轻农民负担，让农民休养生息。“放活”，就是要认真落实党在农村的各项政策，把农民群众的积极性、主动性、创造性充分发挥出来，进一步活跃农村经济，拓宽农民增收渠道。2003年7月发布的《国务院关于克服非典型肺炎疫情影响　促进农民增加收入的意见》指出，要紧紧围绕增加农民收入这个中心任务，按照统筹城乡经济社会发展的要求，坚持“多予、少取、放活”的方针，进一步推进农业和农村经济结构的战略性调整，切实加大对农业的支持力度，继续深化农村改革，全面促进农业和农村经济发展。由此，“多予、少取、放活”的指导思想在国务院的文件中以“方针”的形式出现。到2004年中共中央一号文件正式颁布，“多予、少取、放活”作为“三农”工作的基本方针正式在中共中央和国务院的文件中固定下来。

“多予、少取、放活”作为“三农”工作的方针，是一个有机的整体。其中“多予”是重点，“少取”是基础，“放活”是关键。“多予”的实质是调整国民收入分配格局，使国民收入和社会资源的分配适度向“三农”倾斜。“少取”意在纠正过去从农村取之过多的做法。改革开放之前，主要是由农村向城市输血，以完成工业积累。因而，国家和各级政府对农民是“取”多“予”少。“少取”的核心是减轻农民负担和保护农民合法权益。为此，中央实施了农村税费改革和减免农业税的政策措施，2004年中央的一号文件提出，要逐年降低农业税率，并取消除烟叶外的农业特产税。到2006在全国彻底取消了牧业税和农业税，终结了延续2600多年农民种田交税的历史。农村税费改革不仅取消了原先336亿元的农业税赋，而且取消了700多亿元的“三提五统”和农村教育集资等，还取消了各种不合理收费，农民得到了很大的实惠。“放活”是相对于对农民和农村生产力的束缚而言的。就发挥农民主体性来说，“放活”是关键。我国农村改革的成功就在于不断地给农民“松绑”：实行土地家庭承包经营，放手发展乡镇企业和非农产业，允许农民进城务工，等等。因而，在国民收入分配方面对“三农”“多予”和“少取”的同时，必须下功夫对生产关系和城乡关系进行调整，以解除对农民的束缚，使农民成为农业生产和经营的真正主体，最大限度地释放出农民自身的主动性和创造性。

四、“两个趋向”论断：统筹城乡发展的重要理论依据

胡锦涛在党的十六届四中全会上明确指出：“农业是安天下、稳民心的战略产业，必须始终抓紧抓好。纵观一些工业化国家发展的历程，在工业化初始阶段，农业支持工业、为工业提供积累是带有普遍性的趋向；但在工业化达到相当程度以后，工业反哺农业、城市支持农村，实现工业与农业、城市与农村协调发展，也是带有普遍性的趋向。”这一重要论断，是党中央于新形势下对工农关系、城乡关系在思想认识上的深化，也是我国判断其发展阶段的理论依据。它既立足于我国经济发展实际，又符合世界经济发展规律，对于落实统筹城乡发展方略，切实做好新阶段“三农”工作，具有重大的指导意义。

“两个趋向”是一个普遍规律，是世界各工业化国家走过的共同发展道路。世界各国经济发展的经验表明，工业化进入中期阶段后，国民经济的主导产业由农业转变为非农产业，国民经济增长的动力机制主要来自于非农产业。这一阶段的基本特征，是农业不再为工业发展提供利润，而自身积累和发展能力不断增强的工业，具备了反哺农业的能力。因而，适时推进由农业为工业提供积累向工业反哺农业的转换，是工业化国家的普遍做法，也是加快推进现代化建设的成功之道。新世纪之初，中国正处于工业化中期阶段。2004 年我国 GDP 达到 13 万亿元，二、三产业占 GDP 比重达到 85% 以上，财政收入达到 2.6 万亿元，已经初步具备了工业反哺农业、城市支持农村的经济实力。这就意味着，中国已经处于“以工促农、以城带乡”的发展阶段。这一新阶段，是统筹城乡经济社会发展的实践基础，是解决“三农”问题的新阶段。

总之，“两个趋向”的论断是制定“三农”政策的理论依据，基于这一论断而做出的“以工促农、以城带乡”发展阶段的判断，是“统筹城乡发展”战略思想的实践基础。基于这一论断及其判断，中国开始了全方位整体思考“三农”问题，加大了支农惠农强农力度，并致力于彻底消除不利于城乡协调发展的体制性障碍，以期早日实现城乡经济社会的协调发展和共同繁荣。

五、“新农村建设”：统筹城乡发展的重要平台

党的十六届五中全会提出了“建设社会主义新农村”的历史任务，并科学地阐明了建设社会主义新农村的内涵：“生产发展、生活宽裕、乡风文明、村容整洁、管理民主。”2006年中央的一号文件《中共中央国务院关于推进社会主义新农村建设的若干意见》进一步明确了推进社会主义新农村建设的目标任务和政策措施。特别强调，要以统筹的思路扎实推进社会主义新农村建设。《意见》从产业支撑、经济基础、物质条件、建设主体、体制保障、治理机制、主导力量等多方面阐述了社会主义新农村建设的主要内容。

推进新农村建设，是统筹城乡发展的现实平台，是实现城乡一体化发展的战略部署。如果说“统筹城乡发展”是解决“三农”问题的战略思路，那么，新农村建设正是实施这一战略思路的重要载体。战略再好，不落实就等于零。统筹城乡发展战略怎样落实、落到哪里，无疑是问题的关键所在。建设社会主义新农村任务的提出，正是为统筹战略“落地”提供了可供操作的广阔平台。即通过建设社会主义新农村，将基于“统筹”考虑的各项有利于解决“三农”问题的政策措施得以实施，在建设中有效地落实，在落实中更好地建设。从而，使得“统筹”战略不落空，使得解决“三农”问题的举措有着落。

事实上，新农村建设不仅是统筹城乡发展、解决“三农”问题的重大任务，也是我国工业化与城市化发展到一定阶段后，实现国民经济可持续发展的必然选择。“三农”问题如果不解决，会导致两大经济问题：一是因内需不足而严重制约国民经济持续增长；二是直接影响国家经济发展结构性问题。因而，在发展到工业化的中期阶段，与时俱进地把建设新农村作为我国现代化建设的重大历史任务提出，既是落实统筹城乡发展战略以全面解决“三农”问题的现实选择，也是推动国民经济持续发展的客观要求。

总之，建设社会主义新农村这一历史任务的提出，既立足于我国总体上已进入以工促农、以城带乡发展阶段的实际，又直面我国农业还处在艰难的爬坡阶段的现实，总揽全局，高瞻远瞩，是实施统筹城乡发展战略的必然要求。

六、农村全面改革发展：力促城乡一体化发展新格局

我国波澜壮阔的改革历程，是率先在农村起步并取得突破的。农村改革仍然是我国改革的关键环节，农村农业发展依然是我国发展的战略基础。我国总体上已进入以工促农、以城带乡的发展阶段，进入加快改造传统农业、走中国特色农业现代化道路的关键时刻，进入着力破除城乡二元结构、形成城乡经济社会发展一体化新格局的重要时期。为此，2007 年党的十七大明确要求建立以工促农、以城带乡长效机制，以形成城乡经济社会发展一体化新格局。2008 年党的十七届三中全会通过了《中共中央关于推进农村改革发展若干重大问题决定》，对全面推进农村改革发展作了战略部署，旨在全面破除城乡二元结构，促进城乡经济社会发展一体化新格局的早日形成。

准确把握农村改革发展的历史方位和重点。党的十七届三中全会强调指出，继续解放思想，“必须结合农村改革发展这个伟大实践”，“以新的理念和思路破解农村发展难题”；坚持改革开放，“必须把握农村改革这个重点，在统筹城乡改革上取得重大突破”；推动科学发展，“必须加强农业发展这个基础”，“为经济社会全面协调可持续发展提供有力支撑”；促进社会和谐，“必须抓住农村稳定这个大局”，“为实现国家长治久安打下坚实基础”。这是党对农村改革发展历史方位的科学判断，是对我国当前发展的阶段性特征和“三农”问题的关键环节和突出矛盾的深刻把握。这意味着，在新的更高的历史起点上推进我国农村改革发展，将紧紧抓住改革重点，着力在统筹城乡改革上取得重大突破，以破解城乡二元结构导致的深层次矛盾。

明确提出形成城乡一体化发展新格局的根本要求、重大原则和目标任务。基于对农村改革发展历史方位和重点的科学判断，全会提出了“加快形成城乡经济社会发展一体化新格局”的根本要求，并把“农村经济体制更加健全，城乡经济社会发展一体化体制机制基本建立”作为到 2020 年实现的首要目标任务，并为此确立了“统筹城乡经济社会发展”的重大原则。全会指出，要始终把着力构建新型工农、城乡关系作为加快推进现代化的重大战略。统筹工业化、城镇化、农业现代化建设，加快建立健全以工促农、以城带乡长效机制，调整国民收入分配格局，巩固和完善强农惠农政策，把国家基础设施建设和社会事业发展重点放在

农村，推进城乡基本公共服务均等化，实现城乡、区域协调发展，使广大农民平等参与现代化进程、共享改革发展成果。

切实给出形成城乡一体化发展新格局的具体措施。全会指出，形成城乡经济社会发展一体化新格局，必须扩大公共财政覆盖农村范围，发展农村公共事业，使广大农民学有所教、劳有所得、病有所医、老有所养、住有所居。为此，全会提出了含金量较高的八大具体措施：繁荣发展农村文化、大力办好农村教育事业、促进农村医疗卫生事业发展、健全农村社会保障体系、加强农村基础设施和环境建设、推进农村扶贫开发、加强农村防灾减灾能力建设、强化农村社会管理等。随着这些有力措施的陆续出台，我国的城乡二元结构在逐步松动。

七、城乡发展一体化：解决“三农”问题的有效途径

城乡一体化就是要把工业与农业、城市与乡村、城镇居民与农村村民作为一个整体，统筹谋划、综合考虑，通过体制改革和政策调整，改变长期形成的城乡二元经济结构，促进城乡在规划建设、产业发展、市场信息、政策措施、生态环境保护、社会事业发展的一体化，实现城乡在政策上的平等、产业发展上的互补、国民待遇上的一致。这无疑是从根本上解决“三农”问题的有效途径。

基于以往改革发展的坚实基础和全面建成小康社会所面临的挑战和任务，2012 年党的十八大进一步对推动城乡发展一体化作出新的制度性安排，报告指出：“解决好农业农村农民问题是全党工作重中之重，城乡发展一体化是解决三农问题的有效途径。要加大统筹城乡发展力度，促进城乡共同繁荣。”并强调要“加快完善城乡发展一体化体制机制，促进城乡要素平等交换和公共资源均衡配置”。对此，党的十八届三中全会通过的《中共中央关于全面深化改革若干重大问题的决定》对如何健全城乡发展一体化体制机制作了全面部署。《决定》指出：“城乡二元结构是制约城乡发展一体化的主要障碍。必须健全体制机制，形成以工促农、以城带乡、工农互惠、城乡一体的新型工农城乡关系，让广大农民平等参与现代化进程、共同分享现代化成果。”

城乡发展一体化作为解决三农问题的有效途径，需要在健全其体制机制上下功夫。既要构建新型农业经营体系，以建立健全城乡一体化产业格局，又要赋予农民更多财产权利，以建立健全城乡一体化利益格局；既要推进城乡要素平等交

换和公共资源均衡配置，以建立健全城乡一体化基础设施和公共服务体系，又要完善城镇化健康发展体制机制，建立健全城乡一体化建设和管理体系。

可以相信，随着上述体制机制的建立健全，城乡二元结构将不断松动，将有力地促进城乡一体化发展。

八、城乡融合：破解城乡发展失衡的根本出路

城乡发展失衡不仅使“三农”问题无法得以根本解决，而且严重制约着社会主义现代化进程。因而，致力于城乡协调发展始终是我国着力解决“三农”问题、大力推进现代化建设的最重要的问题之一。

改革开放以来，城乡发展空间严重不平等。城市因征用农村土地扩张其版图不断扩大，而相应的农村版图在不断缩小。特别是城乡在公共服务、社会保障、养老体系等方面也存在着严重的不平等。尽管自十六大以来，政府在消除城乡不平等方面作了很多努力，但是城乡之间的差距仍然很大。这主要是由于在推进城乡“统筹”和“一体化”过程中，政府主导力量过强，而市场在资源配置中力量不足，从而导致资源和要素过多地配置到城市，效率低下。到目前为止，城乡发展不平衡的状况还没有得到根本改变。为此，党的十九大明确提出“实施乡村振兴战略”，强调优先发展农业农村，建立健全城乡融合发展体制机制和政策体系，加快推进农业农村现代化步伐。

“乡村振兴”战略旨在纠正过去“以城带乡”“以工促农”所造成的“带乡促农”有限的弊端；旨在打破政府单一主体，促进生产要素在城乡之间合理流动和平等交换。即通过城乡高度融合来实现城乡协调发展。这意味着，农村不仅仅是为了服务于城市，农业也不仅仅是为了服务于工业。乡村振兴不在于乡村是否变成了城市、农民是否变成了市民，而关键在于农村和城市居民的生产生活水平和人居环境差别是否缩小和逐步消除了；在于城乡公共福利和公共服务是否均等。

可见，城乡融合发展强调平等互动和共建共享，是实现城乡平衡协调发展的根本途径。从“统筹城乡发展”到“城乡发展一体化”，再到“城乡融合发展”，既反映了中央政策的一脉相承，又符合新时代的阶段特征和具体要求。

总之，进入新世纪以来，随着“三农”问题的凸显，党中央先后采取了一系列政策措施，不断加大了解决力度，特别是党的十六大高瞻远瞩地提出了统筹

城乡经济社会发展战略，为根本解决“三农”问题指明了方向。此后，党中央逐渐明确了“三农”问题的解决思路：不仅提出把解决“三农”问题作为全党工作的重中之重的战略定位，并相应实施了“多予、少取和放活”的基本方针，而且基于“两个趋向”的科学论断作出了我国在总体上已经到达以工促农、以城带乡发展阶段的重大判断，为解决“三农”问题提供了理论和现实依据。不仅提出了建设社会主义新农村这一重大历史任务，作为贯彻统筹城乡发展战略、全面解决“三农”问题的现实平台，而且适时全面部署了农村改革发展，以着力促进城乡发展一体化的新格局之形成。不仅明确了城乡发展一体化是解决“三农”问题的有效途径，而且对如何健全城乡发展一体化的体制机制给出了具体的重要举措。特别是党的十九大提出了旨在加快农业农村现代化的“乡村振兴”战略，为彻底消除城乡二元结构以实现城乡融合发展指明了方向。

第二节 全面建成小康社会迫切要求城乡融合发展

党的十九大强调，从现在到 2020 年，是全面建成小康社会决胜期。小康不小康，关键看老乡。占全国人口 41.48% 的乡村常住人口收入能否上去，3046 万农村贫困人口能否同步小康，已经成为实现全面小康的最大难题。没有农民的小康，就没有全国人民的小康。城乡发展差距大是当前我国经济发展中的主要矛盾，全面建成小康社会，关键在通过建立城乡一体化发展制度，加快农村发展。正如习近平总书记在中共中央政治局就“健全城乡发展一体化体制机制”进行第二十二次集体学习时所强调的：“全面建成小康社会，最艰巨最繁重的任务在农村特别是农村贫困地区。我们一定要抓紧工作、加大投入，努力在统筹城乡关系上取得重大突破，特别是要在破解城乡二元结构、推进城乡要素平等交换和公共资源均衡配置上取得重大突破，给农村发展注入新的动力，让广大农民平等参与改革发展进程、共同享受改革发展成果。”

一、全面建成小康社会的核心在“全面”，“短板”是农村

世纪之交，中国已经提前完成了原定的小康社会发展目标。即实现了低水平的、不全面的、不平衡的总体小康。其不平衡主要是城乡发展不平衡和区域发展

不平衡，而区域不平衡的实质仍是城乡不平衡。党的十六大及时提出了全面建设小康的历史任务，形成了新的翻两番、“三步走”战略，十七大对全面建设小康社会提出了新的更高的要求。十八大作出了全面建成小康社会的新部署，明确要求到 2020 年全面建成小康社会。十八届五中全会对全面建成小康社会的目标作了新的阐述，主要包括：到 2020 年国内生产总值和城乡居民人均收入比 2010 年翻一番，经济保持中高速增长，产业迈向中高端水平，人民生活水平和质量普遍提高，国民素质和社会文明程度显著提高，生态环境质量总体改善，各方面制度更加成熟更加定型，国家治理体系和治理能力现代化取得重大进展等。这充分表明，全面小康社会是一个更加注重发展质量的社会，是一个更加强调全面协调可持续发展的社会，是一个让广大人民群众共享改革发展成果的社会。

全面小康的核心是“全面”。这个“全面”，不仅要求小康所涉及的领域是全面的，是经济建设、政治建设、文化建设、社会建设、生态文明建设“五位一体”协调发展的社会；而且要求小康所覆盖的人群、涉及的地域是全面的，是包括城乡、老少边穷地区在内的所有地区，不让任何一个人、一个阶层、一个民族掉队的全面小康。显然，这样“全面”的实质就是共享，强调人人参与、人人尽力、人人享有，使全体人民在共建共享发展中有获得更多幸福感，增强发展动力，增进社会和谐，朝着共同富裕方向稳步前进。

近些年来，党中央坚持把解决好“三农”问题作为全党工作重中之重，不断加大强农惠农富农政策力度，农业基础地位得到显著加强，农村社会事业得到明显改善，统筹城乡发展、城乡关系调整取得重大进展。但是，由于欠账过多、基础薄弱，我国城乡发展不平衡不协调的矛盾依然比较突出，加快推进城乡发展一体化意义更加凸显、要求更加紧迫。

二、只有推进城乡融合发展，方能补齐农村“短板”

经过近十几年的统筹城乡发展，“三农”问题得到了缓解，农村的面貌发生了巨大的变化。但是，城乡二元结构造成的深层次矛盾依然突出。农村经济体制尚不完善，农业生产经营组织化程度低，农产品市场体系、农业社会化服务体系、国家农业支持保护体系不健全，构建城乡经济社会发展一体化体制机制要求紧迫；农业发展方式依然粗放，农业基础设施和技术装备落后，耕地大量减少，人口资源环境约束增强，气候变化影响加剧，自然灾害频发，国际粮食供求矛盾突出，保障国家粮食安全和主要农产品供求平衡压力增大；农村社会事业和公共服务水平较低，区域发展和城乡居民收入差距扩大，改变农村落后面貌任务艰巨。总之，农业基础仍然薄弱，最需要加强；农村发展仍然滞后，最需要扶持；农民增收仍然困难，最需要加快。特别是在全面建成小康社会的决胜阶段，解决农村“短板”的任务十分艰巨。为此，必须大力推进城乡发展一体化，着力破除城乡二元结构，以便从根本上解决“三农”问题，最终实现城乡居民基本权益均等化、城乡公共服务均等化、城乡居民收入均衡化、城乡要素配置合理化，以及城乡产业发展融合。只有如此，才能在“第一个百年”即2020年补齐农村“短板”，才能实现真正意义上的即高水平的、平衡的、无短板的全面小康。

总之，农业是安天下、稳民心的战略产业，没有农村繁荣稳定就没有全国繁荣稳定，没有农民全面小康就没有全国人民全面小康。着力解决“三农”问题仍然是全党工作的重中之重，推进城乡发展一体化，是全面建成小康社会的迫切要求。党中央适应农村改革发展新形势，顺应亿万农民过上小康美好生活的新期待，正在抓住时机，努力破除长期形成的城乡二元结构，奋力开创以工促农、以城带乡、工农互惠、城乡一体的新型工农城乡关系新局面。

三、实施乡村振兴战略，促进城乡融合发展

乡村振兴战略的提出，是将乡村作为一个有机整体通盘考虑，立足于乡村的产业、生态、文化等资源，注重发挥乡村的主动性，致力于激发乡村内在的发展活力，以建立可持续的内生增长机制。这一思路的根本转变，确立了全新的城乡关系，乡村将从过去的被动接收反哺，到今后的主动作为、实现振兴，进而实现城乡融合发展。

乡村振兴任务的实现，将有效地促进城乡的融合发展。党的十九大报告明确提出了乡村振兴的总要求：“产业兴旺、生态宜居、乡风文明、治理有效、生活富裕。”这五个方面内容是在建设“社会主义新农村”总要求的基础上提出的更高要求，其内涵也更为丰富和深刻。

建设社会主义新农村的总要求是：“生产发展、生活宽裕、乡风文明、村容整洁、管理民主。”乡村振兴战略的总要求则是在总结新农村建设经验的基础上，

用“产业兴旺”替代了“生产发展”，用“生态宜居”替换了“村容整洁”，用“治理有效”替代了“管理民主”。“生产发展”主要是指发展农业生产；“产业兴旺”则是指农村整个产业体系，要求农业要“接二连三”，即一、二、三产业要全面融合发展。“村容整洁”更多的是侧重农民的房屋、院落、村路等要干净整齐些；而“生态宜居”要求的更高更多：既要保持村庄的良好生态环境，又要求农业走绿色发展道路，使整个农村的生态系统进入人与自然和谐共生的良性循环之中。“乡风文明”，要求的是既要弘扬传统的乡贤文化和优良的乡风习俗，又要融进现代的文明理念和生活方式，形成既传统又现代、既质朴又时尚的乡村特有的文化气息。从“管理民主”到“治理有效”，要求在完善村民自治制度的基础上，进一步加强农村基层基础工作，健全自治、法治、德治相结合的乡村治理体系，使农村社会更加和谐和安定有序。最后，建立在产业兴旺基础上的“生活富裕”比基于生产发展条件下的“生活宽裕”有着更丰富的内涵：“生活宽裕”指的是农户收入增多，吃穿有余，生活改善；而“生活富裕”不仅要求吃穿不愁，而且在教育、医疗卫生、文化体育、水电路气、养老社保等诸多方面都要有与城市平等的享受。这也是在过去十多年农业发展和新农村建设基础上提出的一个更高的、面向未来的新要求。

可见，坚持优先发展农业农村的“乡村振兴”战略，不仅是补齐农村短板的新部署，而且是根本解决“三农”问题的新思路。新时代切实贯彻实施乡村振兴战略，将有力地推进城乡协调并进、共同繁荣的融合发展。

第三节　城乡发展一体化的推进奠定了城乡融合发展的坚实基础

党的十六大以来的十几年，是我国农业农村发展最快、农民得实惠最多的时期[1]，也是各地推进城乡发展一体化取得显著成效的时期。这不仅是由于我国国民经济的持续快速增长，具备了实施一系列前所未有的强农惠农富农政策的经济实力所致，而且更是由于党中央明确了统筹城乡经济社会发展战略并密集出台实施了一系列的强农惠农富农政策措施使然。

[1] 陈锡文：《推动城乡发展一体化》，《求是》2012年23期。

一、中央一号文件连续15年聚焦“三农”

2018年2月，中央发布了题为《中共中央国务院关于实施乡村振兴战略的意见》的一号文件，按照党的十九大提出的“产业兴旺、生态宜居、乡风文明、治理有效、生活富裕”的总要求，对统筹推进农村经济建设、政治建设、文化建设、社会建设、生态文明建设和党的建设，都作了全面部署，是贯彻落实党的十九大精神、贯彻落实习近平总书记“三农”思想的重要行动。这是自2004年以来，中央一号文件连续第15次聚焦“三农”（详见表1.1）。每一份一号文件都是针对当时我国“三农”发展呈现出的新问题、新矛盾和新挑战而出台的，旨在破解“三农”难题，推进城乡一体化发展。

表1.1　连续15年中央一号文件列表

年份	文件内容
2004	关于促进农民增加收入若干政策的意见
2005	关于进一步加强农村工作提高农业综合生产能力若干政策的意见
2006	关于推进社会主义新农村建设的若干意见
2007	关于积极发展现代农业扎实推进社会主义新农村建设的若干意见
2008	关于切实加强农业基础建设进一步促进农业发展农民增收的若干意见
2009	关于促进农业稳定发展农民持续增收的若干意见
2010	关于加大统筹城乡发展力度进一步夯实农业农村发展基础的若干意见
2011	关于加快水利改革发展的决定
2012	关于加快推进农业科技创新持续增强农产品供给保障能力的若干意见
2013	关于加快发展现代农业进一步增强农村发展活力的若干意见
2014	关于全面深化农村改革加快推进农业现代化的若干意见
2015	关于加大改革创新力度加快农业现代化建设的若干意见
2016	关于落实发展新理念加快农业现代化实现全面小康目标的若干意见
2017	关于深入推进农业供给侧结构性改革加快培育农业农村发展新动能的若干意见

（续表）

年份	文件内容
2018	关于实施乡村振兴战略的意见

回顾连续15年来的中央一号文件，2004年至2013年的主题分别是农民增收、农业综合生产能力提升、新农村建设、发展现代农业、基础设施建设、农业稳定、统筹城乡、水利建设、农业科技创新、农业经营体系完善等。可见，一年一个重点，着力一个问题一个问题地解决。既注重农民收入的增长，又着眼于农业综合生产能力的提高；既要加强新农村建设、夯实基础设施，又要大力发展现代农业、建立新型农业经营体系；既要加快水利建设，以增强水利对农业的支撑保障能力，又要重点推进农业科技创新，以持续提升农产品供给能力。

2014年至2016年，则连续三年将“农业现代化”作为文件主题，意义深远。近年来，我国农产品产量持续增长，粮棉油、果菜鱼等大宗农产品总量均居世界首位，人均占有量超过世界平均水平，但国际农产品市场竞争加剧，大而不强、多而不优、竞争力弱等问题日益凸显。特别是我国经济发展进入新常态后，如何在经济增速放缓背景下继续强化农业基础地位、促进农民持续增收，是必须破解的一个重大课题。另外，我国农业资源短缺，开发过度、污染加重，如何在资源环境硬约束下保障农产品有效供给和质量安全、提升农业可持续发展能力，是必须应对的一个重大挑战。因而，迫切需要通过落实新理念，靠改革添动力，以法治作保障，加快推进农业现代化，从根本上提升竞争力，破解农业农村发展面临的各种难题。对此，2014年的一号文件强调通过全面深化农村改革包括农业保护制度、农业可持续发展长效机制、土地制度、金融制度、城乡一体化体制、乡村治理体制改革等，加快推进农业现代化。2015年的一号文件强调在继续全面深化农村改革基础上，努力在提高粮食生产能力上挖掘新潜力，在优化农业结构上开辟新途径，在转变农业发展方式上寻求新突破，在促进农民增收上获得新成效，在建设新农村上迈出新步伐，为经济社会持续健康发展提供有力支撑。2016年的一号文件则强调落实“发展新理念”，提出，大力推进农业现代化，必须着力强化物质装备和技术支撑，着力构建现代农业产业体系、生产体系、经营体系，实施藏粮于地、藏粮于技战略，推动粮经饲统筹、农林牧渔结合、种养加一体、一二三产业融合发展，以使农业成为充满希望的朝阳产业。

2017 年的一号文件，针对我国农业的主要矛盾已由总量不足转变为结构性矛盾且矛盾的主要方面在供给侧的实际，直接聚焦农业供给侧结构性改革。强调通过体制改革和科技创新，调优产品结构、调好生产方式、调顺产业体系，以有效推进农业提质增效、可持续发展、产业链拓展，引领现代农业加快发展。

2018 年的一号文件明确实施乡村振兴战略的目标任务、基本原则，对当前和长远的农业农村工作作出总体规划，提出提升农业发展质量、推进乡村绿色发展、繁荣兴盛农村文化、推进体制机制创新等一系列要求。

总之，各年的一号文件都是以问题为导向，既着力突破难点，又注重前后衔接。是通力破解“三农”问题、推进城乡发展一体化的纲领性文件。

当然，在此期间还陆续出台了相关的强农富农惠农的政策，有力地促进了城乡发展一体化。

二、推进城乡发展一体化已取得显著成就

在党的农村政策的指引下，农业农村发展一直保持着比较好的势头，粮食产量实现“十二连增”，农民收入继续较快增长，农村公共事业持续发展，城乡分割的体制障碍加快破除，为稳增长、促改革、惠民生作出了突出贡献。2015 年实现了中国粮食生产连续 12 年的增产，全年粮食产量 62144 万吨，比上年增加 1441 万吨，增产 2.4%。[1] 应该说，粮食产量实现 12 年的连续增长，在中国历史上从来没有过，世界上也是罕见的。

城乡之间的经济社会关系也开始发生积极变化。据国家统计局资料显示，中国农民人均纯收入连续 12 年快速增长，从 2003 年的 2622 元提高到 2015 年的 10772 元。城镇居民人均可支配收入 31195 元，比上年增长 8.2%，扣除价格因素，实际增长 6.6%；2015 年农村居民人均可支配收入 11422 元，比上年增长 8.9%，扣除价格因素，实际增长 7.5%；其增长幅度比城镇居民的人均可支配收入增长幅度高出 0.9 个百分点，这也是连续 6 年农民收入的增长幅度快于城镇居

[1] 《中华人民共和国 2015 年国民经济和社会发展统计公报》，国家统计局官网，2016 年 2 月 29 日。

民的收入增长幅度。

农村最低生活保障制度全覆盖，农村新型合作医疗不断巩固和发展。2015年末，4903.2 万人享受农村居民最低生活保障，农村五保供养 517.5 万人。按照每人每年 2300 元（2010 年不变价）的农村扶贫标准计算，2015 年农村贫困人口 5575 万人，比上年减少 1442 万人。2014 年农民的参合率近 99%，[1] 比 2004 年的 75.2% 参合率高出 23 个多百分点。城乡居民之间收入差距又有所缩小。

同时，农民进城务工经商乃至举家外出到城镇定居的种种束缚正在加快解除。截至 2017 年底，全国农民工总量 28652 万人，比上年增长 1.7%。其中，外出农民工 17185 万人，增长 1.5%；本地农民工 11467 万人，增长 2.0%。农民工已经成为我国诸多行业产业工人中的主体力量。

农村劳动力的大规模流动和进城务工经商，不仅为城镇和工商业的发展带来了新生力量、加强了城乡之间经济社会的交融，更为发展现代农业和促进农民收入较快增长开辟了新的空间。2017 年，全国农村居民人均可支配收入 13432 元，比上年增长 8.6%，扣除价格因素，实际增长 7.3%。农村居民人均可支配收入中位数 11969 元，增长 7.4%。农村居民人均工资性收入为 5498 元。工资性收入已经成为新世纪以来我国农民收入增长的重要支柱。

总之，十几年来，农业农村的发展和农民的增收，主要得益于党把解决“三农”问题作为重中之重的战略定位，得益于党的一系列强农惠农富农的纲领性文件和政策措施的密集出台。从彻底免除农业税到推进乡镇机构改革，从实行对种粮农民生产的直接补贴到建立粮食最低收购价制度，从提出把国家基础设施建设和社会事业发展的重点放到农村，到农村义务教育经费保障制度、新型农村合作医疗制度、农村最低生活保障制度、新型农村社会养老保险制度的建立，从全面推进集体林权制度改革到明确农村土地承包关系要保持稳定并长久不变，从大幅度提高农村扶贫标准，到分类指导城镇户籍制度改革政策的出台等等，广大农民多年来的期盼开始得到实现，城乡发展一体化的新格局正在逐步地形成。

---

[1] 《中国统计年鉴 2015》，国家统计局官网，2015 年 12 月 10 日。

三、城乡发展一体化试点开创了各种可行模式

统筹城乡发展战略实施以来，全国部分区域开始了试点。各地根据自己的实际情况，因地制宜，扎实推进，开创了各具特色的城乡发展一体化模式。

琼海市：推进农村就地城镇化，促进城乡和谐发展。琼海在实施“打造田园城市、构建幸福琼海”发展战略中，坚持“不砍树、不拆房、不占田，就地城镇化”的发展理念，以风情小镇建设、创建三大国家农业公园和全区域的绿道建设为重要抓手，作为农业转型发展和农民增收的有效平台和载体，作为衔接农村劳动力就地就近转移的有效渠道，努力推动城乡一体化发展。一方面，按照“一镇一特色，一镇一风情，一镇一产业”的思路，将全市12个镇打造成为产业特色明显、文化特色浓郁的风情小镇，使12个镇犹如撒落在万泉河畔的12朵“金花”；另一方面，坚持“不砍树、不拆房、不占田，就地城镇化”的原则，在充分保护和尊重现有农村的地形村貌、田园风光、农业业态和生态本底的前提下，将基础设施和城市公共服务功能引入一个个村镇，让农村实现就地城镇化。

珠江三角洲：“以城带乡”的城乡一体化发展模式。珠江三角洲包括广州、深圳、珠海、厦门、中山、佛山、东莞等地区，是我国城市化水平最高的地区，也是我国城乡一体化进程发展最快的地区之一。深圳、珠海等大城市具有较强的辐射功能，能够很好带动乡村的发展。而且，由于珠江三角洲位于沿海开发区，具有优越的外贸条件，在出口外贸的推动下，珠江三角洲的经济发展得更快，城乡一体化水平也在不断提高。珠江三角洲已发展成为具有现代文明的城市群体，形成了村中有城、城中有村、城乡一体的新格局。

上海：“城乡统筹规划”的城乡一体化发展模式。上海是长江三角洲区域经济发展的龙头，也是我国最具活力的经济区域之一。上海的郊区和全国其他地方相比具有独特的优势，不仅具有较高的经济发展水平和完善的基础设施，而且正在成为长江三角洲乃至更大区域范围内的制造业中心。因此，上海的城乡一体化发展选择的是“城乡统筹规划”模式，即以上海城乡为整体，以提高城乡综合劳动生产率和社会经济效益为中心，统筹规划城乡建设，合理调整城乡产业结构，优化城乡生产要素配置，促进城乡资源综合开发，加速城乡各项社会事业的共同发展。其中，大力发展郊区经济是一个重点。通过这个重点，带动城乡经济的合

作，并最终实现优势互补和共同发展。

苏南：“乡镇企业发展带动”的城乡发展一体化模式。即以大力发展乡镇企业来增强农村的经济实力，以此来破除城乡二元结构。苏南包括苏州、无锡和常州。苏南是改革开放以来全国发展最快、最活跃的地区之一。特别是苏南的乡镇企业，已成为苏南经济的重要支柱。因此，在探索城乡一体化的发展模式过程中，苏南地区抓住这一优势，靠乡村工业和集体经济的发展，以农村工业化为动力，走出了一条苏南特色的“乡镇企业发展带动”的城乡一体化模式。他们在全区建立了优质、高效的农业生产基地，推动农业的机械化和服务社会化，保证了一二三产业的协调发展。乡镇企业的发展，使苏南地区可以采取以工补农、以工建农的措施，来协调工农关系，稳定农业生产。农村经济的发展，打破了传统的“二元结构”，引起了农村经济社会结构的深刻变化。一大批小城镇脱颖而出，成为连接城乡的纽带，加快了农村产业结构的非农业化和人口城市化。

当然，全国还有许多可供借鉴的城乡发展一体化模式，包括成都的“以城带乡、城乡联动”模式；重庆的“就地城市化与异地转移结合”模式；武汉的以城市圈带动的“亲水生态世界田园都市模式”；义乌的“以商兴农”模式；等等。这些先行的实践探索，为全国进一步推进城乡融合发展提供了宝贵的经验和启示。

第四节 “五化同步”有助于推进城乡融合发展

2017 年末，全国城镇常住人口 81347 万人，占总人口比重（常住人口城镇化率）为 58.52%，比上年末提高 1.17 个百分点。这表明中国已经告别了以乡村型社会为主体的时代，进入到以城市型社会为主体的新时代。党的十八大提出，要促进工业化、信息化、城镇化、农业现代化同步发展，推动城乡发展一体化，并将城乡发展一体化作为解决“三农”问题的根本途径。经过五年的“四化同步”推进，取得了显著的成效。党的十九大在总结其发展经验的基础上，进一步提出了“加快推进农业农村现代化”的战略任务。由此，“农业现代化”扩展为“农业农村现代化”，随之，“四化同步”也相应地拓展为“五化同步”。这是党中央关于建立全新的工农城乡关系的科学思考，体现了党中央对中国特色社会主义现代化建设规律认识的深化，是解决现代化进程中城市、乡村“两张皮”问题的新的战略部署。

一、信息化和工业化深度融合，将为城乡发展一体化开创新的发展格局

促进信息化和工业化深度融合，不仅是提高工业经济和企业核心竞争力的必由之路，同时也将为城乡发展一体化开创新的发展格局。新一代以“互联网 +”为核心内容与驱动力量的信息经济发展所赋予的发展空间和发展格局是十分广阔的，这对加快推进城乡发展一体化具有深远的意义。新一代以“互联网 +”为核心内容与驱动力量的信息经济既能从技术上解决城市乡村的地域分割问题，从而将城市和乡村紧密连接在一起；又能在进一步消除城乡差别方面起到任何传统经济形态无法企及的快速高效的巨大作用。目前，全国农村电商如雨后春笋般的蓬勃发展，既及时解决了由于信息不对称所造成的优质土特农产品滞销的问题，又有效地降低了经营成本，提高了经济效益。由此而改变了贫困农村、贫穷农民现状的活生生例子，比比皆是。因此，加快推进城乡发展一体化，必须充分利用新一代以“互联网 +”为核心内容与驱动力量的信息经济发展浪潮，从提高农民的素质、增进农民工的获得感、提升农业现代化水平、促进农村生态环境美化等方面着眼，开创城乡经济社会发展新格局。

二、工业化和城镇化良性互动，将为城乡发展一体化提供有力的经济支撑和广阔的空间依托

“工业化和城镇化良性互动”，是现代经济社会发展的显著特征，为城乡发展一体化提高了经济支撑和空间依托。工业化创造供给，城镇化创造需求。二者的良性互动，既可以扩大消费，消化过剩产能；又可以保证经济增长，吸纳农村剩余劳动力。据统计，我国城镇化水平每提高一个百分点，就有一千万农民转化为城镇居民。

解决农民变市民的问题，无疑是需要通过城镇化来加以解决。从一定意义上说，城乡发展一体化的关键是人的一体化，核心是农民市民化。[1] 所谓的城镇化就是在当地搞小城镇，在当地解决农民的身份转换问题。从国情上看，加强中小

[1] 白永秀等 :《中国省域城乡发展一体化水平评价报告（2013）》，中国经济出版社 2013 年版。

城市和小城镇的发展，在资源和土地的约束方面相对宽松，也有利于降低农村人口向城市转移的成本。因而，城镇化的过程，同时也是中国城乡二元体制的一个分拆与重塑的过程，

三、城镇化和农业农村现代化相互协调，是城乡融合发展的客观要求

“城镇化和农业农村现代化相互协调”，既是中国农村发展的大势所趋，也是推进城乡融合发展的客观要求。推进城乡融合发展，首先要大力发展现代农业，繁荣农村经济。为此需构建现代农业产业体系、生产体系、经营体系，社会化服务体系，以发展多种形式适度规模经营，实现小农户和现代农业发展有机衔接。同时，还要加快城镇化建设，以使农民市民化、农村城镇化。

与农业现代化和城镇化进程相伴随的，是农村的现代化建设。中国是一个典型的农耕文明国家，在广大乡村具有深厚的有文化之根和根深蒂固的“乡恋和乡愁”。同时耕地的分布也决定了我国农业现代化必须走多样化、适度规模和有机化的绿色发展道路，这意味着我国城镇化率的峰值为65%—70%。也就是说，即使我国基本实现了现代化，也将有4亿多人口生产生活在乡村。因而在加快推进农业现代化和城镇化的同时，必须大力推进农村现代化。三者是相辅相成的。没有农业现代化，农村现代化和城镇化就会成为无源之水、无本之木，而没有农村现代化和城镇化，农业现代化也会失去空间依托，广大农民向何处去就会成为一个难题。因而，只有城镇化和农业农村现代化的协调推进，才能尽快实现城乡融合发展，这既被世界经济发展的实践所证实，也是我国新时代新发展的必然要求。站在新时代，放眼新征程，中国强，乡村必须强；中国美；乡村必须美；中国现代化，乡村必须现代化。正如习近平总书记指出的：“没有农业现代化，没有农村繁荣富强，没有农民安居乐业，国家现代化是不完整、不全面、不牢固的。”

总之，工业化、信息化、城镇化和农业农村现代化的同步发展，有利于推进城乡融合发展，有利于最终形成城乡平等发展、良性互动的新格局。

| 第二章 |

中国城乡融合发展的理论依据

马克思、恩格斯对不同历史时期的城乡关系作了系统分析，并从历史唯物主义视角出发，深刻揭示了城乡关系的实质及其运动规律。西方经济学家从发展经济学、区域经济学等不同理论出发，创立了“以城带乡”“以乡促城”“城乡联动”等城乡发展模型，在资本主义制度框架内探讨了城乡间的良性互动模式。其他领域如哲学、社会学、地理学、城市学方面的专家也都从各自研究视角分别提出了理论与实践层面的“田园城市”“城乡一体化区域”等设想。总结以上城乡发展一体化理论模型和实践经验可知，未来社会的趋势是城乡融合。而城乡融合是一个漫长的历史过程，需要通过发展乡村社会生产力及推动城市化进程来实现。一般说来，城乡关系的发展要经过无城乡差别——城乡分离、对立——更高水平的城乡融合的一个长期过程。

第一节　马克思主义经典作家对城乡关系的深刻把握

马克思和恩格斯立足于历史唯物主义，考察了整个人类社会城乡关系的发展脉络，揭示了城乡关系的实质及其运动规律，形成了系统的城乡关系思想。一方面，马克思、恩格斯肯定了在生产力发展到一定阶段时城乡分离的必然性和历史进步性；另一方面，他们也深刻地揭露和批判了资本主义社会的乡村衰落、城市病态和城乡对立问题。马克思主义经典作家从历史唯物主义的视角提出，随着生产力的提高和生产关系的演进，城乡差别将被最终消灭，工业与农业、城市与乡村将实现统一协调发展。正如列宁指出：“关于城市对农村的地力剥削，考茨基同意马克思和恩格斯的理论在这方面的一个基本原理，即城乡的对立破坏了工农业间必要的适应和相互依存关系，因此随着资本主义转化为更高的形态，这种对立将会消失。”[1]

一、城乡的分离及其对立：生产力发展的必然结果

在马克思、恩格斯看来，乡村和城市不是从来就有的，而是生产力发展的产物，社会分工导致了乡村和城市出现，进而彼此分离、对立。恩格斯在《家庭、私有制和国家起源》中指出：“游牧部落从其余的野蛮人群中分离出来——这是第一次社会大分工。”[2] 由此，农业产生了，标志着人类从以天然动植物为食物的“攫取经济”阶段跨越到自己生产食物的“生产经济”阶段。乡村的形成与农业生产内在相连，居住在乡村村落、从事农业生产的人就成为农民。农业的发展促进了手工业的产生，“如此多样的活动，已经不能由同一个人来进行了；于是发生了第二次大分工：手工业和农业分离了”[3]。手工业的生产目的不是为了自用，而是为了出售，随之出现了固定的交易场所——集市，集市逐步演变成了城市。随着商品生产和商品交换的发展，社会生产进行了“第三次的、它所特有的、有决定意义的重要分工：它创造了一个不从事生产而只从事产品交换的阶级——商人”[4]。因此，乡村与城市的产生都是生产力发展和社会分工的必然结果。

在城乡分离之初，城市并未立即脱离乡村自主发展，这种情况直到出现资本主义大工业生产才得以改变：“工业的迅速发展产生了对人手的需要；工资提高了，因此，工人成群结队地从农业地区涌入城市。人口以令人难以相信的速度增长起来，而且增加的差不多全是工人阶级。”大工业生产促使大量的失地农民流入城市，成为产业工人，为城市工业提供源源不断的劳动力。由此，城市代表了先进的资本主义生产关系，乡村代表了落后的封建主义生产关系，城乡之间由分离发展到对立，体现了新兴资产阶级对封建地主阶级的颠覆。恩格斯在《反杜林论》中指出：“资产阶级反对封建贵族的斗争是城市反对乡村、工业反对土地占有、货币经济反对自然经济的斗争，在这一斗争中，市民的决定性的武器是他们的经济上的强大

[1] 列宁：《列宁全集》第 4 卷，人民出版社 1984 年版，第 125 页。
[2] 马克思，恩格斯：《马克思恩格斯全集》第 21 卷，人民出版社 1965 年版，第 183 页。
[3] 马克思，恩格斯：《马克思恩格斯全集》第 21 卷，人民出版社 1965 年版，第 186 页。
[4] 马克思，恩格斯：《马克思恩格斯全集》第 21 卷，人民出版社 1965 年版，第 189 页。

手段，这些手段由于工业（起初是手工业，后来扩展成为工场手工业）的发展和商业的扩展而不断增长起来。”[1] 城乡之间的阶级对抗逐步达到极端地步。

二、城乡对立的影响：通过城乡不平等交换促进工业化

马克思在《资本论》中指出，城乡分离是一个社会对立的运动。“一切发达的，以商品交换为媒介的分工的基础，都是城乡的分离。可以说，社会的全部经济史，都概括为这种对立的运动。”[2]

一方面，城乡对立使乡村居于被城市统治、剥削的地位。“无论什么地方都没有例外地是城市通过它的垄断价格，它的赋税制度，它的行会，它的直接的商业诈骗和它的高利贷在经济上剥削农村。”[3] 城乡对立的格局造成了城乡差距不断拉大，“由于农业和工业的分离，由于大的生产中心的形成，而农村反而相对孤立化，所以又会使土地的地区位置的差别扩大。”[4] 城市和乡村呈现了完全不同的发展态势，“城市本身表明了人口、生产工具、资本、享乐和需求的集中；而在乡村里所看到的却是完全相反的情况：孤立和分散。”[5]

另一方面，城乡分离促进了工业化的发展，加速了生产力发展和社会进步。马克思和恩格斯将城乡分离乃至对抗看作是资本主义生产方式不断成熟的基本成果和独特标志：“资产阶级已经使乡村屈服于城市的统治。它创立了规模巨大的城市，使城市人口比农村人口大大增加了起来，因而使很大一部分居民脱离了乡村生活的愚昧状态。正像它使乡村依赖于城市一样，它使野蛮的和半开化的国家依赖于文明的国家，使农民的民族依赖于资产阶级的民族，使东方依赖于西方。”[6]

正是城市化、工业化的迅速发展，“资产阶级争得自己的阶级统治地位还不到

---

[1] 马克思，恩格斯：《马克思恩格斯全集》第 20 卷，人民出版社 1973 年版，第 179 页。
[2] 马克思，恩格斯：《马克思恩格斯全集》第 23 卷，人民出版社 1972 年版，第 401 页。
[3] 马克思，恩格斯：《马克思恩格斯全集》第 25 卷，人民出版社 1974 年版，第 902 页。
[4] 马克思，恩格斯：《马克思恩格斯全集》第 25 卷，人民出版社 1974 年版，第 733 页。
[5] 马克思，恩格斯：《马克思恩格斯全集》第 3 卷，人民出版社 1956 年版，第 57 页。
[6] 马克思，恩格斯：《马克思恩格斯全集》第 4 卷，人民出版社 1958 年版，第 470 页。

一百年，它所造成的生产力却比过去世世代代总共造成的生产力还要大，还要多。”[1]

三、城乡对立的根源：生产力有所发展但又发展不足

按照唯物史观，生产力发展是历史进步的根本动力。在社会发展到一定历史阶段产生了城乡分离乃至对立，其根本原因在于“生产力有所发展但又发展不足”。[2]此外，私有制的产生为城乡分离提供了制度保障，私有制的发展成为促使城乡分离的直接原因。

从生产力角度看，一方面技术进步与分工深化极大解放了生产力，使其“有所发展”，即农业劳动生产率已经提高到能够生产出超过维持农业劳动者所必需产品的水平，从而为城乡和工农之间的分离提供了可能。“社会上的一部分人用在农业上的全部劳动——必要劳动和剩余劳动——必须足以为整个社会，从而也为非农业工人生产必要的食物；也就是使从事农业的人和从事工业的人有实行这种巨大分工的可能；并且也使生产食物的农民和生产原料的农民有实行分工的可能。”[3]另一方面，生产力仍处于“发展不足”的状态，城市生产力与乡村生产力发展不均衡，使得城市与乡村充满矛盾和对抗。“乡村农业人口的分散和大城市工业人口的集中只是工农业发展水平还不够高的表现，它是进一步发展的阻碍，这种阻碍在目前已经深深地感到了。”[4]城乡之间的分离与对立使城市成为先进生产力的引领者，现代城市满足了生产力进一步发展的客观要求。正如列宁所言，“城市是经济、政治和人民的精神生活的中心，是进步的主要动力。”[5]

从生产关系角度看，资本主义私有制的发展使城乡分离逐步强化，是城乡对立的直接原因。马克思、恩格斯在《德意志意识形态》中指出，“城乡之间的对立只有在私有制的范围内才能存在。这种对立鲜明地反映出个人屈从于分工、屈从于他被迫从事的某种活动，这种屈从现象把一部分人变为受局限的城市动物，

[1] 马克思，恩格斯：《马克思恩格斯全集》第4卷，人民出版社1958年版，第471页。
[2] 周志山：《从分离与对立到统筹与融合》，《哲学研究》2007年第10期。
[3] 马克思，恩格斯：《马克思恩格斯全集》第25卷，人民出版社1974年版，第716页。
[4] 马克思，恩格斯：《马克思恩格斯全集》第4卷，人民出版社1958年版，第371页。
[5] 列宁：《列宁全集》第23卷，人民出版社1990年版，第358页。

把另一部分人变为受局限的乡村动物，并且每天都不断地产生他们利益之间的对立。在这里劳动仍然是最主要的，它是凌驾于个人之上的力量；只要这种力量还存在，私有制也就必然会存在下去。”[1] 在资本主义社会发展过程中，统治阶级为了维护其阶级统治地位和保护自身的财产，开始注重加强对城市政治功能的开发，从而加快了城市化建设的步伐，使人口、资源、财富等物质条件不断向城市集中。与此同时，劳动力和资源则被源源不断地由乡村输送到城市中去，乡村逐步沦为城市的附庸，处于被统治、被剥削的地位。

由此可见，城市与乡村的分离直至对立是由生产力发展水平决定的，也是资本主义私有制发展的必然结果，资本主义社会城乡关系的实质反映了资产阶级对无产阶级的剥削。然而，以唯物主义史观看，城乡分离与对立是一个存在于特定阶段的历史现象，随着生产力的发展和生产关系的演进，这种分离与对立最终将被消灭。

四、城乡关系的发展趋势：公有制基础上的融合

马克思、恩格斯从当时的城乡发展状况出发，批判地吸收了空想社会主义者的观点，深刻地阐述了资本主义城市产生和发展的规律，揭露了资本主义城市的本质，进而论述了城乡融合、建设与发展等许多重要问题，迈出了由空想社会主义走向科学社会主义的关键一步。

马克思在《政治经济学批判》中首次提出了“乡村城市化”理论，他指出，实现共产主义必须消灭城乡差别、工农差别、体力劳动与脑力劳动之间的差别。恩格斯在《共产主义原理》中最先阐述了城乡融合理论，即要通过融合城市与乡村，使工人和农民之间的阶级差别和人口分布不均衡现象消失。随着生产力的发展，城乡对立不仅阻碍了乡村农业的进步，更束缚了城市工业的升级。在《论住宅问题》中，恩格斯反复强调了消灭城乡对立的可能性和内在动力：“消灭城乡对立并不是空想，正如消除资本家与雇佣工人间的对立不是空想一样。消灭这种对立日益成为工业生产和农业生产的实际要求。”[2]

[1] 马克思，恩格斯：《马克思恩格斯全集》第 3 卷，人民出版社 1956 年版，第 57 页。
[2] 马克思，恩格斯：《马克思恩格斯全集》第 18 卷，人民出版社 1964 年版，第 313 页。

但是，城乡由分离对立到融合一体绝不是一蹴而就的，其发展过程需要一定的物质条件和社会条件作为保障。所谓“物质条件”，是指生产力高度发展，特别是大工业的发展和合理配置。恩格斯在《反杜林论》中提到：“因此，城市和乡村的对立的消灭不仅是可能的。它已经成为工业生产本身的直接需要，正如它已经成为农业生产和公共卫生事业的需要一样。”而“大工业在全国的尽可能均衡的分布是消灭城市和乡村分离的条件”。为了使大工业生产摆脱地方性的局限，实现城乡协调发展，必须“由社会全体成员组成的共同联合体来共同而有计划地尽量利用生产力”，“只有按照统一的总计划协调地安排自己的生产力的那种社会，才能允许工业按照最适合于它自己的发展和其他生产要素的保持或发展的原则分布于全国”。[1] 所谓“社会条件”，是指消灭资本主义私有制，建立社会主义公有制。恩格斯在《共产主义原理》中谈及彻底废除私有制的结果时指出：“由社会全体成员组成的共同联合体来共同而有计划地尽量利用生产力；把生产发展到能够满足全体成员需要的规模；消灭牺牲一些人的利益来满足另一些人的需要的情况；彻底消灭阶级和阶级对立；通过消除旧的分工，进行生产教育、变换工种、共同享受大家创造出来的福利，以及城乡的融合，使社会全体成员的才能得到全面的发展；这一切都将是废除私有制的最主要的结果。”[2]

综上所述，马克思主义的城乡关系理论主要从一般意义上研究了城乡关系的矛盾运动趋势，涉及城乡的分离、对立及融合路径等本质问题。在方法论上，马克思主义政治经济学以唯物史观为基础，以生产方式演进为视角，从生产力和生产关系的矛盾运动中分析了城乡分离、对立直至最终融合的规律，进而提出了城乡统筹的思想。

第二节　西方各流派对城乡关系的多视角剖析

西方经济学以发展中国家为研究对象，在资本主义制度框架内，从资源配置角度入手，研究了城乡之间的发展差距，分析具体发展路径，并提出了相应的模

[1] 马克思，恩格斯：《马克思恩格斯全集》第 20 卷，人民出版社 1973 年版，第 321 页。
[2] 马克思，恩格斯：《马克思恩格斯全集》第 4 卷，人民出版社 1958 年版，第 371 页。

型。由于西方经济学理论流派众多、研究范式各异，各学派对城乡关系分析的侧重点和结论也不尽相同。然而，经济学家们还是取得了明确的共识，即随着经济的发展，城乡间的壁垒最终会被打破，成为一个融合的统一体。从城乡发展的结构性视角、区域性视角和公平性视角，可将各流派理论作如下归纳。

一、二元结构视角下的城乡发展理论

20 世纪 50 年代以前，传统经济理论在单一的经济框架内分析经济增长问题，强调经济的稳态与均衡，与发展中国家的实际情况有着很大的差距。自刘易斯提出二元经济理论，强调结构变动对经济发展的推动作用以来，城乡关系的研究进入了新的阶段，许多学者对此进行了深入探索，引发了一场发展经济学革命。

在 1954 年发表的《劳动力无限供给下的经济发展》一文中，英国经济学家威廉·刘易斯将发展中国家的经济分为两个部门——以现代工业为代表的资本主义部门和以传统农业为代表的非资本主义部门，此即为城乡二元经济结构。随着经济的发展，城市工业部门在不断壮大的同时，也带动乡村农业部门进步，最终将拉平城乡间的劳动生产率差距，达到城乡统一的经济阶段。在二元经济时期，落后而广大的乡村存在着几乎无限的剩余劳动力，城市工业部门可以用维持最低生活水平的工资去获得这些劳动力；当足够多的劳动力由乡村转移到城市以后，乡村农业部门不再拥有无限供给的剩余劳动力，城市工业部门只有靠提升工资水平才能从乡村农业部门中吸收到更多的劳动力，城乡经济便由二元对立转化为融合统一的成熟经济。在此过程中，发展中国家的经济将经历劳动力由无限供给到短缺的转折点，这就是著名的“刘易斯拐点”。刘易斯的二元经济理论充分重视城市工业的作用，把城市工业看作经济发展的火车头，乡村只是被动适应。[1] 在刘易斯看来，经济发展的实质就是通过不断扩大现代工业部门，为传统农业部门剩余劳动力提供就业机会的过程。

1961 年，美国经济学家古斯塔夫·拉尼斯和费景汉在共同发表了题为《经

[1] W.Lewis.Economic Development with Unlimited Supplies of Labour.Manchester School of Economic and Social studies,1954（22）.

济发展理论》的论文，全面深化了二元经济理论。两年后，他们又出版了《劳动过剩经济的发展：理论和政策》一书，形成了"刘易斯－拉尼斯－费景汉"模型。[1]该模型将经济发展的过程分为三个阶段——农业经济阶段、二元结构经济阶段及成熟经济阶段。在农业经济阶段，传统农业在经济中占压倒性地位；在二元结构经济阶段，传统农业部门和现代工业部门非对称地并存，现代工业部门在逐步吞噬传统农业部门；在成熟经济阶段，整个社会实现了商业化，所有生产者都是追逐利益最大化的经营者。农业部门不仅为工业部门提供剩余劳动力，同时也提供粮食。因此在二元经济向成熟经济过度的过程中，存在"粮食短缺点"和"商业化点"两个转折点。"粮食短缺点"是工业部门扩张、农业剩余劳动力转移的重要约束，阻碍经济达到"商业化点"。通过农业部门的技术进步和劳动生产率提高，使"粮食短缺点"和"商业化点"重合，二元经济就转变为成熟经济。因此，不断增长的农业生产力是促进二元经济发展的主要动力。此外，工业部门也要通过不断的技术进步加速扩张，以更快地吸收农业剩余劳动力。拉尼斯和费景汉指出，农业和工业平衡发展是成功实现结构转变的关键因素之一，这是对刘易斯模型的超越。

美国著名经济学家戴尔·乔根森在 1961 年的论文《二元经济发展》中提出了不同于刘易斯的模型，[2]又于 1967 年发表《剩余农业劳动与二元经济发展》一文，把二元经济的研究重点由剩余农业劳动转向了剩余农业产出。[3]乔根森的主要观点是：工业与农业两部门发展是非对称的。劳动力在两部门之间的分工决定于粮食剩余——如果农业部门没有剩余，全体劳动人口就必须在农业部门就业；当出现粮食剩余，劳动力就可离开农业部门，进入工业部门就业。存在粮食剩余时，劳动力在工业部门的就业增长率就等于农业剩余在农业总产出中的增长率。经济增长的条件除了在于农业剩余持续增加外，还在于工业部门技术持续进步。工业部门技术进步越快，储蓄率越高，工业人口的增长速度越快，从而经济

[1] G.Ranis,J.Fei.A Theory of Economic Development.American Economic Review,1961（51）.

[2] D.Jorgenon.The Development of a Dual Economy.The Economic Journal,1961（71）.

[3] D.Jorgenon.Surplus Agricultural Labor and the Development of a Dual Economy.Oxford Economic Papers,1967（19）.

发展也就越快。在乔根森的理论框架下，农业不存在零值劳动力，任何劳动力都对农业部门的总产出有贡献。乔根森的分析焦点由剩余劳动带动经济增长转变为农业剩余产品带动经济增长，这是对二元经济分析的重要发展。

1955 年，英国著名经济学家、新剑桥学派的主要代表人物尼古拉斯·卡尔多考察了农业剩余对二元经济发展的重要意义，他在论文《另一种分配理论》中提出，工业部门的扩张不仅受到供给方面的约束，而且会受到有效需求不足的约束。[1] 卡尔多认为，在一个农业部门占主导地位的二元经济中，工业部门的扩张尤其依赖于农业部门对工业产品的有效需求。只有农业剩余增加，才能产生对工业产品有效需求，使工业部门筹集到发展资金。卡尔多传承了凯恩斯的理念，不仅从供给角度，更从有效需求角度认识农业剩余在经济发展中的作用，这是其对二元经济理论的主要贡献。

1969—1971 年，美国经济学家约翰·哈里斯和迈克尔·托达罗以发展中国家普遍存在的失业为前提，在《移民、失业与发展：一个两部门分析》中提出了城乡人口流动模型，即“哈里斯－托达罗模型”[2]。他们认为，刘易斯模型没有说明为什么发展中国家在城市失业及就业不足现象不断加剧的同时，仍存在大量乡村过剩劳动力流入城市的现象，应当建立一种新的模式，对乡村人口流入与城市失业同步增长的矛盾做出解释。矛盾的关键在于，吸引乡村人口流入城市的原因是城乡收入的预期差异，而不是其实际差异。影响预期收入差异的因素是城乡实际工资差异的大小和在城市求得工作机会可能性的高低，移民在城市滞留的时间越长，找到工作的可能性就越高，因而不会轻易离开城市。哈里斯与托达罗的理论表明，在城乡实际工资存在差异的情况下，无法简单通过城市工业部门的扩张解决失业问题，发展乡村农业部门才是解决失业问题的根本出路。哈里斯与托达罗反对刘易斯以城市为中心的发展战略，提出发展中国家应该把更多的资金用于改善乡村的生产生活条件，提高乡村人口生活水平，从而缓解城市失业问题。

分析上述理论可见，即便在二元经济范式的视角下，由于研究者的出发点、

[1] N.Kaldor.Alternative theories of distribution.The Review of Economic Studies,1955（32）.

[2] J.Harris,M.Todaro.Migration Unemployment and Development:A Two-Sector Analysis. American Economic Review,1970（60）.

研究对象不同，他们所得出的结论与政策建议也不尽相同，甚至相互矛盾。但无论是提倡以城带乡、以乡促城或是城乡均衡的发展模式，研究者们都有一个共同的目的，使城乡经济得到发展，而发展的结果之一就是城市与乡村达到更高层次的融合。

二、空间极化视角下的城乡发展理论

从 20 世纪 50 年代末起，观察到大多数发展中国家的经济增长首先集中于一个或数个中心城市的现象，区域经济学领域出现了一种城乡空间对立的观点，城乡关系研究深入到了区域之间和区域内部的发展不平衡问题。增长极理论及其各种扩展是这一观点的代表。

最早对经济中心的形成及其动因进行的研究，要追溯到法国经济学家弗朗索瓦·佩鲁提出的“增长极”理论。佩鲁在 1950 年发表的《经济空间:理论与应用》中，提出了一个完全不同于地理空间的经济空间，“增长并非同时出现在所有地方。它以不同的强度首先出现于一些增长点、增长极上，然后通过不同的渠道向外扩散，并对整个经济产生不同的最终影响。”[1] 按照佩鲁的理论，经济发展的主要动力是技术进步与创新，集中于那些规模较大、增速较快、与其他部门关联较强的产业中。“增长极”是处于发生支配效应的经济空间中的推进性单元，通过不断的技术进步与创新对其他经济单元产生影响，迫使其产生相应的变化。具体影响表现在四个方面：一是技术的创新和扩散；二是资本的集中与输出；三是规模经济效益；四是聚集经济效应。

1957 年，瑞典学派代表人物冈纳·缪尔达尔在《经济理论和不发达地区》一书中提出了“地理上的二元经济”结构，用“循环累积因果理论”阐释了城市中心地区对其周边及乡村的促进作用和不利影响。缪尔达尔指出，在经济循环累积的过程中，存在两种相反的效应——“回波效应”和“扩散效应”。[2]“回波效应”是指经济活动正在扩张的地点和地区将会从其他地区吸引人口流入、资本流

[1] F.Perroux.Economic space:theory and applications.The Quarterly Journal of Economics,1950（64）.

[2] G.Myrdal.Economic Theory and Under-developed Regions.Gerald Duckworth,26-36.

入和贸易活动，从而加快自身发展，并使其周边地区发展速度降低；“扩散效应”是指，所有位于经济扩张中心的周边地区都会从中心地区获得资本、人才等经济要素，并使本地区的发展得到刺激，逐步赶上中心地区。市场机制通常会使“回波效应”强于“扩散效应”，从而加剧地区间发展的不平衡，一旦某区域由于具备初始优势而获得超前于其他区域的发展，这种发展优势将保持并进一步扩大，这就是“累积性因果循环”。城乡间的诸多差异，会导致城市发展得更快，乡村发展得更慢，从而形成“地理上的二元经济”结构。缪尔达尔认为，城乡发展不平衡问题的关键在于“扩散效应”与“回波效应”的强弱对比。城市应该获得优先发展，并通过加强其“扩散效应”来带动乡村的发展。但为了有效地防止“累积性因果循环”造成城乡发展差距过大，政府也需要采取必要政策刺激乡村的发展。

在1958年出版的《经济发展战略》一书中，美国经济学家阿尔伯特·赫希曼提出“空间极化”理论，强调了“增长极”对其他地区的带动作用。赫希曼认为，地区间发展不平衡是其经济增长的伴生物和前提条件，而长期的地理渗透作用会减少这种发展不平衡。[1] 赫希曼用“极化－涓滴效应”学说解释了发达地区对落后地区的不利和有利影响，分别称之为“极化效应”和“涓滴效应”。在区域经济发展中，“涓滴效应”最终会大于“极化效应”而占据优势，因而长期来看，发达地区将带动落后地区经济增长。美国经济学家杰弗里·威廉姆森进一步认为，经济发展初期阶段，“极化效应”将起主导作用，地区差距趋于扩大；经济发展到成熟阶段，“扩散作用”将发挥主导作用，促使地区差距转向缩小，整体变化轨迹呈现一条倒“U”曲线。[2] 在政策层面，赫希曼主张国家出面来干预经济发展，加强发达地区的“涓滴效应”，促进落后地区发展，这也将也有利于发达地区经济持续增长。

1966年，法国经济学家雅克·布代维尔在《区域经济规划问题》一文中把

[1] A.Hirschman.The Strategy of Economic Development.City of New Haven:Yale University Press,1965,157-159.

[2] J.Williamson.Regional inequality and the process of national development:a description of the patterns.Economic development and cultural change,1965（13）.

经济区分为计划空间、极化空间和均匀空间三种类型，其中极化空间是“由中心与力的通道组成的集合体”，而增长极则是存在于极化空间的。[1] 布代维尔把抽象的经济空间应用在了地理空间之上，把增长极明确为城市中不断扩大的工业综合体，是形成于城市地区的一组推进型产业。布代维尔主张，只有中心地区对落后地区的扩散效应强于回波效应时，落后地区的发展才更有利，要通过“最有效地规划配置增长极并通过其推进工业的机制”，来促进区域经济的发展。

1966 年，美国经济学家约翰·弗里德曼在他的学术著作《区域发展政策》一书中正式提出了“核心－边缘”理论。[2]1969 年，他在《极化发展理论》中，又进一步将该思想归纳为用于分析区域或城乡之间非均衡发展过程的理论，解释了一个区域如何从互不关联、孤立发展，变成彼此联系、发展不平衡，最终发展为相互关联、平衡发展的区域系统。[3] 弗里德曼指出：任何区域都可以分为核心区和边缘区，核心区是具有较高创新变革能力的地域社会组织子系统，边缘区则是由核心区决定的地域社会子系统，核心区与边缘区共同组成了完整的空间系统。核心区在空间系统中居支配地位：一方面，核心区从边缘区吸收生产要素，产生大量创新；另一方面，创新又源源不断地从核心区向边缘区扩散，将促进整体经济的发展。根据该理论分析城乡问题，政府的引导政策和城乡人口的迁移将影响要素的流向和城乡经济的持续增长，并最终推动城市和乡村逐渐向一体化方向发展，中心与边缘的界限将逐步模糊直至最终消失。

纵观两极对立视角下各个学派的理论，其核心观点都认同区域经济发展过程中存在不均衡阶段，并强调了政府干预对区域经济均衡发展的促进作用。从城乡关系角度看，这些理论都主张采用以城带乡的发展模式，即经济发展要从中心城市开始，并通过市场及政府的引导，逐步扩散到乡村，最终消除城乡差异。

---

[1] E. Bowden.Reviewed Work:Problems of Regional Economic Planning by J.R. Boudeville.The Journal of Developing Areas,1969（3）.

[2] J.Friedmann.Regional development policy:a case study of Venezuela.Boston:M.I.T. Press,1966:279.

[3] J.Friedmann.A general theory of polarized development.Growth centers in regional economic development:papers,1972.

三、公正平等视角下的城乡发展理论

二战后，为了迅速实现经济赶超，许多发展中国家都选择了城市－工业化的发展模式，力图通过优先发展城市工业部门来带动整个经济的发展。事与愿违的是，在许多国家和地区，以城带乡的发展模式不仅没有使城市经济实现腾飞，还严重损害了农业部门的发展，造成了城乡关系的扭曲和城乡差距的进一步扩大。这种现象引发了理论界对自上而下型发展模式的反思和对自下而上型发展模式的探索，并提出了许多以实现公平、消除贫困、增加就业为目标的乡村发展战略。

英国农村经济学家迈克尔·利普顿于 1977 年出版了《为何穷人一直贫穷：世界发展中城市的偏向研究》一书，系统地提出了城市偏向理论。该理论指出，政府实行了一系列偏向于城市发展的投资、税收、价格政策，导致城市地区分享了很大份额的资源，既造成了乡村对城市的依附和农民生活的困境，又阻碍了整个国民经济的健康发展，是不公平而无效率的。[1] 关于城市偏向政策的形成，利普顿认为，主要应归因于政治结构不公平，即发展中国家的城乡居民在谈判地位和政治影响力上严重不对等。这一时期的城市偏向政策主要表现为扭曲性政策，即政府通过扭曲价格和汇率管制，汲取大量农业剩余支持工业发展，严重损害了农业部门的发展环境，导致城乡居民收入差距持续扩大。

在批评城市偏向政策的同时，以乡村发展为核心的区域发展理论逐步形成。1977 年，奥地利经济学家沃尔特·施特尔与弗兰兹·托德林在其论文《空间平等：对当代区域发展学说的异议》中提出了“选择性空间封闭”理论。该理论既不主张构成乡村依附于城市的一体化经济，也不赞同乡村采取闭关自守的发展模式，而是强调“空间平等”和区域发展的自主性，即乡村应按照其自身资源禀赋来制定发展规划，而且要通过有选择的空间封闭来阻断制约其发展的消极外界联系。施特尔与托德林认为，在大多数市场经济或混合经济中，物质生活水平在空间上的不平等并没有缓解，区域集团正越来越不满于外部社会经济力量对他们施加的影响。为了减少区域之间的不平等，需采取地域“自主性”模式，在不同层

[1] R. Baker.Why Poor people Stay Poor:A Study of Urban Bias in World Development by Michael Lipton.Modern Asian Studies,1979（13）.

次上实施“选择性空间封闭”的发展模式。[1] 这就意味着，把越来越集中于按功能组织的纵向单元上的某些决策权力分散到按地域组织的横向单元上来，从而使得不发达地区能最大限度地发挥其发展潜能。通过有选择性地截断城市与乡村之间的资源流动，削弱城市极化效应对乡村地区的不利影响；通过赋予乡村地区更高程度的自主权，增强城市扩散效应对乡村的有利影响，形成自主的、以乡村为中心的区域单位，实现城乡公平发展。

20 世纪 80 年代，城市偏向政策的形式发生了显著变化：随着结构调整政策的实施，许多发展中国家的政府摒弃了原先的价格“剪刀差”和出口替代政策，然而公共服务领域的城市偏向却进一步加深。1993 年，利普顿在《城市偏向：结果、类别与原因》一文中提出了分配性的城市偏向政策，[2] 即政府公共服务及投资大量偏向城市部门，为城市吸引了技术、资本和大量企业，并使农村的大量存款成为城市居民的资金来源，进而提升了城市居民的见识和能力，使其得到了更好的就业机会。[3] 此外，美国经济学家阿玛蒂亚·森在其 1998 年出版的著作《贫困与饥荒：论权利与剥夺》中认为，农村的贫困是一种权利的不足，反贫困需要改变权利配置格局中的城市偏向，赋予农村穷人更多的发展权利。[4]

城市偏向理论的批评者认为，其侧重于分析发展中国家政治结构的特殊性，对于城市偏向政策的形成机制理解或许有失偏颇。此外，城市偏向理论没有充分重视发展中国家的城市贫困问题，并且对于自发形成的城市集聚缺乏明确解释。无论如何，城市偏向理论使得城市偏向问题得到了社会各界的广泛关注，并对发展中国家改变城市偏向政策、促进城乡协调发展起到了推动作用，这本身就是城市偏向理论的最大贡献之所在。把农业发展和消除城市偏向作为政策目标，对于

[1] W.Stohr,F.Todling.Spatial Equity:Some Antitheses to Current Regional Development Doctrine. Papers and Proceedings of the Regional Science Association,1977（38）.

[2] M.Lipton.Urban bias:consequences,class and causality.Journal of Development Studies,1993（29）.

[3] 王国梁：《城市偏向问题及其解决路径：一个理论综述》,《浙江社会科学》2011 年第 7 期。

[4] 阿马蒂亚·森：《贫困与饥荒：论权利与剥夺》，商务印书馆 2001 年版，第 198—202 页。

欠发达国家的经济增长与消除贫困具有重要意义。[1]

反城市偏向政策的以乡促城发展模式将目标锁定为实现乡村生活条件的改善和生产效率的提升，并以此促进包括城市在内的整个经济体的发展。在强调公平的理念下，以乡促城的发展理念对城市的带动作用和经济发展效率的突出不够。但是，这种思想有助于促进我们从不同的侧面展开反思，更深入地理解复杂而真实的城乡关系。

四、城乡关系研究的新趋势

20 世纪 70 年代中期以来，发展中国家人口的高速增长和移动导致城乡关系出现了新变化，引起了理论界的高度关注，发展理论的焦点逐渐转移到对城乡之间相互作用的分析上来。

1975 年，英国经济学家戴维 · 普雷斯顿最早尝试定义城乡之间的相互作用，在其论文《城乡之间与聚落之间的互动：理论与分析结构》中，他划分出城乡之间作用的五个类别：人的运动、商品的运动、资本的运动、社会交易、行政和服务的供应。[2]

1989 年，英国经济学家蒂姆 · 昂温在其论文《发展中国家的城乡互动：一个理论视角》中提出了“城乡间的相互作用、联系、流”的分析框架，从互动联系的角度研究城乡发展规律。[3]

1998 年，美国经济学家麦克 · 道格拉斯建立了基于城乡彼此依赖视角的区域网络发展模型，指出乡村与城市通过人流、商品流、资金流和信息流等相互联系，只有这些“流”构成“城乡联系的良性循环”时，才能实现城市与乡村之间的均衡发展。在论文《互惠城乡联系的区域网络策略》中，道格拉斯用“结构”

---

[1] 王颂吉，白永秀 :《城市偏向理论研究述评》,《经济学家》2013 年第 7 期。

[2] D.Preston.Rural-urban and inter-settlement interaction:theory and analytical structure.Area,1975（7）.

[3] T.Unwin.Urban-rural interaction in developing countries:a theoretical perspective.The Geography of Urban-rural Interaction in Developing Countries.London:Routledge Press,1989:11-32.

和“流”构建了城乡联系图表，将城乡间相互作用的研究引向深入。[1]

1998 年，美国经济学家塞西莉亚·塔科里和大卫·塞特思威特在《城乡联系》系列论文中构建了积极的和消极的“城乡相互作用与区域发展”的关联模式，强调中小城镇在乡村和区域发展以及缓解贫困中的作用。为更好理解城乡贫困的产生，他们提出了“城乡连续体”的概念，并强调“生计”基础是城乡的主要区别。[2][3]

2005 年，肯尼斯·林奇在论文《发展中国家的城乡互动》中，从“食物流、资源流、人流、观念流、资金流”五方面总结了发展中国家城乡间的相互作用。他提出，研究的关键在于揭示各种“流”对城市与乡村的影响，并以此制定缓解贫困的政策措施。最后，林奇提出了“城乡动力学”的概念，强调要从“生计战略”和“资源分配”两方面分析城乡联系的复杂性。[4]

城乡间的相互作用是城乡关系理论的前沿问题，其探索还在继续。与传统城乡分割理论的视角不同，该理论更加注重城乡间的动态关联，为政府制定城乡发展政策及最终实现城乡发展一体化的社会做了理论支撑。

第三节　西方学者对城乡融合发展模式的设计和总结

作为一个系统而深刻的问题，城乡发展路径及其一体化模式引发了不同领域学者的探索兴趣，形成了诸多建设性思路。除经济学外，城市学、社会学、地理学甚至哲学方面的专家学者都从各自的角度提出了城市与乡村的发展理念和模式。

---

[1] M.Douglass.A regional network strategy for reciprocal rural-urban linkages:An Agenda for Policy Research with Reference to Indonesia.Third World Planning Review,1998（20）.

[2] C.Tacoli.Rural-urban interactions:a guide to the literature.Environment and Urbanisation,1998（10）.

[3] D.Satterthwaite,C.Tacoli.The urban part of rural development:the role of small and intermediate urban centers in rural and regional development and poverty reduction.International Institute for Environment and Development Working Paper Series,2013（9）.

[4] K.Lynch.Rural-urban interaction in the developing world.London:Routledge Press,2005:179-184.

一、空想社会主义者的“乌托邦”模式

早在欧洲文艺复兴时期，空想社会主义学说的创始人托马斯·莫尔在《乌托邦》中就描绘了这样一幅图景：“乌托邦是一个城乡发展一体化的社会，农村没有固定的居民，而是由城市居民轮流种地。农村中到处都是间隔适宜的农场住宅，配有足够的农具。城乡物资是交流的，农村无法得到的工业品就到城市去取。农作物的收割是突击性的，选好一个晴朗的天气，城乡居民一起出动，在短期内全部完成。”《乌托邦》中城乡发展一体化社会的雏形引发了人们对二元对立城乡社会的反思，后继理论家在此基础上提出了不同的城乡发展模式。

进入19世纪，随着资本主义国家城市化、工业化的不断进步，城乡矛盾日益凸显。三大空想社会主义者对此进行了尖锐而深刻的批判，并提出了建立理想城乡社会的构想。圣西门认为，资本主义社会生产将在有组织、有计划的原则下进行，实现农业部门与工商部门联合、城市与乡村联合，从而使整个实业体系在协作状态下运行，以消除农业部门与其他一切部门、城市与乡村的分离状态。[1] 傅立叶提出了工业劳动与农业劳动相结合、城市与乡村相结合的思想。在他设想的“法郎吉”组织里，人们既从事工业劳动又从事农业劳动；就整个社会形态而言，只有不同形态的“法郎吉”，而没有城市工业和乡村农业的界限。[2] 欧文构建了称为“新协和村”的理想化城乡社会——财产共有，产品统一分配，没有工农差别，没有城乡差别，劳动将成为一种享受，每个人将根据劳动得到公正的分配。[3]

尽管理想非常美好，但空想社会主义者只看到了城乡差别的表象，却不理解城乡对立的根源，也无从调和城乡间的矛盾，因而他们的城乡发展一体化理想只能是空想。

二、“田园城市”和“区域统一体”模式

针对英国“大工业时代”的城市过度膨胀、乡村衰微破败等一系列问题，英国城市学家德怀特·霍华德于1898年出版了《明日：一条通往真正改革的和平

[1] 昂利·圣西门：《圣西门选集》第1卷，商务印书馆1979年版，第52页。
[2] 乔·奥·赫茨勒：《乌托邦思想史》，商务印书馆1990年版，第192—198页。
[3] 罗伯特·欧文：《欧文选集》第1卷，商务印书馆1979年版，第47页。

道路》(1902 年再版为《明日的田园城市》) 一书，倡导实施重大的社会变革。

霍华德的理想是逐步消灭大城市和土地私有制，用“城乡一体化的新社会结构形态来取代城乡对立的旧社会结构形态”。他在著作中指出:“城市和乡村都各有其优点和相应缺点，而‘城市—乡村’则避免了二者的缺点。……这种该诅咒的社会和自然的畸形分隔再也不能继续下去了。城市和乡村必须成婚，这种愉快的结合将迸发出新的希望、新的生活、新的文明。”为形象地说明上述观点，霍华德绘制了著名的三磁铁图，列出了城市、乡村、“城市—乡村”对人民的吸引力：城市集中了经济社会发展的各种资源和市场，却远离自然；乡村生活环境美好，但缺乏社会性、土地闲置;“城市—乡村”的形式则兼具了城市、乡村的有利条件而克服了不利条件，被霍华德称为“田园城市”。在“田园城市”中，农业区、工业区和居住区有机结合，容纳了规模适度的人口(32000 人)。当人口超过这一数量，则应当另外建设新的“田园城市”。这样，随着时间的推移，便会形成一个由放射交织的道路相连而成的城市群，霍华德把这样的城市群称之为“社会城市”。

霍华德的“田园城市”思想超越了城乡对立的思想禁锢，对未来的城乡结构做了有益探索。不过，“田园城市”的意义远不止于城乡规划，更在于社会变革。因为，霍华德最关心的不是解决城市的某些局部问题，而是发展大势，这就需要依靠社会的基本活力——广大劳动人民。[1]

在《城市发展史：起源、演变和前景》中，美国著名城市学家刘易斯·芒福德赞发展出“区域统一体”理论。芒福德指出，“城与乡，不能截然分开；城与乡，同等重要；城与乡，应当有机结合在一起。”他主张通过设立很多新的城市中心来构成更大的“区域统一体”，并以现有的分散的大城市为主体，将“区域统一体”的发展引向其周边的平衡社区里，促使区域整体发展。这样，不仅可以重建城乡之间的平衡，还有可能使所有居民在任意地方都享受到真正的城市生活益处，同时避免特大城市的困扰。

“区域统一体”理论体现了芒福德深刻的城乡发展观，这建立在他对资本主义

---

[1] 金经元:《我们如何理解“田园城市”》,《北京城市学院学报》2007 年第 4 版。

的透彻批评之上。芒福德认为，资本主义的城市发展规律，意味着坚决无情的扫清日常生活中能提高人类情操、给人以美好愉快的一切自然景色和特点。资本主义承认的只有贪得无厌、傲慢以及对金钱和权力的迷恋。

三、“广亩城市”与“有机疏散”理念

“田园城市”理论引起了建筑界广泛的兴趣，在1929—1933年的大萧条时期，美国建筑家弗兰克·赖特从文化意蕴和设计理念角度对当时的城市规划进行了深刻的反思。赖特提倡把工业化的城市转化为一种农业化的乡村景观，并于1932年正式提出“广亩城市”模式。

赖特认为，城市化是一个“过重的负担”，人们会抛弃乡村而居住在过度拥挤的大城市这种想法是十分可笑的，集中化的城市正在通过“租金”创造出来的压力消磨人的个性。现代城市既不能适应现代生活的需要，也不能象征现代人类的愿望，因而是一种反民主机制，必须取消。在《消失的城市》中，赖特写道，未来城市应该是无所不在又无所在的。在随后出版的《宽阔的田地》中，赖特提出，人们应该走出城市的束缚，将集中的城市重新分布在一个地区性农业的网格上，发展一种完全分散的、低密度的生活、居住、就业相结合的新型城市——“广亩城市”。

“广亩城市”的实质是反城市的，赖特将之视为一种必然的社会发展趋势。他写道：“美国不需要有人帮助建造‘广亩城市’，它将自己建造自己，并且完全是随意的。”从某种意义上说，20世纪60年代以后美国城市的郊迁化便是“广亩城市”思想的体现。

为缓解由于城市过分集中所产生的弊病，芬兰建筑大师伊诺·沙里宁在1943年的《城市，它的生长、衰退和将来》一书中提出了疏导大城市的“有机疏散”理念。“有机疏散”的思想最早出现在1913年的爱沙尼亚大塔林市和1918年的芬兰大赫尔辛基市的规划方案中，其目的是把城市的无秩序集中变为有秩序分散，使人们居住在一个兼具城乡优点的环境中。

沙里宁指出，“今天趋向衰败的城市，需要有一个以合理的城市规划原则为基础的革命性的演变，使城市有良好的结构，以利于健康发展。这种结构既要符合人类聚居的天性，便于人们过共同的社会生活，感受到城市的脉搏，而又不脱

离自然。”[1]“有机疏散”理念把城市视为一个有机体，损害有机体内部的部分秩序，将影响有机体的整体功能，使其瘫痪和坏死。为避免城市趋于衰败，有必要从形体及精神上对城市进行全方位升级。不能听任城市杂乱无章的凝聚，而是要按照机体的功能要求，把城市的人口和就业岗位分散到可供合理发展的离开中心的地域。具体操作上，要把大城市的拥挤区域分解成若干集中单元，组成相互关联的集镇，并把各集镇用保护性的绿化带隔离开来，从而实现“有机疏散”。

“有机疏散”理念将城市看作如同生命有机体一样的集合体，提出了疏散城市到乡村的建议。从城乡关系角度看，以“有机疏散”原则改造过的城市，将成为一种既存在相对联系又存在相对分离的城乡区域有机体。

四、“城乡融合”系统设计和“乡村城镇化”亚洲模式

20 世纪 80 年代，日本工业立国的政策导致其出现“繁荣的工业，衰退的农业”的局面，日本社会成了不适宜生活的畸形社会。1985 年，日本文化学者岸根卓郎在《迈向 21 世纪的国土规划——城乡融合系统设计》一书中对此作了反思，并提出立体规划的构想——设计超越城市、乡村界限的“人类经营空间”，以缔造一个人与自然交融、城乡空间融合的社会。[2]

岸根卓郎的哲学理念是，以“协调与进步”作为永恒目标，“在混沌中追求整体的协调美和进化”。他的基本思想是，设计一个具有完善的自我形成功能并具备能够适应任何环境变化能力的理想社会系统，即“自然—空间—人类系统”。岸根卓郎认为，国土规划必须使乡村功能和城市功能有机结合起来。为建立一个在农业、工业分工合作基础上的城乡融合系统，需要将城乡作为一个整体纳入上述社会系统中来研究。此外，岸根卓郎十分重视城乡社会的软功能。他认为，城市具有多样性、文化性、娱乐性，乡村具有自然性、情绪性、传统性，应该打破城市与乡村间的界限，实现城乡社会要素的完全系统化。在这种哲学理念及基本

[1] P.Bradley.The City:Its Growth · Its Decay · Its Future By Elliel Saarinen,American Political Science Review,2013（37）.

[2] 岸根卓郎：《迈向 21 世纪的国土规划——城乡融合系统设计》，科学出版社 1990 年版，第 38—72 页。

思想的引导下，岸根卓郎设计的城乡融合系统将自然、学术、文化、产业、生活浑然一体，是物心俱丰的复合社会。[1]

20 世纪末，亚洲许多核心城市边缘出现了一种农业、非农业活动并存，城乡趋向融合的地域组织类型。加拿大地理学家特伦斯·麦吉最早观察到这一情况，并于 1991 年在其论文《亚洲城乡一体化区域的出现：扩展一个假设》中，命名这种区域为“Desakota region”。[2] 我国学者多将之译为“城乡一体化区域”。

Desakota 取自印尼语，“desa”相当于乡村，“kota”相当于城镇，合在一起表示由乡村到城市的发展阶段，是亚洲国家特有的区域，通常延伸在一个介于大城市之间的走廊带上，其间混合了密集的农业劳动与非农业劳动。Desakota 通常具有以下六个特征：第一，相当密集的人口、分散的农户经营方式和以水稻种植为传统产业；第二，亚洲地区 Desakota 区域是由原中心城市的工业向外扩散和乡村地区非农产业的发展而逐步形成的，而西方的大都市带是市中心地区的居民不断向外迁居而形成的；第三，在欧美大都市带的中间通常分布的是一些环境优美的居住和休憩用地，但在亚洲的 Desakota 区域，农业、副业、工业、住宅及其他各种土地利用方式的交错布局，混杂特征极为突出；第四，密集的交通网使其与周围地区的联系极为方便，使 Desakota 区域的人员和货物具有很强的流动性和迁移性；第五，由于农业从狭义的水稻种植扩展到蔬菜、水果和家禽的种养殖业，服务业部门也相应地得到扩大，越来越多的女性劳动力参与到了非农产业活动中；第六，原来为城市和乡村制定的管理系统已不适用于这一地区，管理上成为薄弱环节，非正式部门的普遍存在使 Desakota 成为一种“灰色区域”。[3]Desakota 严格来讲是一种由乡村像城镇过度中的区域，受城市社会和乡村社会的共同作用，归根结底是社会经济发展的结果。

麦吉的研究着重于探讨城乡之间双向交流引起的地域空间变化，其对亚洲城

[1] 顾孟潮：《城乡融合系统设计》，《建筑学报》1991 年第 12 期。

[2] T.McGee.The Extended Metropolis:Settlements Transition in Asia.Honolulu:Hawaii University Press,1991:3-25.

[3] 史育龙：《Desakota 模式及其对我国城乡经济组织方式的启示》，《城市化研究》1998 年第 5 期。

市发展模式的总结吸引了越来越多学者的兴趣。通过探索能够说明大多数欠发达国家中人类聚落转换特征的空间模型，人们对于发展中国家城乡发展的理解得到了深化。

总之，通过对城乡关系理论与城乡发展一体化实践的全面梳理可以发现，马克思主义经济思想与西方主流经济理论都认识到了城乡分离的历史进步性，也都预见了城乡最终融为一体的必然性。然而，二者在分析视角及侧重层面上存在很大的区别：马克思主义以历史唯物主义为视角，通过考察生产力及生产关系的相互作用，在一般意义上探讨了城乡关系的运动规律，深刻揭示了城乡关系的实质；西方各流派则将资本主义生产关系视为永恒不变的，在既有制度框架内，从资源配置、城乡差异的角度出发，分析城市、乡村发展的瓶颈，探索城乡由二元经济结构转向成熟经济的模式及路径，侧重于解决现实问题。

在马克思主义者看来，城乡关系的实质是城市居民与乡村居民在物质生产、分配、交换、消费过程中形成的相互关系，属于生产关系范畴。因此，城乡发展一体化的进程将在根本上依赖于城乡生产力的解放和发展。我国处于并将长期处于社会主义初级阶段，实行以公有制为主、多种所有制并存的经济制度，生产力仍然不够发达，城乡发展有其自身特色。因此，我们应该坚持以马克思主义城乡理论为指导，同时借鉴西方资源配置、城乡联动等不同视角的分析，在深入研究国情实际的基础上，推进我国向城乡发展一体化方向发展。

| 第三章 |

中国城乡融合发展的现实基础

目前，我国已经进入工业化的中后期，是同步推进工业化、信息化、城镇化和农业现代化的关键时期。总体上已进入以工促农、以城带乡的发展阶段，进入着力破除城乡二元结构、形成城乡经济社会发展一体化新格局的重要时期。党的十六大以来的十多年来，我国统筹城乡发展取得了巨大成就，城乡融合发展试点工作取得了实效，积累了宝贵经验，为进一步推进城乡融合发展，奠定了坚实的现实基础。

第一节　中国城乡融合发展的紧迫性

城乡融合发展是一个自然的历史过程。随着生产力的不断提高和工业化进程的加快，必然要求突破城乡的分割，从而走向城乡互动的融合发展道路。根据世界经济的发展经验，我国目前已经发展到了推进城乡融合的历史时期。特别是由于我国城乡的二元结构还没有破除，因而，应时顺势地大力推进城乡融合发展，不仅具有历史的必然性，更有着现实的紧迫性。

一、我国已经发展到了“以城带乡”的特定阶段

（一）社会生产力的高度发展必然导致城乡关系趋向融合

从城乡发展的一般规律来看，城乡关系的发展演变与社会生产力的发展程度和发展水平紧密相关。城乡分离、城乡对立及城乡发展的差别，是一定阶段社会生产力发展水平的反映，是不可避免的阶段。城乡分离和对立问题的解决，不是取决于人们的主观意志和良好愿望，归根到底要靠社会生产力的发展来实现。[1]

[1]　姜作培：《城乡一体化：统筹城乡发展的目标探索》，《南方经济》2004 年第 1 期，第 6 页。

社会生产力的发展达不到一定的程度和水平，就不可能消除城乡之间的对立和失衡，也就不可能实现城乡关系的完全协调、融合。

从生产力发展的内在规律来看，城乡经济社会发展本身是一个分散结构系统，城乡之间互为开放和互为关联，是城乡发展一体化的基本特征和运行规律。[1] 随着社会生产力不断发展，城乡物质财富不断扩大，必将不断缩小城乡发展之间存在的差距。城乡从对立到开放、到城乡协调，再到城乡融合，是大势所趋、势在必行。

改革开放 40 年以来，我国城乡生产力均实现了快速发展。随着经济的不断发展和社会的全面开放，我国的城乡关系日益紧密，城乡相互作用日益加强，城乡融合发展的趋势不可阻挡。

（二）工业化进程已到了以工促农、以城带乡的发展阶段

党的十六届四中全会指出，“纵观一些工业化国家的发展历程，在工业化初期，农业支持工业，为工业提供积累是带有普遍性的趋向；但是工业化达到相当程度以后，工业反哺农业、城市支持农村，实现工业与农业、城市与农村协调发展，也是带有普遍性的趋向。”这一论断高度总结了工业与农业、城市与乡村关系的发展规律。

在工业化进程中，工业结构的变动规律为：轻纺工业起步（劳动密集型产业），发展为重工业化（资本密集型产业），然后发展为高技术化（技术密集型产业）如图 3.1 所示。随着工业结构的变动，工农业关系的变动规律为：在工业化初期，农业对国民经济的贡献作用较大，但随着工业化水平的提升而逐渐下降，农业仍然是推动国民经济社会发展的主导产业，此时工农业关系为“农业哺育工业”阶段（即为第一个趋向）；在工业化中后期，工业成为国民经济的主导产业，此时工农业关系为“工业反哺农业”阶段（即为第二个趋向）。

工农业关系发展的“两个趋向”是世界各国工业化发展的客观规律。在工业化过程中，能否正确处理工农业关系、城市与乡村关系是关系国家兴衰和现代化成败的关键之一。尤其在进入工业化中后期，统筹城乡发展、努力缩小城乡差距

[1] 姜作培：《城乡一体化：统筹城乡发展的目标探索》，《南方经济》2004 年第 1 期，第 6 页。

和工农业发展差距，是世界各国在推进国家现代化过程中遵循的普遍规律。[1]

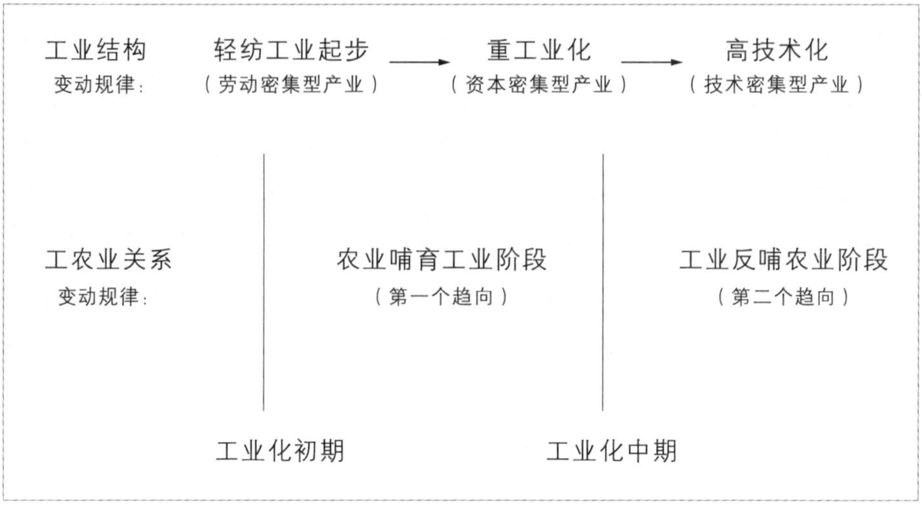

图 3.1　工业结构变动规律、工业与农业关系变动规律图

“两个趋向”也是我国经济社会发展的必然选择和趋势所向。我国在新中国成立初期时总体上还是一个传统农业国、工业化水平较低，客观上要求传统农业来积累和提供工业化初期发展所需要的资金。所以新中国成立后较长时期内都采取了农业支持工业、农村支持城市发展的政策，这极大地促进了我国工业化的发展。自改革开放政策实施以来，我国的工业化、城镇化、现代化发展日益加速。2006—2015 年，我国的 GDP 以年均 12.1% 的速度增长，财政收入以年均 14.7% 速度增长。如表 3.1 所示，2015 年，我国的 GDP 已达 152269.2 亿元，位列世界第 2 位；人均 GDP 为 50251 元，已步入中等收入国家行业，工业增加值占国内生产总值的比重已达 34.3%，第一、二、三次产业占国内生产总值的比重分别为 8.8%、40.9%、50.26%；第一产业就业人员占全社会就业人员的比重从 1978 年的 70.5% 下降为 28.3%，第二、三产业就业人员比重分别从 1978 年的 17.3% 和

[1] 毛林根，毛隽：《消除二元结构与城乡一体化制度创新》，《贵州社会主义学院学报》2009 年第 4 期，第 51 页。

12.2% 下降到 29.3% 和 42.4%；城镇化率从 1978 年的 17.9% 上升为 56.1%。

表 3.1　国际上衡量工业化程度的主要 4 项经济指标

指标	中国 2015 年的数据	一般的划分标准
人均 GDP（单位：美元）	8069.2	[1000，3000)，为工业化初期；[3000，5000)，为工业化中期；[5000，+ ∞)，为工业化后期
工业化率（工业增加值 / 全部生产总值）	34.3%	[20%，40%)，为工业化初期；[40%，60%)，为半工业化国家；[60%，+ ∞)，为工业化国家
三次产业结构	8.8% ∶ 40.9% ∶ 50.26%	——
就业结构	28.3% ∶ 29.3% ∶ 42.4%	——
城市化率（城镇常住人口 / 总人口）	56.1%	[37%，65%)，为工业化初期 [65%，+ ∞]，为工业化国家

上述主要指标表明，“我国现在总体上已到以工促农、以城带乡的发展阶段。我们应当顺应这一趋势，更加自觉地调整国民收入分配格局，更加积极地支持‘三农’发展。”[1] 因此，遵循工业化发展的客观规律、顺应工业化进程中“两个趋向”，实行“工业反哺农业、城市支持农村”，统筹兼顾工农业发展和城乡发展，势必推进城乡差距的日益缩小和城乡融合发展。

二、市场经济的深化客观要求城乡融合发展

（一）市场经济的深化发展要求城乡要素的自由流动

市场要素包括土地等自然资源、劳动力和资本等有形要素，也包括劳动者技能、知识、技术和信息等无形要素。市场经济是以这些要素为基础条件的，要素的自由流动是市场经济深化发展的必要条件和必然要求。

由于现代社会分工的进一步细化，土地、资本、劳动力、技术和信息等要素在城市和农村的配置方式、配置效率不仅存在着形式上的差异，而且存在着由这些形式上的差异导致的要素在城市和农村两个不同的空间范围的效率差异，也引

[1] 《中央经济工作会议召开胡锦涛温家宝作重要讲话》，新华网，2004 年 12 月 5 日。

起了城乡财富水平的差异。然而，市场经济的深化发展会使要素流动产生组合效应，使空间上高度分散的经济活动成为一个有机整体，从而有利于经济社会总体财富的增进和经济社会的秩序化。

我国社会主义市场经济的深化发展必然要求从注重商品交换到注重要素流动，要素在城乡之间的自由流动将打破城乡二元结构，促进城乡融合发展；反过来，城乡融合也将进一步加速要素的自由流动，促进我国社会主义市场经济的深化发展。

（二）城乡要素的自由流动要求城乡融合发展

城乡之间要素的流动涉及城乡贸易、协作和城乡之间的投资。城乡贸易以城乡的经济分工为基础，可以实现要素的互通有无、调剂余缺、促进城乡经济的共同发展；而通过城乡贸易产生的经济收益或共同收益在城乡之间的分配，会因为要素的市场属性、技术属性、交易制度安排的不同而不同。城乡协作一般通过各种不同规模的经济组织实现经济联合体，提高城乡之间的商品、劳务、资金、技术、信息、管理的组织化和集约性程度，从而实现城乡的共同利益；而共同利益的分配取决于城乡之间投入到经济组织中的不同要素的相对稀缺性。城乡之间的投资会因为引发城乡要素的集中而产生协同效应、学习效应、降低运输成本和交易成本。

市场是各种经济要素发生作用的场所，也是联结城乡关系的重要纽带，市场融合是城乡要素自由流动的关键环节，只有在城乡融合条件下，城乡要素的自由流动才能真正实现，城乡贸易、协作和城乡投资的相应壁垒才能真正消除。

尽管目前的城乡关系从一定程度上说仍不够协调、城乡融合发展的体制机制还未建立健全，但随着我国城乡改革向纵深不断推进，市场机制作用领域的不断扩展，市场配置资源的力度不断加强，城市与乡村的经济社会机制势必无法分开运作，试图在城乡各自领域内分别解决发展过程中存在的诸多深层次矛盾将无法实现。将城乡作为一个相互依存、有机联系的统一体，在同一空间内统一谋划城乡发展，统一城乡资源配置，统一城乡建设规划等将成为必然趋势。

三、全面深化改革迫切要求彻底根除“二元结构”

自 1992 年党的十四大明确提出了建立社会主义市场经济体制的改革目标以

来，我国的经济体制改革不断深化，实现了从高度集中的计划经济体制到充满活力的社会主义市场经济体制的历史转折。目前，我国已经建立了基本完善的市场经济体制，市场手段已取代计划手段成为资源配置的主要方式，价格信号已取代数量信号成为主要的市场调节机制，宏观调控取代了直接的政府干预，经济无论在总量还是质量上都得到了空前的发展。

我国的城乡关系也由原来的对立、分割逐渐走向开放、联合与协作，城乡关系已发生深刻变化，城乡联系日益增强。但受历史的、现实的种种因素制约，我国城乡区域发展差距依然较大，城乡还未达到融合的状态，目前城乡二元结构矛盾仍然较为突出。

城乡二元经济结构一般是指以社会化生产为主要特点的城市经济和以小农生产为主要特点的农村经济并存的经济结构。我国的城乡二元结构体制矛盾主要表现为：城乡经济结构差异较大——城市经济以现代化的大工业生产为主，而农村经济以典型的小农经济为主；城乡基础设施水平差距较大——城市的道路、通信、卫生和教育等基础设施发达，而农村的基础设施相对落后；城乡居民收入差距不断扩大，城市的人均消费水平远远高于农村；相对于城市，农村人口众多；等等。

城乡二元结构体制的长期存在除了带来城乡发展差距较大的问题，还给我国经济与社会发展带来了很多深层次问题，典型地表现为城镇化发展缓慢和"三农"问题。

就城镇化来看，虽然我国的城镇化进程在改革开放后不断加快，但由于长期受二元结构制约，我国的城镇化发展相对于世界城市化进程而言仍然较为缓慢：新中国成立初期我国的城镇化率为10.6%，1978年的城镇化率为17.9%，2015年的城镇化率为56.1%。我国的城镇化率"不仅远低于发达国家80%的平均水平，也低于人均收入与我国相近的发展中国家60%的平均水平，还有较大的发展空间"。[1]

"三农问题"一直是党和政府工作的重中之重。当前我国农业、农村发展步

[1] 《国家新型城镇化规划（2014—2020年）》，中国政府网，2014年3月16日。

入了新的发展阶段，在有利条件和积极因素积累增多的同时，各种传统和非传统的挑战也在叠加凸显：农业综合生产成本上升，农产品供求结构性矛盾突出，农村社会结构加速转型，农村劳动力大量流动，农户兼业化、村庄空心化和老龄化，农民利益诉求多元化，农村社会管理亟待创新和加强，农业资源要素流失加快，城乡要素平等交换的要求更为迫切，缩小城乡区域发展差距和居民收入分配差距任重道远。对此，党的十八大指出，推动城乡发展一体化是解决“三农”问题的根本途径；党的十九大提出，要实施乡村振兴战略，优先发展农业农村，建立健全城乡融合发展体制机制和政策体系，加快推进农业农村现代化。

经济体制改革的深化将势必从注重对外开放向更加注重对内开放转变，从注重市场中商品的公平交换向更加注重要素的自由流动和资源分配在机制上的公平性转变，客观上要求城乡进一步打破二元结构，推动城乡融合发展，实现要素的自由流动和资源按市场机制的最优分配，实现城镇化的快速发展和“三农问题”的有效解决，推动经济社会的可持续发展。可以说，破除城乡二元结构、实现城乡融合发展既是经济体制改革深化的迫切要求，也是我国经济体制改革深化发展的必然趋势。

四、经济全球化凸显城乡融合发展的紧迫性

纵观发达国家城乡发展的历史，其城乡关系大致也经历了如下的发展阶段：城市于农村中孕育——城市与农村的分离与对立——城市辐射农村——城市反哺农村与农村对城市逆向辐射——城市与农村相互促进、融合与共同繁荣。

目前，发达国家总体上已进入后现代化社会阶段和城市化的成熟发展阶段，城乡基本实现了融合发展，城乡联系紧密，工业与农业发展相互依存，农业实现产业化发展，农场经营集中化、规模化、资本化和企业化，农民收入水平和社会地位大幅提升，基本与城市居民在社会地位上平等。

在经济全球化和竞争全球化的背景下，与同时代的发达国家相比，我国目前还存在较为突出的城乡二元结构矛盾，这在一定程度上限制了我国市场经济的活力和经济竞争力的提高。改革开放使我国加入到全球化的国际分工和贸易体系中，我国依靠廉价的劳动力、土地资源等比较优势参与全球化经济竞争，在国际上塑造了“中国制造”的形象。但随着改革开放的深入发展，我国城乡二元结构

矛盾下的深层次问题进一步凸显：劳动力等市场要素尚不能在城乡之间自由流动，损害了劳动力市场的公平公正，不利于人才培养和人力资源优势的发挥；城乡发展差距导致的区域差距加大，产业结构有待优化；经济结构性矛盾突出、经济结构需要转型升级，以资源消耗型和劳动密集型的“中国制造”需要向技术型和资本密集型的“中国创造”转变；等等。

因此，受国外发达国家城乡发展一体化的影响和经济全球化背景下的国际竞争压力的影响，我国应加快破除城乡二元结构、推动城乡融合发展，通过城乡融合发展提高经济的内在活力和竞争力。

第二节　城乡融合发展的城乡基础

城乡融合发展是一项复杂的系统工程，是由区域内外部的诸多现实因素共同驱动的。从城乡融合发展的内部驱动因素来看，主要有：农业现代化和农村城镇化发展、城市的现代化发展、城乡要素流动和融合加快、城乡融合发展实践积累了经验、市场主体的不同利益诉求助推等。

从目前我国城乡发展的状况来看，城乡融合发展已具备了上述的内外部基础和条件，可以说，无论在政策支持，还是人、财、物支持等各方面，我国都有能力、有实力促进和实现城乡融合发展。

一、农业现代化和农村城镇化发展加速：城乡基础坚实

农业现代化是指用现代工业、现代科学技术和现代管理方法武装传统农业，将传统农业向现代农业转化的过程和实现现代农业后的一种状态。农业现代化的主要内容是：通过现代生产方式，逐步扩大农业产业规模，大力发展集约化经营，提升农业生产效率。[1]

鉴于新世纪以来我国农业现代化面临的新挑战、城乡差距不断拉大、城乡区域发展不协调的现实情况，我国加快了农业现代化步伐，着力破除城乡二元结

[1]　陈江龙，高金龙，卫云龙：《工业化、城镇化和农业现代化“三化融合”的内涵与机制——以江苏省为例》，《农业现代化研究》2013 年第 5 期，第 275 页。

构，调整工农城乡关系和统筹城乡发展。[1]2007年，中央一号文件将农业现代化的内涵表述为“用现代物质条件装备农业，用现代科学技术改造农业，用现代产业体系提升农业，用现代经营形式推进农业，用现代发展理念引领农业，用培养新型农民发展农业”。2008年，党的十七届三中全会提出农业现代化要实现“两个转变”，即“家庭经营要向采用先进科技和生产手段方向转变，统一经营要向发展农户联合与合作，形成多元化、多层次、多形式经营服务体系方向转变”。[2]2010年，党的十七届五中全会在深刻把握和认识当前我国经济社会发展阶段和新形势下工农城乡关系的基础上，提出了“三化同步”思想，即“在工业化、城镇化深入发展中同步推进农业现代化”。2015年中央明确提出，要“把转变农业发展方式作为当前和今后一个时期加快推进农业现代化的根本途径”。[3]2017年，中央一号文件指出，要“深入推进农业供给侧结构性改革，加快培育农业农村发展新动能，开创农业现代化建设新局面”。[4]党的十九大指出，要“建立健全城乡融合发展体制机制和政策体系，加快推进农业农村现代化”。[5]2018年中央一号文件指出，要“统筹推进农村经济建设、政治建设、文化建设、社会建设、生态文明建设和党的建设，加快推进乡村治理体系和治理能力现代化，加快推进农业农村现代化，走中国特色社会主义乡村振兴道路”。[6]近年来，我国粮食产量曾出现“十二连增”[7]、生产能力已达到一万二千亿斤[8]；农民收入持续较快增长，农业农村经济发展取得巨大成绩，为经济社会持续健康发展提供了有力支撑。[9]

---

[1] 毛飞，孔祥智:《中国农业现代化总体态势和未来取向》,《改革》2012年第10期，第11页。

[2] 《中共中央关于推进农村改革发展若干重大问题决定》，中国政府网，2008年10月31日。

[3] 《国务院办公厅关于加快转变农业发展方式的意见》，中国政府网，2015年8月7日。

[4] 《中共中央国务院关于深入推进农业供给侧结构性改革加快培育农业农村发展新动能的若干意见》，中国政府网，2017年2月5日。

[5] 习近平：《决胜全面建成小康社会　夺取新时代中国特色社会主义伟大胜利——在中国共产党第十九次全国代表大会上的报告》，新华网，2017年10月27日。

[6] 《中共中央国务院关于实施乡村振兴战略的意见》,《人民日报》2018年2月5日。

[7] 但在“去库存”的大背景下，我国的粮食总产量在2016年止步于“十二连增”。

[8] 习近平：《决胜全面建成小康社会　夺取新时代中国特色社会主义伟大胜利——在中国共产党第十九次全国代表大会上的报告》，新华网，2017年10月27日。

[9] 《国务院办公厅关于加快转变农业发展方式的意见》，中国政府网，2015年8月7日。

我国农业的现代化水平不断提升，在农业水利化、机械化与信息化水平、劳动力知识水平、产学研联接度、种养结构和经营方式、生产经营组织化与产业化水平等方面取得了巨大的发展成效，如表 3.2 所示。农业现代化是我国经济现代化的一个重要方面和体现，也有利于城乡融合发展。

农村城镇化主要表现为：随着一个国家或地区社会生产力的发展、科学技术水平提高以及产业结构的调整，其农村人口居住地点向城镇的迁移和农村劳动力从事职业向城镇二、三产业的转移。[1] 新型城镇化是以城乡统筹、城乡融合、产城互动、节约集约、生态宜居、和谐发展为基本特征的城镇化，是大中小城市、小城镇、新型农村社区协调发展、互促共进的城镇化。

表 3.2　基于主要指标衡量的我国农业现代化发展成效 [2]

指标		发展状况
农业水利化	农业有效灌溉面积	由 1978 年的 4496.5 万公顷上升到 2015 年的 6587.2 万公顷，增长了 46.5%
	除涝面积	由 1982 年的 1809.3 万公顷上升到 2015 年的 2271.3 万公顷，增长了 25.53%
	水土流失治理面积	由 1982 年的 4100 万公顷上升到 2015 年的 11554.7 万公顷，增长了 1.81 倍
	农村基础设施	如农村水库数量的发展，2015 年达到 97988 座，比 1983 年增加了 11421 座
农业机械化	农业机械总动力	由 1978 年的 11750 万千瓦增加到 2015 年的 111728.1 万千瓦，增长了 8.51 倍
	农用大中型拖拉机	由 1978 年的 55.7 万台，增加至 2015 年的 607.29 万台，增长了 9.9 倍
	农用小型拖拉机	由 1978 年的 137.3 万台，增加到 2015 年的 1703.04 万台，增长了 11.4 倍
	小型拖拉机配套农具	从 1978 年的 145.4 万部上升到 2015 年的 3041.52 万部，增长了 19.92 倍
	农业综合机械化程度	我国的农业综合机械化程度达到 55% 以上，2015 年农机工业总产值超过 4000 亿元

[1]　陈江龙，高金龙，卫云龙:《工业化、城镇化和农业现代化“三化融合”的内涵与机制——以江苏省为例》,《农业现代化研究》2013 年 5 月，第 275 页。

[2]　数据来源：国家统计局官方网站。

（续表）

指标		发展状况
农业信息化	农业信息化管理部门和人员	全国约 97% 的地市和 80% 的县级农业部门涉足信息化管理，50% 以上乡镇建立了农村信息服务站，同时建立了一支信息管理和服务队伍
	农村信息网和信息采集点	已陆续建立以中国农业信息网为核心、集 20 多个专业网为一体的国家农业门户网站和“科技教育信息网”“种植业信息网”等子网络；农业部在全国累计布设了超过 8000 多个信息采集点，在农业、畜牧等领域形成了几十条信息采集渠道，开发了农村供求信息全国联播系统

经过多年的快速发展，我国的农村城镇化已取得巨大成就:（1）城市化水平得到迅速提高，已从 1978 年的 17.9% 上升到 2017 年的 58.82%。（2）城镇人口占全国人口的比重迅速提高。改革开放政策极大地调动了广大农民的积极性，相当数量的农民离开土地，进入市镇从事第二、第三产业，城镇人口大规模增加。城镇就业人员 42462 万人。同时，农民工数量不断扩大，并在 2017 年达到 28652 万人[1]。农村富余劳动力的转移，促进了人口的合理流动，为城乡融合发展创造了条件。未来一个时期内，我国农民工市民化的步伐还将继续推进，这大大加快我国的城镇化进程，有利于实现城乡融合发展。（3）农村工业和乡镇企业快速发展。农村的城镇建设实现了乡村工业的聚集发展。一方面，分散的乡镇企业向交通方便、基础设施完善的小城镇适当集中，充分发挥城镇的聚集效应，减少耕地自然资源的利用，提高了乡镇企业的社会经济效益；另一方面，乡镇企业向城镇集中，带动农村人口向城镇转移，推动了第三产业的发展，促进农村经济结构的调整和产业升级。（4）农村城镇的数量和质量都有了较大的增加和提高。城镇作为地区性的政治、经济、文化中心的作用日益加强，小城镇的数量由 1978 年的 2173 个发展到 2016 年的 20883 个。城镇的规模和布局也都有所改善，其发展的合理性、辐射力和带动力也不断增强。

农业现代化水平的提升和农村城镇化进程的加快，为城乡融合发展奠定了牢固的农村基础。2017 年中央一号文件更是指出，要“协调推进农业现代化与新

[1] 《2017 年国民经济和社会发展统计公报》，新华网，2018 年 2 月 28 日。

型城镇化，以推进农业供给侧结构性改革为主线，围绕农业增效、农民增收、农村增绿，加强科技创新引领，加快结构调整步伐，加大农村改革力度，提高农业综合效益和竞争力，推动社会主义新农村建设取得新的进展，力争农村全面小康建设迈出更大步伐”。[1] 党的十九大报告更是指出，要“推动新型工业化、信息化、城镇化、农业现代化同步发展”，“构建现代农业产业体系、生产体系、经营体系，完善农业支持保护制度，发展多种形式适度规模经营，培育新型农业经营主体，健全农业社会化服务体系，实现小农户和现代农业发展有机衔接”。[2]2018 年的中央一号文件指出，要“推动城乡要素自由流动、平等交换，推动新型工业化、信息化、城镇化、农业现代化同步发展，加快形成工农互促、城乡互补、全面融合、共同繁荣的新型工农城乡关系”。[3]

二、城市现代化水平迅速提高：反哺有余

城市现代化的过程是城市不断实现城市化、工业化、市场化和信息化的过程。在此过程中，随着城市现代化水平的提高，城市的产业结构也不断升级，市场化、信息化水平不断提高，居民物质文化生活也得到了快速改善。城市的现代化水平与城市产业结构演变、工业化水平、市场化水平、信息化水平有着极为密切的联系。城市现代化的主导动力主要涵盖工业化水平、城市居民的人均收入水平以及产业结构类型演变等方面，结合城市现代化的主导动力的演变趋势，可将城市现代化的过程划分为现代化准备阶段、现代化起飞阶段、基本实现现代化、完全实现现代化这 4 个阶段，如表 3.3 所示。

[1] 《中共中央国务院关于深入推进农业供给侧结构性改革加快培育农业农村发展新动能的若干意见》，中国政府网，2017 年 2 月 5 日。

[2] 习近平：《决胜全面建成小康社会 夺取新时代中国特色社会主义伟大胜利——在中国共产党第十九次全国代表大会上的报告》，新华网，2017 年 10 月 27 日。

[3] 《中共中央国务院关于实施乡村振兴战略的意见》，《人民日报》2018 年 2 月 5 日。

表 3.3　城市现代化的发展阶段

	工业化水平	人均收入水平	产业结构类型
现代化准备阶段	工业化初期	1000 美元以下	第一产业占 30% 以上
现代化起飞阶段	工业化稳定阶段	1000—3000 美元	产业比重从大到小为二、一、三
基本实现现代化	稳定阶段→信息化	3000—9000 美元	二、三产业占 80% 以上
完全实现现代化	后工业化或信息化	9000 美元以上	产业比重从大到小为三、二、一

我国城市的现代化发展成效显著。2017 年我国人均 GDP 为 59660 元，比上年增长 6.3%。城市现代化不断发展，其辐射、扩散和带动作用也不断增强。从 1978 年至 2016 年，我国城市总数由 193 个增加到 657 个。目前，全国大约 60% 的工业增加值、70% 的国内生产总值、80% 的税收、85% 的第三产业增加值，都来自城市；科研力量和高等教育的 90% 以上集中在城市，城市已经成为加速国家现代化进程的重点区域。2016 年，我国城市用水普及率 98.42%，燃气普及率 95.75%，城市污水处理率为 93.44%，有 30 个城市建成轨道交通、线路长度 3586 公里，有 39 个城市在建轨道交通、线路长度 4870 公里，人均城市道路面积 15.8 平方米，人均公园绿地面积 13.70 平方米，城市生活垃圾无害化处理率 96.62%。[1]

城市现代化的快速发展，为“以工促农、以城带乡”奠定了雄厚的物质技术基础，将有力地推进我国城乡发展的一体化进程。

三、城乡要素的流动日趋自由和平等：助推“融合发展”

在经济社会高度发展、市场化改革不断深化的今天，各种要素在城乡市场间的相互联系和作用日益加强，各种商品、服务和资源在城乡市场间的流动更加顺

[1]《2016 年城乡建设统计公报》，住房和城乡建设部网站，2017 年 8 月 22 日。

畅。“城乡资源要素流动加速，城乡互动联系增长”[1]，城乡市场已由过去分割和对立的局面转向融合式发展，城乡市场紧密相连，在满足城乡居民生产和生活共同需要的同时，城乡发展的协调度和融合度日益提高。

在当前我国深化社会主义市场经济建设的情形下，市场拓展的重点已从城市转向农村，政府正在合理规划和布局、引导建设一批腹地广阔、商品流通量大、交易手段先进的农产品专业批发市场，促进产业结构调整和产业化经营，拉动农村经济发展。城市大型的集市超市、商贸集团和各种新兴要素市场正在向广阔的农村腹地延伸。此外，快速发展的大型仓储超市、连锁超市等新型商业业态，正在把新兴的电子商务、连锁、配送、各式联运等现代物流手段向郊县延伸，农村市场正在得到大力开拓，城乡市场发展上的差距进一步缩小，城乡市场融合的步伐正在加快。

四、市场主体的不同利益诉求：呼唤“融合发展”

在市场经济中，居民、企业、政府是市场中的三大主体。在我国统筹城乡发展、促进城乡融合发展的过程中，农村居民、城市居民、企业和政府各市场主体均有各自不同的利益诉求和发展意愿，这些不同的利益诉求呼唤城乡融合发展，助推了城乡融合发展的进程，如表3.4所示。

表3.4　各市场主体的不同利益诉求与城乡融合发展

市场主体	利益诉求	对城乡发展一体化的影响
农村居民	随着经济发展、教育水平提升和认知观念转变，农村居民的城市化发展愿景日益明显，有越来越多的农村居民愿意分享现代城市文明，愿意与城市居民共享平等的物质文明和精神文明	农村居民的这一诉求，需要城乡融合发展来满足。同时，在农村劳动力大量剩余的内部推力和城乡收入分配、生活质量差异的外部拉力共同作用下，农村就业结构、生活方式、价值观念逐渐发生改变，农村传统社区向城市现代社区逐步演变

[1] 《中共中央国务院印发〈关于加大改革创新力度加快农业现代化建设的若干意见〉》，新华网，2015年2月1日。

（续表）

市场主体	利益诉求	对城乡发展一体化的影响
城市居民	面对人口集中、交通拥挤、住房紧张、就医困难、空气污染等“城市病”，越来越多的城市居民尤其是经济较发达地区的城市居民为了追求高质量的生活品质、享受更多的田园时光，开始有向城市周边郊区或者乡村迁移的意愿	城市周边郊区或者乡村为了满足这部分城市居民的意愿，也在不断加快休闲观光生态农业的发展，不断完善基础设施建设，提升农业现代化水平，从而有利于实现乡村的城市化发展及城乡的融合式发展
企业	在城市化快速发展过程中，企业在城市市场中的竞争日趋激烈，利润空间日益狭小。对超额利润和更多市场机会的不懈追求，使越来越多的企业放眼于农村市场，发掘农村市场机会，不断扩发市场规模	企业对农村市场的开拓，要求城乡融合发展为其生产经营带来便利，同时，企业以分公司、连锁经营等各种形式向城市周边的农村地区辐射，也带动了当地农村的就业和消费需求、创造了更大的市场机会，不仅提升了企业利润，而且有利于提高当地农村居民的收入水平和生活质量，有助于城乡融合发展
政府	随着我国政府的宏观调控力度加大和政府的职能转变，经济发展成果和不断提升人民生活质量是政绩考核的一个重要方面，各级政府人员的责任意识和政绩声誉意识也日益提高。而且全面建成小康的关键在于补齐“农村短板”	为了履责和提高政绩声誉，各级政府官员重视行政职能范围内的农村地区发展，积极创造新的经济增长点，努力想办法补齐农村这块短板，加快打通城乡融合发展的体制机制障碍，大力推进城乡融合发展

总之，加快城乡融合发展，不仅是现阶段经济发展的必然要求，而且作为全面建成小康社会的重大战略，符合各方面的利益诉求，深得人心。

第三节　城乡融合发展的宏观环境

推进城乡融合发展，不仅具备上述的城和乡本身的条件，而且还具备诸多有利的外部条件。从城乡融合发展的外部驱动因素来看，主要有：改革开放政策和城乡统筹发展等宏观政策支持、经济实力和财政能力、大规模且快速的人口迁移、产业转移与产业结构的转型升级、交通通讯等基础设施的快速发展、科技水平的提升等。

一、城乡统筹发展战略实施顺利

自 1978 年改革开放政策实施以来，我国经济和社会发展进入了新的阶段，城乡经济得到了快速发展。伴随改革开放的进一步深化，我国政府在新的经济和社会发展新形势下，审时度势，逐步提出了城乡统筹发展战略。邓小平在党的十四大之后指出，城市支援农村、促进农业现代化，是城市的重大任务[1]。党的十五届三中全会的《决定》指出，“必须从全局出发，高度重视农业，使农村改革和城市改革相互配合、协调发展。”在党的十六大上，江泽民同志首次提出了要实施城乡统筹发展战略[2]。之后，我国在党的各大会议上多次涉及城乡发展问题，并出台了多项指导城乡统筹发展的宏观政策，为进一步促进城乡融合发展奠定了坚实的政策基础。十六大以来关于城乡统筹发展的主要政策如表 3.5 所示。

表 3.5　关于城乡统筹发展的主要政策要点

时　间	政策要点
十六大（2002 年 11 月）	首次提出实施城乡统筹发展方略
十六届三中全会（2003 年 10 月）	提出要按照“五个统筹”[1]的要求，更大程度地发挥市场在资源配置中的基础性作用，为全面建设小康社会提供强有力的体制保障；把建立有利于改变城乡二元经济结构的体制，作为完善社会主义市场经济体制的主要任务之一[2]
十六届四中全会（2004 年 9 月）	提出了“两个趋向”的重要论断。这是我们党在新形势下对工农关系、城乡关系在思想认识和政策取向上的一次升华[3]

[1] 张永岳，陈承明:《论城乡一体化的理论与实践——兼论中国特色城乡一体化的联动机制》，《毛泽东邓小平理论研究》2011 年第 3 期，第 18 页。

[2] 江泽民 :《全面建设小康社会，开创中国特色社会主义事业新局面——在中国共产党第十六次全国代表大会上的报告（2002 年 11 月 8 日）》，新华网，2002 年 11 月 17 日。

（续表）

时　间	政策要点
十六届五中全会（2005 年 10 月）	提出大力推进社会主义新农村建设的历史任务[4]，这是统筹城乡发展的重大举措，也是破除城乡二元结构体制的重要载体和途径
十七大（2007 年 10 月）	提出破除城乡二元结构体制的战略目标就是要形成城乡经济社会发展一体化新格局，并明确了构建新型城乡关系的目标和任务[5]
十七届三中全会（2008 年 10 月）	提出要加快形成城乡经济社会发展一体化新格局，并强调建立促进城乡经济社会发展一体化制度[6]
2009 年中央经济工作会议和中央农村工作会议	提出要把解决符合条件的农业转移人口逐步在城镇就业落户作为推进城镇化的重要任务，放宽中小城市和小城镇户籍限制，吸纳有条件的农民工特别是新生代农民工转为城镇居民，并享有与当地城镇居民同等的权益
2010 年中央一号文件和政府工作报告	均对进一步加快推进城乡发展一体化作出重要部署[7][8]
十八大（2012 年 11 月）	在强调“四化”同步发展的同时，将解决好“三农”问题列为全党工作的重中之重，指出推动城乡发展一体化是解决“三农”问题的根本途径[9]
2013 年中央一号文件	提出把城乡发展一体化作为解决“三农”问题的根本途径；必须统筹协调，促进工业化、信息化、城镇化、农业现代化同步发展，着力强化现代农业基础支撑，深入推进社会主义新农村建设[10]
十八届三中全会（2013 年 11 月）	提出城乡二元结构是制约城乡发展一体化的主要障碍；必须健全体制机制，形成以工促农、以城带乡、工农互惠、城乡一体的新型工农城乡关系，让广大农民平等参与现代化进程、共同分享现代化成果[11]
十九大（2017 年 10 月）	提出建立健全城乡融合发展体制机制和政策体系[12]
2018 年中央一号文件	提出坚决破除体制机制弊端，使市场在资源配置中起决定性作用，更好发挥政府作用，推动城乡要素自由流动、平等交换，推动新型工业化、信息化、城镇化、农业现代化同步发展，加快形成工农互促、城乡互补、全面融合、共同繁荣的新型工农城乡关系[13]

注释：

[1] 统筹城乡发展位居“五个统筹”的首位，是实现“五个统筹”的基础和前提条件。

[2] 《中共十六届三中全会公报（全文）》，新华网，2013 年 11 月 8 日。

[3] 《工业反哺农业城市支持农村》，《人民日报》2008 年 11 月 3 日。

[4] 《中共中央关于制定国民经济和社会发展第十一个五年规划的建议》，人民网，2005 年 10 月 19 日。

[5] 胡锦涛：《高举中国特色社会主义伟大旗帜为夺取全面建设小康社会新胜利而奋斗——在中国共产党第十七次全国代表大会上的报告》，人民网，2007 年 10 月 25 日。

[6] 《中共中央关于推进农村改革发展若干重大问题的决定》，中国政府网，2008 年 10 月 19 日。

[7] 《中共中央国务院关于加大统筹城乡发展力度进一步夯实农业农村发展基础的若干意见》，《人民日报》2010 年 2 月 1 日。

[8] 温家宝：《政府工作报告——2010 年 3 月 5 日在第十一届全国人民代表大会第三次会议上》，中国政府网，2010 年 3 月 15 日。

[9] 胡锦涛：《坚定不移沿着中国特色社会主义道路前进 为全面建成小康社会而奋斗——在中国共产党第十八次全国代表大会上的报告》，新华网，2012 年 11 月 19 日。

[10] 《中共中央国务院关于加快发展现代农业进一步增强农村发展活力的若干意见》，中国政府网，2013 年 1 月 31 日。

[11] 《中共中央关于全面深化改革若干重大问题的决定》，新华网，2013 年 11 月 15 日。

[12] 习近平：《决胜全面建成小康社会夺取新时代中国特色社会主义伟大胜利——在中国共产党第十九次全国代表大会上的报告》，新华网，2017 年 10 月 27 日。

[13] 《中共中央国务院关于实施乡村振兴战略的意见》，《人民日报》2018 年 2 月 5 日。

由以上关于统筹城乡发展的政策要点来看，在新的历史条件下，着力破除城乡二元结构体制，形成城乡融合发展的新格局，是党和政府进一步解决“三农”问题和保持经济社会可持续发展的一项战略任务。这些政策和中央精神为我国城乡融合发展提供了强大的政策支持和精神动力。

二、公共财政对“三农”的倾斜力度加大

经过 40 年的改革开放，我国的经济发展取得了巨大成就，综合国力和国际竞争力大幅提升，对世界经济的带动和贡献也不断增强。

我国的经济总量已由 1978 年的 3645 亿元上升到 2015 年的 689052 亿元，其占世界总量的份额由 1978 年的 1.8% 提高到 2015 年的 14.85%，从 2010 年起就已成为仅次于美国的世界第二大经济体。我国的人均 GDP 已由 1978 年的 381 元上升到 2015 年的 50251 元，即已突破人均 8000 美元，按照世界银行的划分标准，我国已位列中高等收入国家行列 [1]。我国的外汇储备由 1978 年的 1.67 亿美元上升到 2015 年的 3.33 万亿美元，稳居世界第一。

我国的财政收入伴随经济快速发展实现了连年增长。在 2006—2015 年期间，我国财政收入以年均 14.7% 的速度增长，且从 2011 年开始已连年突破 10 万亿元大关。相对于过去吃财政饭捉襟见肘的情形，现在已经基本具备了反哺农业、带动农村的财政能力。由此，近年来中央的支农惠农政策力度逐步加大。

强大的经济实力和雄厚的公共财政能力为促进城乡融合发展奠定了坚实的经济基础和财力支持。我国应抓住这一有利时机，在完善国民收入分配的再分配制度、公共财政的转移制度、农村金融制度的同时，切实落实促进社会主义新农村建设的“城乡统一规划”制度，加大对“三农”建设的投入，推动城乡经济社会的协调、和谐、可持续的融合式发展。

三、农村人口迁移的规模大且速度快

自 1978 年改革开放以来，我国的人口迁移的规模和速度都较大，总体上可以划分以下 4 个阶段：

第一阶段（1978—1984 年）：农村联产承包责任制逐渐推广，农村长期存在的剩余劳动力得到释放。但当时人们还缺乏自由流动的意识，城市体制变动晚于农村，可吸纳的就业空间有限，人口迁移以规模小、增速慢、短期和短距离迁移为主要特点。

[1] 数据来源：世界银行数据库。

第二阶段（1985—1995 年）：我国于 1984 年开始逐步放宽人口迁移限制，并开始重视发展城镇化建设，允许农民自理口粮在小城镇落户，鼓励乡镇企业发展。同时，城市经济体制改革也逐步开展，以轻工业为代表的城市工业全面发展。由此，人口开始自发性迁移，迁移规模迅速扩大、人口流量急速增长、远距离迁移大范围展开。到了 1989 年后，人口迁移量年增幅达 10% 以上。

第三阶段（1996—2003 年）：受我国农业政策调整的影响，农产品比较收益得到提高，农业对劳动力的吸聚力增强。同时，改革开放向内地扩展、西部地区开发等政策促使东部地区一些劳动密集型企业向内地转移，提升了内地经济发展的机遇和就业机会。同时，这一时期由于企业经济效益逐渐下降、国有企业改制、城市下岗人员增加、失业率上升，为了确保城市“再就业”工程，部分大中城市开始限制招收外来工、实施工种准入制、抑制了对外来劳动力的吸纳，并加强对城市流动人口的调控管理。因此，这一时期由农村向城市的人口迁移速度明显下降。

第四阶段（从 2004 年至今）：由于户籍制度、土地制度的相继改革、迁移条件的放宽，人口迁移进入快速发展时期，农村劳动力外出就业总量持续平稳增长。为了缩小区域发展差距，继“西部大开发战略”之后，中央又分别实施了“中部崛起”和“振兴东北老工业基地”战略，各地都因地制宜地采取了提升薪金待遇、福利水平、工作环境等一系列吸引人才的措施，引导人口平稳有序迁移，分散了部分大城市中过度的迁移人口。

人口迁移实现了我国区域经济的快速发展，缩小了城乡差距，通过农村人口的大量转移，缓解了城镇化滞后的状况。改革开放初期，我国工业化率为 47.9%，但城镇化率只有 17.9%，城镇化严重滞后于工业化的发展；从 2011 年开始我国的城镇化率突破 50%，到 2017 年城镇化率达到 58.52%，城镇化发展水平已超前于工业化水平。

目前我国城乡人口迁移有两个主要趋向：一是我国的城市人口尤其东部沿海等发达城市的居民根据自身发展需要或享受乡村田园生活等需要，开始出现从城市迁往郊区或乡村的意愿，中心城市人口郊区化扩散明显加快；二是农村人口不断向城镇转移，农民变为市民，农村人口城镇化加快。乡村人口城镇化，既是社会生产力发展和社会进步的必然产物，也是城乡一体化的重要标志。

人口迁移的这两个趋向体现了城乡人口交融变动的趋势。对此，政府应高度重视中心城市人口有序向郊区扩散、向乡村扩散问题；同时，要把农民向城镇转移作为当前城乡统筹发展中人口迁移面临的主要矛盾去抓，通过制度创新等手段，加快转移的步伐和速度，促进城乡人口与经济、社会、环境和生态的协调发展，进一步提升城乡人口融合。

四、产业转移和转型升级的推动作用凸显

产业转移带动了我国的产业转型升级，带动了区域经济发展和城乡发展一体化。总体来看，产业转移的主要效应有产业升级效应、技术溢出效应、产业关联带动效应、竞争引致效应、就业溢出效应，如表 3.6 所示。

表 3.6　产业转移产生的主要效应

效应	释义	对移出地	对移入地
产业升级效应	由于产业转移所带来的区域要素禀赋结构的变化，及由于带来的产业结构变化和产业的转型升级	一般是将缺乏比较优势的产业向经济梯度较低的地方转移，导致移出地产业结构升级，其劳动密集型产业向资本密集型和技术密集型产业转变，第三产业占比加大，现代服务业、新兴技术产业等替代原来的传统产业	由于外部先进产业的移入，带动了资本、技术等稀缺要素的快速积累，将引起区域要素禀赋结构的变化，有助于传统产业比较优势的升级
技术溢出效应	转移出去的先进技术被移入方消化吸收而产生的技术进步，以及技术转让过程所带动的输入方的经济增长	—	产业转移一般是由经济梯度较高的发达区域向梯度较低的欠发达区域转移，移入产业的技术水平一般高于当地产业的平均技术水平，移入产业的技术溢出效应将发生作用。在产业转移过程中输入的先进技术被移入地消化吸收后会导致移入地的技术进步，带动移入地经济增长

（续表）

效应	释义	对移出地	对移入地
产业关联带动效应[1]	移入产业关联效应的发挥过程，包括后向关联效应、前向关联效应、旁侧关联效应	——	移入产业的发展可能会形成对各种要素产生新的投入需求，从而刺激相关投入品产业的发展（后向关联）；移入产业的活动能通过削减下游产业的投入成本而促进下游产业的发展（前向关联）；移入产业的发展会引起周围一系列变化，如促进劳动力队伍的建立、专业服务人员的培训以及促进建筑业、服务业发展等（旁侧关联效应）
竞争引致效应[2]		——	移入产业在资金、技术、人才、市场、营销手段等方面往往比当地产业有竞争优势，一方面，有助于打破当地产业原有的低效运行局面，改善区域产业结构；另一方面，使当地产业卷入竞争之中，当地产业在与移入产业的竞争中要求得生存发展，将不得不技术创新，通过新观念、新技术、新工艺、新产品等拓展市场，创造新的消费取向，以提高产业竞争力
就业溢出效应	由于产业转移导致的就业结构变化	向更具有比较优势产业转移，趋向于资本密集型产业和技术密集型产业，以及现代服务业等	产业转移一般都是劳动密集型产业的转移，劳动力吸纳能力强，若移入产业比当地产业水平和产业等级更高，通常会促进就业结构变化；能够提供更多的就业机会，提高工人工资和生活水平

注释：

[1] 赵玲玲，谢舒艳:《城乡一体化进程中的产业转移研究》,《广东经济》2012 年 1 月，第 29 页。

[2] 赵玲玲，谢舒艳:《城乡一体化进程中的产业转移研究》,《广东经济》2012 年 1 月，第 29 页。

另外，在我国的工业化和现代化进程中，产业转移并不直接引起要素的流动，而是首先引起企业的转移。由于企业的关键技术和销售市场信息是掌握在高技术人才手里，他们甚至代表了企业的商誉，一般企业培养人才要花费大量的时间成本和金钱成本。所以高科技人才转移必须与产业转移同步进行，人才转移为产业转移提供必要保障。产业转移将推动人力、物力、技术、先进的管理经验和企业家才能等生产要素以贸易和投资转移等多种方式实现跨地区转移。而先进产业的移入会有助于实现产业移入地区原有要素的充分、合理利用，有助于实现生产要素的跨区域优化配置和产业结构升级，促进区域经济发展，带动城乡融合式发展。

从产业结构来看，进入新世纪以来，我国对经济结构调整的效果逐渐凸显，三次产业协同性增强。尽管近十多年来，第一、第二和第三产业均保持较快发展态势，但第一产业产值占比呈下降态势，如由 2000 年的 14.7% 下降到 2015 年的 8.8%，降速趋缓；第二产业占比基本保持平稳；而第三产业占比迅速上升。传统产业转型升级的加快、工业整体素质的稳步提升、城镇化水平的不断提高和吸纳就业的能力不断增强，为农业现代化发展创造了良好机遇，推动了城乡融合发展。

五、作为“融合”硬件的基础设施发展迅速

基础设施一般有经济性和社会性两大类，经济性基础设施包括交通运输、能源、邮电通讯等设施，社会性基础设施包括教育、科研、卫生等设施。它是保证社会经济活动、改善生存环境、克服自然障碍、实现资源共享等的公共服务设施，是构成城市与区域系统的基础要素。作为区域社会经济持续发展的基础和保障，基础设施为城乡融合发展提供了不可缺少的硬环境，它是城乡各种网络要素流的依托和保障。一些实证研究也表明，基础设施发展水平与衡量城乡发展融合程度的指标关联度较高，基础设施建设的完善促进了城乡融合，同时，城乡融合发展也必须依靠日益完善的基础设施才能得以实现。

改革开放以来，我国先后实施的西部大开发、东北老工业基地振兴、中部地区崛起战略等区域协调发展战略，都将基础设施建设作为重大举措，推动了我国各类基础设施建设的跨越式发展。为了破除城乡二元结构，2009 年的中央一号文件提出：要加快农村基础设施建设，加快农村社会事业发展，推进城乡经济社会发展一体化，坚定不移加快形成城乡经济社会发展一体化新格局。2010 年的中央一号文件继续强调，新形势下需要稳定和完善党在农村的基本政策，突出强化农业农村的基础设施，建立健全农业社会化服务的基层体系，协调推进工业化、城镇化和农业现代化，努力形成城乡经济社会发展一体化新格局。2017 年政府工作报告进一步强调，要“加强农村公共设施建设”，“建设既有现代文明、

又具田园风光的美丽乡村”。[1] 这些重要文件在国家层面都明确了加强基础设施建设尤其是农村基础设施建设在推动城乡融合发展中的重要地位。

经过多年的发展，我国的基础设施建设取得了巨大成就。全国铁路营业里程从 1978 年的 5.17 万公里增加到 2017 年的 12.7 万公里，其中高速铁路里程 2.5 万公里；公路里程从 1978 年的 89.02 万公里增加到 2017 年的 477.35 万公里，高速公路里程从 1988 年的 0.01 万公里增加到 2017 年的 13.65 万公里；内河航道里程 12.7 万公里，居世界第一位；建成了全球最大的 4G 网络，网民总数从 4.57 亿达到 2017 年的 7.72 亿人，互联网规模和用户居世界第一位。

基础设施已经成为助推我国经济增长和促进城乡融合发展的重要动力之一。我国的基础设施发展与经济增长、城乡融合发展互为因果：一方面，基础设施的发展为中国经济持续高质量发展及城乡融合发展奠定了基础条件；另一方面，经济高质量发展和城乡融合发展又为基础设施的跨越式发展起了助推作用。因此，我们要重视加强基础设施建设，通过基础设施的完善带动城乡融合，同时，也要看到两者之间的互相影响效应，注意发挥其互利作用。

六、有助于“融合发展”的科技水平不断提升

科技进步是推进城乡融合发展的主要因素之一。科技进步能渗入城乡社会经济活动的各个层次中，带来巨大的经济效果。科普宣传与科技教育培训，提高了人们的科技意识和水平；城乡劳动者可通过掌握先进的适用技术，提高工作能力和创新水平，提升人力资源的质量；实用科技成果、专利技术与新产品的研发成功，可以直接带来了产值增加、经济效益的增长。例如，开展的各类“科技兴农”活动、实施的各类科技丰收建设和种子工程、水果丰产技术开发等科技项目，引进推广粮、油、果、蔬、猪、牛等与畜禽新品种，都能够大大提高农作物良种覆盖率、畜禽良种率和农业科技进步贡献率。因此，对于党的十九大报告提出的“加快农业农村现代化”，关键还是要依靠科技创新和科技进步。

改革开放后尤其是进入新世纪以来，我国农业科技自主创新能力持续提高，

[1] 《2017 年政府工作报告》，中国政府网，2017 年 3 月 5 日。

农业科技进入了发展的“黄金期”，农产品产量的大幅增长，其主要原因在于种子、化肥、农药、灌溉、机械五大方面的技术进步。科技进步对农业增长的贡献率已由20世纪80年代的20%左右提高到2016年的56%以上。农业科技的巨大进步使我国农业科技整体水平跃升发展中国家前列，一些重大科技成果达到国际先进水平和领先水平。据科技部统计，超级稻、杂交玉米、转基因抗虫棉、杂交油菜、地膜覆盖技术等一大批突破性科技成果的研发和推广应用，使2016年我国主要农作物良种覆盖率达96%，良种对粮食作物增产的贡献率达到43%以上；畜禽品种改良和规模化养殖、重大动物疫病防控、名特优新水产品养殖技术的进步，使我国畜牧、水产养殖业的科技进步贡献率达到50%以上，肉类、禽蛋和水产品总产量跃居世界首位。同时，近年来根据农业和农村经济社会发展的需要，我国注重引进与转化生物技术、动植物遗传育种、节水灌溉技术、农业生态、农业高新技术示范推广、产学研合作等方面的科技成果，解决了许多农业经济发展的技术瓶颈，推动了农村科技进步和生产力水平的提高。另外，主要农作物耕种收综合机械化水平超过65%，目前小麦基本上实现了全程机械化，水稻、玉米的收获环节也基本实现了机械化。

科技水平的进步提升了我国农产品的市场竞争力，促进了我国农业的现代化发展，实现了农民增收、农业增效和农村经济的可持续发展。当前以政府为主导的、社会力量广泛参与的多元化农业科研投入体系和国家对关键领域、重要产品、核心技术科学研究的重点支持，将不断提升科技发展对农业现代化的助推潜力，推动缩小城乡区域发展差距，促进城乡融合发展。

| 第四章 |

世界各国城乡融合发展的经验借鉴

改革开放以来，中国经济的快速增长令世界极为瞩目。随着我国经济快速的发展，GDP 总量早已超越日本成为世界第二大经济体。然而，在经济高速增长的同时也面临着一些严峻问题，如经济增长方式转变困难、城乡差距过大、农民收入过低且增收缓慢等。特别是我国大中城市在快速发展的同时，农村发展则相对滞后。城镇化速度和质量问题成为困扰我国经济进一步发展的“瓶颈”，这不但影响我国“三农”问题的有效解决，更涉及整个农村大局的稳定和城乡一体化进程的推进。

党中央一直十分关心我国城镇化问题：2013 年 12 月，《十八届三中全会公报》中提出，要“推进城乡要素平等交换和公共资源均衡配置，完善城镇化健康发展体制”；2016 年“两会”期间，李克强总理也表示，要让农民更多地进城，推进城镇化。2017 年中央一号文件还将城镇化问题与我国的农业发展联系起来并指出，要“坚持新发展理念，协调推进农业现代化与新型城镇化”。此外，2018 年的中央一号文件指出，要“推动城乡要素自由流动、平等交换，推动新型工业化、信息化、城镇化、农业现代化同步发展，加快形成工农互促、城乡互补、全面融合、共同繁荣的新型工农城乡关系”。可见，城乡融合发展是大势所趋，是党中央新形势下发展的要求。因此，推动城乡融合发展，是“十三五”期间的一个重中之重的问题。《“十三五”规划建议》也指出，“推动城乡协调发展。坚持工业反哺农业、城市支持农村，健全城乡融合发展体制机制，推进城乡要素平等交换、合理配置和基本公共服务均等化”。

我国自新中国成立以来，虽然城镇化率在短短不到 70 年中提高了 3 倍多，2017 年底已达到 58.52%（国家统计局），但是在发展过程中却不断地“试错”和“摸着石头过河”。因此，适当借鉴发达国家城乡融合发展的成功经验，吸取一些国家失败的教训显得尤为重要。在步入现代化发展的过程中，世界各国均经历了漫长的城乡一体化过程。特别是很多欧美发达国家，其在长期的城乡一体化建设中，积累了大量的宝贵经验和惨痛教训；很多发展中国家在城乡一体化建设的摸索当中也有着值得我国学习或注意避免的地方。认真剖析世界各国在农村公共基础设施建设、农村经济合作组织建设、涉农金融体系建设、农地与农地流转制度设计、政府支持和保护农业的政策制定、农业科技推广模式、农产品价格支持、农业生产全过程补贴、信贷和税收支持、农产品贸易促进政策、农业保险等多方面的成功做法和经验教训，对于我国推进城乡一体化发展将具有重要的启示意义。

本章将选取部分有代表性的国家（地区）作为典型来加以分析，包括欧洲发达国家——英国、法国、低地国家（荷兰和比利时）和德国，这些国家城镇化建设相对较早，有着丰富的经验可供中国加以借鉴；亚洲经济发达国家——日本与韩国，这两个国家在短时间内使城镇化建设发生了质的飞跃；典型的发展中国家——巴西和印度。特别是巴西和印度作为跟中国相似的国土面积较大的发展中国家，由于虚假城镇化和处理农村问题的失败，存在着城乡差距大、贫民窟多等问题，这应当引起中国警惕和努力避免。

第一节　欧洲发达国家城乡融合发展的经验

欧洲是最早进入工业革命的地区。自英国“圈地运动”积累了大量的资本之后，工业革命呼之欲出。然而，欧洲很多国家在先后进行了工业革命之后，不可避免地出现了城市过度拥挤、环境污染严重、贫民窟随处可见等城镇化不可避免的顽疾，特别是著名的“雾都”伦敦，镌刻着深深的城镇化留下的烙印。欧洲发达国家是如何克服这些顽疾的？这些国家的城镇化进程是怎样的？它们是否能为我国城乡一体化提供相应的经验？本节将对这些问题进行认真的剖析。

一、英国：制度建设与突出“人”的城镇化

英国城乡一体化进程的显著特点是起步早、实施较为顺利。通过“圈地运动”，英国积累了大量的资本，为工业革命做了大量的准备，从而使英国成为世界上第一个进行工业革命的国家。英国城镇化进程始于18世纪60年代，由于城

市的迅速发展，特别是大量农村人口涌入伦敦等大城市，造成了严重的环境污染和人口贫困的问题。例如当时的伦敦由于污染严重，被称为“雾都”；而由于人口大量涌入，伦敦出现多处贫民窟，抢劫、盗窃、凶杀等案件屡见不鲜。然而，经过二百多年的发展，英国已相对较好地解决了城镇化进程中出现的制度与人口等诸多问题。目前，英国出现了“郊区化”的现象，即城市的中心逐步地转移到了郊区，郊区作为链接城市和农村的纽带，促进了城市和乡村之间的协调发展。英国的农业较为发达，其城镇化的成功经验值得中国借鉴和参考。

（一）有效的农业政策与“个人”理念并重加速了城乡一体化进程

从法理而言，英国的全部土地归女王所有，但英国实际上实行的土地制度是完全的私有制。在 16 世纪以前，英国的土地制度采取敞田制，这是一种土地私有权和共有权并存的土地制度。其中，公用地的所有权不归私人所有，公有地主要是荒地、草地等，人们可以在公用地上进行放牧、捕鱼等生产活动。实际上，公用地虽然产权公有，但是农民在公用地上进行放牧或其他生产活动时，其公用地的权利与农民私有地数量的多少是成正比的，也就是说，农民拥有的私有地越多，他就可以在公用地上更多地放牧或者进行其他活动。通过“圈地运动”、土地的原始积累及制度变迁等因素，英国积累了大量资本，从而顺利地进行了工业革命。

随着英国工业革命的进行，英国城镇化率不断提高。此后，大量农村劳动力转移到城市工业部门并成为英国经济进一步发展的动力。英国于 19 世纪 40 年代基本完成了工业革命，在 19 世纪 50 年代，英国基本上消灭了小农经济，取而代之的是资本主义的农场制度。整个 19 世纪，英国城乡经济出现协调发展的局面且城市工业部门的收入迅速上涨并占国民收入比重越来越高。这主要有以下原因：首先，农业的技术创新步伐加快，农村经济的迅速发展为城市工业部门积累了大量资本及提供了必要资金，也为城市人口提供了足够的消费资料，使工业革命能够顺利进行，城市工业部门能够迅速发展；其次，由于城市部门的迅速发展，大量无地或少地的农民成为农村剩余劳动力，这部分剩余劳动力有效地转移到了城市的工业部门中，不但迅速地提高了城镇化率，同时也进一步促进城市工业部门的发展。

到了20世纪，英国出台了一些有效促进城镇化进程加速的法律和措施。主要有：一是确立了有效的财产制度。其标志是1922年英国正式通过《财产法》，公簿持有保有权被最终取消。二是颁布实施了《城镇和乡村规划法》等系列法律，加强了土地管理。1947年颁布了《城镇和乡村规划法》，规定私有土地如果变更农业用途，必须向政府缴税，这意味着土地所有者不再拥有擅自变更土地农业用途的权利。自此以后，英国政府还陆续制定了《新城镇法》《村庄土地法》等一系列的法律，进一步强化土地的用途管制；三是鼓励并加强自营农场的发展。政府不断通过立法、补贴等方式，发展自营农场，促进农业的规模经营。1906年，英国出台《农业持有地法》，法律规定地主无权干涉农场主对租佃土地的使用；1941年《农业法》规定，农场主可以获得终身的租期，此后又将租期延长至农场主下一代共两代人。四是出台了数十部关于城市的法规条例，赋予了城镇化新的内涵。一系列的法律政策产生的积极效果无形中使英国城镇化进程加速，并为此后各国城乡建设提供了有益的思路。

除了有效的法律政策，英国政府更为重视从“内部”加速城镇化进程，即重视农民个体，一切围绕“人”来进行城乡改造。早在20世纪初，英国便相继实施了几十部有关城市建设和发展的法规条例，明确提出了城市建设要以人为中心的发展理念，指出城市发展的最终目标是满足人的需要，而城市建设不能只见物而不见人。此外，英国政府也极为重视城乡公共服务领域的公平，这样更能突出“人本”理念。作为全民医疗免费的国家，英国政府极为重视公民的健康和医疗水平，并强调和突出农村地区，特别注重没有私家车的农民的看病问题；为了在城镇化进程中提高国民素质和教育水平，真正实现城乡无差别，英国政府主张消除城乡教育差别，特别是给予农村学校大量补贴，加强14—19岁农村学生的职业教育。这无疑有效地缩小了城乡差别，加速了城乡一体化进程。可见，强调“人”的城镇化是英国城乡一体化成功的重要特点。

（二）主要经验

纵观英国的城乡融合发展的过程，其成功的经验如下：

1. 适用于英国自身的制度建设。英国建立了适用于自身经济发展的一系列政策制度，例如土地制度。合理的制度无形当中促进了农业经济的发展，农村经济的迅速发展为工业革命提供了有效的物质保证，并最终使英国走向了世界强国的行列，同时逐步加速城镇化的进程。

2. 实行自营农场的经营方式，有利于提高农业生产效率。自营农场的方式使土地所有权和使用权在一定程度上分离，但是通过法律等形式的规定，农场主及其后代的土地的使用权是土地所有者无法干涉的，这能够有效地使土地使用权的拥有者对土地利用最大化，提高了农业收入，并进一步调节土地所有者和土地使用者之间的收入分配问题。

3. 农村剩余劳动力的及时有效转移。伴随着工业化的进程，农民的逐步市民化不仅使城镇化水平迅速提高，为城市的工业部门提供了充足的劳动力来源，有力地促使城市工业迅速发展，而且也使农村人口不断减少从而收入大幅度提高，最终使城市和乡村之间的生活水平和收入水平差距缩小。

4. 以“人”为主的城市发展模式是英国城镇化进程取得成功的一个关键因素。城镇化是“人”的城镇化而不是“建设”的城镇化，只有全面提高城市居民和农民的综合素质，城乡一体化才有可能真正实现，而公共服务的无差别也是城乡一体化实现的一个重要保证。

二、法国：城市的“扁平化”与避免农村“空巢”

法国城乡融合发展起步相对较晚，这是因为小农经济作为法国主要的经济形式占据了数个世纪。直到 19 世纪末期，法国才真正地迈入城乡融合发展的轨道当中。与英国一样，政府的制度和政策是其成功的重要因素之一，但法国也有其自己独特的发展路径。

（一）农村政策倾斜与城市“扁平化”战略有效应对了“空巢”难题

16 世纪，大多数的领主土地都被佃农或自耕农所租种，虽然农民没有土地，然而以租种小块土地为特点的小农经济占据着农村经济的主要形式。在法国大革命之后，资产阶级取得政权，通过各种措施将封建权贵和教会的土地分给农民，这宣告着法国封建土地制度的终结和资本主义的土地制度逐步完成。在拿破仑统治时期，拿破仑颁布了《民法典》，正式以法律的形式肯定了法国小农土地所有制形式。这种小农经济虽然在一定程度上适应了当时生产力的发展，降低了农民起义对抗政权的几率，但是却很大程度地阻碍了法国农村经济和生产力的发展。

19 世纪，法国农民的贫富分化开始加剧，破产的农民逐渐增多，少数土地所有者组织起了大型农场，无地农民或少地农民可以租地耕种。1850 年前后，拥有更多的土地成为每一个农民的梦想，这意味着农民可以在经济上独立。此后，高额的农产品价格和不断下降的利率使更多农民能够买得起土地。于是，很多农民购买土地发展农场。在 19 世纪后半期，很多小型农场发展成为了中等农场。法国的小农经济形式一直持续到了 19 世纪末期。

针对小农经济分散、落后及生产能力参差不齐等诸多有碍生产力发展的因素，法国政府于 1960 年颁布《农业指导法》，鼓励农场合并，中等家庭农场的形式受到了极大的肯定，并且将分散的土地整合，进行重新分配。这样做有利于消除小农经济盲目性、低效率的缺点。法国政府在土地管理上也极为重视，主要做法如下：一是限制农场过度兼并；二是购买大量土地，并经过整治后转让给需要土地的农民，以便于其发展家庭中等农场；三是政府对中等农场在购买土地、贷款等方面给予优惠。对于小农户，法国政府推出的养老金政策最为成功，政府提供给小农户终生养老金，这足以能够使小农户拥有脱离农业的成本，成为劳动力进入城市工业部门，这在一定程度上促进了城乡均衡。政府则利用小农户脱离农业后闲置的土地来发展中型农场，并开设土地银行进行土地买卖活动，一般是政府买下土地后将土地售与经营前景较好的农户和农场。以上措施不但使农村经济得到有效发展，农村土地得到了有效利用，也成功地转移了农村剩余劳动力去城市部门就业。经过一系列的改革，法国的中等农场数量不断上升，这样能够在一定程度上保证农民之间不出现贫富悬殊的现象。至今，法国的农业仍然比较发达，农业生产和农村发展走在世界的前列。

在城市发展方面，法国注重城市的“扁平化”，即避免在特大城市建造过高的建筑，从而缓解特大城市过度拥挤、交通不便的弊端。例如巴黎，整个市区的建筑多数不超过 10 层，这无形中降低了市区的人口密度，并且减小了城市医疗、教育及商业配套设施的压力。此外，巴黎将大学区、商业区和公务区留在了市区内，将商务区迁到了郊区。通过这样的安排，不但可以使市区过度拥挤的现象得以缓解，同时也能使郊区的经济协调发展，从而避免城郊之间过大的差距。而在对待城镇化进程中城市过度发展易产生“城中村”和贫民窟的问题上，法国政府有一套较为行之有效的做法。在巴黎周边地区，如果开发商打算建一栋商品楼，根据法律规定，必须也建设相应的廉租房，否则开发商拿不到房建许可证。也就是说，买得起商品房的人必须要与住廉租房的人为邻。这在较大程度上降低了贫富分化，从而减小了巴黎周边出现大规模贫民窟的概率。

随着法国城乡一体化进程的加速，目前法国的城镇化率已达到 80% 左右。为了避免过度城镇化带来的消极影响，法国政府大力促进农村发展，不但从养老金、社会福利等方面实现城乡无差异，甚至是某些政策倾向于农村，而且还进一步鼓励青年人留在农村，通过提供长期无息贷款、免费培训及农民补贴等多种方式，为年轻人在农村创业提供各种便利条件。以上的做法就是为了防止过度城镇化而带来的大量劳动力涌入城市，造成农村的“空巢”现象和老龄化。法国政府重视农村与城市的协调发展，并且有效应对了城市“贫民窟”、农村“空巢”等很多发展中国家正在面临的问题。

（二）几点经验

从法国城乡融合发展的进程，可以发现成功经验如下：

1. 小农经济的废除是农村经济发展的重要条件，也是法国城乡融合发展的基础。法国政府为了发展农村经济，加大了农业的规模化经营，中型农场的大量出现可以防止小农经济分散、滞后的缺点，也在一定程度上使农业快速增长，防止城乡差距的拉大。此外，土地等财产的有效保护对于农村的稳定有较大的好处。

2. 适当的农户补贴及农村政策倾斜。在城市建设需要农村劳动力时，法国政府推出农户养老金补贴政策，这对于解决农村剩余劳动力转移到城市部门有较大的好处。农民由于有政府的补贴，没有了生活的后顾之忧，因此可以自由选择到城市部门去工作，这是一个达到城乡劳动力均衡、提高城镇化率的有效途径。而在城乡劳动力基本达到均衡之后，为了让农村的发展与城市同步，法国政府推出向农村倾斜的政策，例如各种优惠措施使青年留在农村创业，这也使农村与城市的发展达到同步，避免城乡差距的拉大。

3. 城市的“扁平化”战略使城市与郊区和农村逐步形成良性互动。巴黎等大城市的“扁平化”，使城市很多的职能部门逐步向郊区甚至是农村转移，这不但能够缓解来自城市的人口、交通、教育、医疗等方面的压力，也能够发挥城市带动农村、协调发展的良性互动作用。

三、低地国家与德国：土地制度完善与城乡界限模糊

低地国家（low countries）一般指荷兰、比利时和卢森堡3个国家，因这3个国家的海拔很低而得名；德国目前是欧洲经济的火车头，其35.7万平方公里的面积是中国的约3.2%，但德国的GDP数年来一直为全球第四。这几个国家国土接壤且均为西欧发达国家，研究这几个西欧国家的城乡融合发展经验对中国有着特殊的借鉴意义。

（一）土地市场成熟和农业发达是低地国家的典型特征

由于卢森堡国土面积极小且数据难以获得，我们只以荷兰和比利时两个低地国家为例。荷兰和比利时地处西欧的中心地带，其国土面积分别为41864和30528平方千米，两个国家的总面积之和不足中国总面积的一百三十分之一，但这两个国家均是世界上最为富裕和发达的国家之一。据世界银行数据库显示，2014年的人均GDP分别为42725.3美元和47130.7美元（美元现价）。此外，这两个国家的城镇化水平极高，特别是比利时的城镇化率达到了98%。

低地国家政府在城乡融合发展，特别是国家的整体规划中起着极其重要的作用。目前荷兰和比利时目前实行的土地制度为私有制，两国均拥有较为成熟的土地市场。政府作为土地的买卖者参与其中，土地所有者可以自由地将土地租赁或卖出。与很多欧洲国家不同的是，荷兰和比利时政府及一些政府的组织拥有很多土地，政府在土地交易中作为普通的买方和卖方，而不是作为法律制定者而采取特定的法律措施凌驾于土地市场之上和享有不平等的特权。因此，两国政府通过土地的买卖能够进行一定的经济宏观调控，并且利用土地交易来对政策进行实施。例如，荷兰政府在土地流转方面扮演着极为强势的角色[1]。一般而言，荷兰政府欲买一块土地，便与农民商量土地价格，一旦达成协议后便可购买；如果不能达成协议，政府有时根据国土规划，可以采取强制购买的方式。荷兰政府此举的目的是遵守市场规则并从市场角度调控土地供需，最终达到调节房价、保护环

[1] 谭荣：《荷兰农地非农化中政府的强势角色及启示》，《中国土地科学》2009年第9期。

境、进行农村规划等目的。在所有交易过程中，信息都是公开且对称的。

低地国家由于国土面积较小，从整体的空间规划上而言，基本都是以中小城市为主。中小城市基本都是沿河而建且交通发达，周围是郊区和农村。因此，这两个国家整体格局是全国数个城市圈，城市圈的含义即以城市为圆心，郊区与农村作为半径发散。农村到最近的中心城市一般只需要一两个小时的车程。可以说，这两个国家城镇化水平是极高的。与此同时，低地国家的旅游业较为发达，因此更加提倡农村的景观建设，这样做不但保持了生态环境，而且还扩大了旅游需求。由于国土面积小且有数个城市圈，越来越多的市民选择居住在农村享受田园生活，而工作却在城市里，这样更加弱化了城市与农村的界限。此外，低地国家在大力发展城市圈的同时，对农村的发展也是极为关注的。特别是农业的规模化经营是低地国家农业发达的关键因素，这是因为中型的农业组织不但能够有效克服其农地面积较小的缺点，还能够有效防止小农经济的分散性和土地垄断这两个极端，促进农业经济的健康发展，从而形成城乡互动的局面。

（二）完善的制度建设和农村城市“等值”理念是德国的典型特征

德国的工业非常发达，而且以大型重工业、精密制造业为世界称道。世界银行数据库显示，德国 2014 年的城镇化率为 75%，虽不及比利时等国的城镇化率高，但仍然是欧洲甚至是全世界城镇化水平较高的国家之一。德国由于两次世界大战的缘故，领土、建筑遭到严重的损坏，民主德国和联邦德国在 1990 年才重新统一成现在的德国。然而，德国在几经战乱和国家分裂复合的过程中，仍能在短期内经济增长迅速，同时也能够较好地兼顾城市和农村的协调发展。

德国在制度建设方面较为完善，特别是土地制度以及社会保障制度等。联邦德国和民主德国于 1990 年再次统一之后，农村土地是德国政府最为关心的问题之一，这是因为农村土地的面积占到全国总面积的一半以上。因此，德国政府建立起了统一的土地管理和农地产权制度。主要做法如下：首先，德国对农用地产权的交易实行严格管理。德国对其所有权的自由交易实行较为严格的控制，以防止农业用地集中到非农民手中用于非农业用途。其次，德国政府对土地进行整理。统一组织人力物力对第二次世界大战后所形成的不适于耕种的、细碎分散的且难以机械化的地块进行整理规划，使之连成片，以便于农业机械化大生产。最后，政府对农地流转和租赁方面做出更全面的法律保障。目前，一半的德国农业用地为租赁经营，因此土地流转方面的规范和流畅显得极为重要。值得一提的是，德国政府一直推行农业合作社制度，即在农产品销售、农业资料购买、生产和咨询等方面提供帮助，它不但合作社可以整合可利用的资源，而且提高德国农村生产机械化和产业结构的调整，并使农民增收明显，这对于缩小城乡差距并促进城乡一体化方面有着举足轻重的作用。有利的制度保障使德国农民生活相对富裕，正如德国政府所倡导的那样，“农村生活与城市生活等值”“全国为一个大农村”的理念，无形当中降低了城乡的界限。

此外，德国健全的制度建设还体现在拥有发达的社会保障系统和健全的教育系统，而这正是确保德国城乡融合发展水平较高的另一重要原因：德国农村及小城镇基础设施条件与大城市相比几乎没有差异；教育、医疗及商业区等公共设施也是一应俱全，城乡之间社会保障体系差异也不大。德国宪法规定，城乡公民在迁徙、选举、工作及教育等权利方面没有差异，农民要进城工作，只需到市政局登记并按规定纳税，即可成为城市居民，从而避免了我国户籍制度带来的城乡资源分布不平均等影响。

城市方面，德国城市布局和空间规划比较有特点，德国有十一个都市圈，包括莱茵－鲁尔区、柏林、法兰克福、斯图加特、慕尼黑、汉堡等。这些大都市圈分布在德国各地，聚集着德国全国一半以上的人口。除了都市圈之外，德国还有上百个中小城市，这些中小城市分布非常均匀，类似星罗棋布一般，在这些中小城镇的人口约占德国总人口的30%以上。剩余的20%的人口则分布在小型城镇中。由于德国的交通异常发达，各州之间均有类似地铁发车频率的夜行列车和方便的高速公路，这无形当中进一步模糊了城乡之间的界限。

（三）低地国家和德国的经验

从低地国家和德国城乡融合发展的主要特点，可以总结其成功经验如下：

1. 农村“田园化”与城乡“等值化”是低地国家和德国城乡界限模糊的重要原因。低地国家农村往往风景如画，旅游业较为发达，很多富人选择在农村生活；而德国“农村与城市生活不同但等值”理念也使农村与城市经济得以平衡发展，这逐渐成为德国农村发展的普遍模式，并在20世纪90年代起成为欧盟农村政策的一个主要方向。

2. 完善的制度建设和健全的农业政策是低地国家和德国城乡融合发展的重要保障。低地国家成熟的土地市场和德国严格的土地制度都在一定程度上保护了农村的生态环境，并且有利于农村的空间规划；此外，健全的农业政策保护了农民的利益，农民无论是收入还是社会福利与城市居民差距不大，同时也使这些国家的农业相对发达，特别是荷兰作为世界最大的农业国家之一，农业政策倾斜和完善的制度保障功不可没。

3. 方便的交通系统和合理的城市布局是低地国家和德国城乡一体化程度较高的另一主要原因。据统计，德国高速公路的长度仅次于美国和中国，加上发达的铁路系统，使德国城乡概念进一步模糊；而低地国家面积较小，从农村到城市无论采用何种交通方式都较为方便。此外，低地国家和德国的城市布局和空间规划较为合理，数个城市圈和周边农村地区能够出现有效的良性互动。

4. 教育、社会福利体系同质性地分布于低地国家和德国的城市和农村。社会优秀的资源可以自由流动，并不会出现类似中国户籍制度所造成的城乡间无形资源和隐性福利的较大差距，这可以使城乡融合发展真正地变为“人”的城乡一体化，无本质差别的人力资本对城乡之间的协调发展起着巨大的作用。

第二节 亚洲发达国家城乡融合发展的特点

亚洲某些发达国家历经了较长时间的城乡一体化进程，取得了较为丰富的经验。本节只以日本和韩国这两个典型的亚洲发达国家作为案例进行研究。日本和韩国均为著名的“亚洲四小龙”国家。两个国家的显著特点是国土面积狭小，及自然资源匮乏。此外，由于战争破坏等因素，两个国家都是在20世纪50、60年代经济开始迅速发展。经济的迅速发展和城镇化率的快速提高也带来了较多的问题，诸如贫富差距拉大、社会矛盾加剧等。然而，日本和韩国均相对较好地克服了城乡融合发展进程中的问题。因此，同为亚洲国家，日本和韩国城乡一体化的手段和经验值得中国借鉴。

一、日本：无歧视政策与资源无差别流动

日本目前是世界第三大经济体，也是亚洲最为发达的国家。日本国土面积仅为37.8万平方公里，且自然资源匮乏。特别是在二战之后，日本迅速从战争的阴影中崛起，快速地进入了经济高速成长期，并一度成为世界第二大经济体和美国最大的债权国。随着日本经济的崛起，城市人口数量激增，城乡之间的矛盾也逐步显现。然而，通过日本政府的新农村建设及政策导向，1973年之后，日本农村居民人均收入一直高于城市职工户均收入[1]。根据世界银行数据库，2014年日本的城镇化率达到了94%，这是一个极高的数字。日本发展相对较晚，但城乡融合发展程度较高，一些经验也是中国可以借鉴的。

（一）合理的农业协作制度与消灭歧视是日本城乡协同发展的保障

日本早在19世纪60年代的明治维新时期便开始了现代化进程。其后工业化与城市发展相互融合。在第二次世界大战之后，日本重点发展工业，并且快速地进行城市化改造。由于日本是典型的出口导向型经济，大量农民涌入城市，城乡差距逐步拉大。日本政府采取利用牺牲农业的利益来换取工业的发展的政策。这一政策严重地损害了农民的利益，并直接导致农业发展严重滞后，城乡差距越拉越大。到了20世纪70年代，日本政府逐步加强对农业的关注。开始利用工业反哺农业的做法来发展农村经济，大力进行城乡一体化的改造，并大力发展“以工带农，以城促乡”的发展模式，通过大量的农业补贴和农村政策，促进农村发展，最终取得了良好的效果。

日本由于国土面积狭小，人均占有土地较少，再加上频繁地震等多方面因素，土地资源显得尤其珍贵。而由于历史原因，日本进行了数次土地改革，每一次土改都伴随着深刻的制度变革。但是总体而言，土地改革的方向和目的都是为了加快农业发展及保护农民利益。特别是在20世纪60年代，为了降低农业人口不断向城市涌入所带来的消极影响，日本政府出台多方面的政策，主要指导思想

[1]《日本农民收入甚至超过了日本公务员》，人民网，2015年9月8日。

是鼓励农地分散占有，集中经营并协助合作。其主要做法是成立各种农业合作组织，并且扶持各种形式的农业协作组织，扩大土地经营的规模。农民还可以把一些农业工作和经营委托给农协、农业协作组织等，这样农民可以力所能及地完成一些农业生产工作，还能够不切断与土地之间的联系。此外，20 世纪 60 年代开始，日本政府开始放松了土地流转的限制，鼓励土地流转，使土地集中到一部分农户的手中，这样可以在一定程度上扩大农业生产规模。同时，日本建立了较为完善的农村住宅流转体制，鼓励城市人口来农村居住或投资。从城市到农村的从事农业经营的居民，一般会给农村带来一定的投资，这样更有利于农业的发展。但是，在土地用途方面，日本政府对于农村土地的管理是十分严格的。农村土地不允许私自改变用途，如需要将农地改为建设用地，需要很多复杂且繁琐的手续来完成。因此，在保护农地方面，日本做得也较好。通过日本土地制度变迁，可以看出，日本农民之所以收入高（甚至一度高于城市居民），农业较为发达，主要是由于日本土地管理严格、但又有完善的农业合作组织且采取规模经营的方式等多方面的缘故。综上，合理的土地制度安排为农民生活水平的提高、日本城乡一体化进程的加快提供较为坚实的法律保障和制度基础。

在改革农村土地制度、力争扩大农民收入的同时，日本政府还出台多项措施进一步从源头上避免由于战后工业迅速发展而造成的城乡差距拉大的现象，实现了统筹的、协调的城乡均衡发展，这些措施体现在政治、经济等各方面。在政治权利、房产和户籍等多方面个人最为关注的问题上，日本政府主张一视同仁，一律平等，从本质上消灭了城乡之间不能够直接观察到的歧视。二战后，日本工业迅速发展，大量农民离开土地进城务工。城市中的一些企业采用“集团就职”方式，到农村中学整班招收毕业生进城务工。相应地，日本政府不但积极为务工农民提供与城市居民相同的社会保障和市民身份；而且严格要求企业保障劳动者就业，采用“终身雇佣制”等方式确保农民不会在未来因失业而陷入困境[1]。这在很大程度上避免了城市出现“流民”阶层。在公共资源和社会福利方面，日本政府

[1] 于潇、王学龙、Peter Ho：《经济成熟后的技术变迁与政府转型——基于日本教育与经济发展的经验》，《当代经济研究》2015 年第 1 期。

倾向于向西方学习，消除阻碍公共资源在城乡之间自由流动的因素，促进城市公共资源共享，特别是在医疗和教育方面，鼓励其向相对落后的农村地区流动。日本在城市的布局方面，注重轨道交通的建设，很多在大城市工作的人往往住在离大城市中心几十公里的县或镇，久而久之，通过轨道交通的依托，逐渐出现了以东京、大阪等大城市辐射作用而形成的大型都市圈和经济圈。这些小城镇不但由于占据了轨道交通站点的便利，还拥有完备的保安、生活娱乐、教育和医疗等各方面的设施，避免了大城市过度城市化而出现的“一枝独秀”和城乡界限十分明显的情况，也在一定程度上避免了大量贫民窟的出现。总体而言，通过一系列的改革和发展，日本目前的城乡一体化发展水平极高。

（二）主要经验

1. 交通的便利和周围小城镇的基础设施完善，加上公共资源的无差别流动，是日本城乡一体化程度较高的一个重要原因。特别是在城乡户籍、接受教育和工作选择的问题上，没有任何的城乡歧视是日本城乡一体化建设成功的一个关键。

2. 日本的土地制度和农业政策有力地保护了农民的利益，这是农民增收、农业发展的基本条件，也是保证城镇化进程顺利进行的基础。特别是日本发达的农村耕地和农村住宅流转体制，加上合理的农业合作协作制度，保证了日本农业的稳定增长。

3. 合理的空间规划也是日本城镇化水平较高的一个主要因素。类似于德国的模式，日本出现了几个大型的经济圈。依托大城市的中小城镇以及周边农村由于无差别的资源流动和完备的公共设施而发展迅速，不但减轻了东京、大阪等超级大城市的各方面压力，同时还促进了城市周边地区的协调发展，逐步淡化了城市和乡村的概念。

二、韩国 ：“新村运动”与全民总动员

韩国是著名的“亚洲四小龙”之一。韩国自 1948 年 8 月成立后，为了快速发展经济，韩国在 1962—1971 年之间实施了两个五年计划，将经济发展的着力点定位在工业发展以及扩大出口方面，在较短的时间内成了一个出口导向型的国家。然而，韩国是一个人均土地占有面积极小（耕地只占全国国土总面积的 22%），自然资源也极度匮乏，劳动力相对丰富的国家。在这两个五年计划内，

由于以上提及的因素共同作用，导致农业与工业发展的差距迅速拉开：第一个五年计划过后，农业增长速度较工业增长速度低 2.5%；但到了第二个五年计划过后，农业增长速度就已经较工业增长速度低了 8%。此外，在 20 世纪 70 年代初期，农民的收入不足城市居民的一半。因此，这些实际情况导致了一些严重的问题：城乡差距的迅速扩大、农村人口向城市的无序流动及城市秩序混乱等。特别是韩国的农业部门在一定程度上出现萎缩，农村“空巢”现象较为明显。

（一）“新村运动”与内生的制度变迁克服了其城乡矛盾

为了应对城镇化进程中出现的难题，韩国政府在 20 世纪 70 年代初期提出的“新村运动”，其目的是为了摆脱农村落后贫穷的局面、促进工农业协调发展，并有效推动整个国民经济的稳定发展。经过长期的努力，韩国较为有效地解决了城乡一体化进程中的顽疾。而这主要归功于“新村运动”的成功实施。1970 年 4 月，朴正熙在全国地方行政长官参加的抗旱对策会议上提出“建设新村运动”的构想，其目的主要是动员农民共同建设“安乐窝”。正如前面所述，过度地重视发展工业而轻视农业的做法使当时占全国人口 70% 以上的农民生活水平较低，且农业生产也极度落后。中央政府由于资金短缺，也无法通过实质性的手段去扭转这一不利局面。然而，在实施“新村运动”之后，情况有所改变：在“新村运动”的初始阶段，中央政府向全国所有 3.3 万个行政里和居民区无偿性地提供水泥，用来修葺房屋、翻修公路等基础设施方面的建设。随后，中央政府又筛选出 1.6 万个村作为“新村运动”的样板村，以点带面式地有效带动了全国农民建设美好新家园的积极性[1]。在短短的几年时间内，“新村运动”较为有效地改变了韩国农村的面貌，农民得到了较大的实惠。实际上，到了后期，“新村运动”逐步演变成农民自发的运动，从而内生出更加注重建设内涵、发展规律和社会实效的新村建设制度。

总结起来，韩国“新村运动”是有序渐进且分阶段的，并不是预先“设计好”的形式化制度，分阶段的“运动”也随着具体的时间地点变得功能不同：第一，基础建设阶段（1970—1973 年），这一阶段主要的目标是对农民的基本需求加以

[1] 转引自新浪网。

满足，包括农民厨房、围墙、厕所等房屋改造，以及公路、公用洗衣场等基础设施的供给。第二，扩散阶段（1974—1976年），这一阶段主要是“新村运动”向城镇扩散，最终以点带面，成为全国性的现代化建设运动，运动也从第一阶段的重视基础设施建设转向重视农民的居住环境和生活质量的提高上来。第三，提高阶段（1977—1980年），这一阶段的主要特点是城乡差距缩小，政府积极发展现代农业并推动和发展乡村文化，政府在运动中的角色逐步从主导到引导农民自发参与。全国各地以行政村为单位自发组成了开发委员会主导“新村运动”，吸收全体农民为会员，并成立了青年部、妇女部、乡保部、监察会和村庄基金。运动的主要内容包括农民自发修筑乡村公路、整治村庄环境、帮助邻里修建房屋、兴办文化事业、关心和照顾孤寡老人等。第四，自发阶段（1981—1988年），“新村运动”逐渐完成了由民间主导加政府支持到完全由民间主导的过渡。“新村运动”从政府主导的“下乡式运动”转变为民间自发，这一阶段的显著特点是政府建立了全方位的民间组织，大多数工作由民间组织来承担，政府只是通过协调、规划等手段，进一步提高农民收入并完善农民的生活环境。第五，自我发展阶段（1988年—），“新村运动”的积极影响向周围的农村进一步扩散，农民“市民化”逐步加强，农民往往自觉抵制社会不良现象，并不断地传承和发扬新村运动的先进理念。“新村运动”转变为国民自我发展阶段以后，为在运动初期启动农村经济、文化活动而建立的政府机构、活动内容和形式逐步弱化，而具有客观生存与发展规律，有助于农村经济、文化发展的活动内容和形式，如农业科技、推广、培训组织，农村教育机构、农协、流通、农村综合开发、农村经济研究等组织机构应运而生，并不断优化其结构中生机盎然地传承着新村运动的精神和理念，发挥着应有的作用。

韩国通过长达数十年的“新村运动”，摆脱了贫穷，并成功跻身发达国家的行列，运动不但使韩国农村基础设施有了量的变化，而且使农民收入有了质的飞跃，特别是农民素质有了较大幅度的提升，从而促进了韩国城乡一体化进程的加速。

（二）几点经验

1. 政府主导，自上而下。在发展中国家的工业化进程中，特别是在城乡发展成就拉大的情况下，由于农业的弱质性和农村的落后性，需要由政府制定平衡战略以拉开城乡均衡发展的序幕。韩国政府不仅是“新村运动”的倡导者、发动者，而且是直接参与者、强有力的组织者和推动者。“新村运动”初期，政府把工作重点放在农民迫切要求改善的生活环境治理上，通过一系列实实在在的项目开发和建设工程，不仅改善了农村公路和农民住房条件，加速实现了农村电气化和自来水化，而且通过推广高产水稻品种和大量投资，有效地增加了农民收入，促进了农村经济持续发展。农业和农村面貌的巨大变化，极大地调动了广大农民努力建设美好家园的积极性和创造性。

2. 农民主体，自觉自愿。在政府主导的同时充分发挥农民主体作用，是韩国“新村运动”的一个显著特点。韩国政府认识到农村开发事业，需要广大农民提高认识，主动、积极、自发地开展各项建设工作，政府重点进行科学的引导和扶持，即使对村民有好处的建设项目也要先征求村民的意见，决不强制推行。具体选择哪些项目，最终由村庄独立决定。特别是在“新村运动”已取得初步成效，农民已经尝到了甜头并有极大的主动性时，政府行政领导逐步退出了“新村运动”，着力扶持村民建设的自治力量发挥主体作用。政府只是在政策和技术方面给予引导和支持。韩国“新村运动”的成功实践，很大程度上在于韩国及时转变了政府职能，处理好了政府管理和社会服务的关系，实现了政府与民间组织的良好衔接。

3. 教育引导，全民动员。韩国学者认为，要想把政府的意图长期、正确地贯彻实施下去，变成全体国民的自觉行为，就必须加强新村教育，教育全体国民树立勤勉、自助、协同、自立精神的民主市民意识。1972 年，韩国政府成立了中央研修院，1990 年，该院正式定名为“新村运动中央协议会中央研修院”。“新村运动”初期，新村教育比较注重对社会各阶层的核心骨干人员和中坚农民的培训，如举办过骨干农民培训班、新村指导员班、农协组合长班、农协管理干部班、妇女指导员班、土地改良组合长班、水产团体干部班、农村教育骨干人员班等共 24 种培训班，通过集体住宿、集中讨论、生活教育等 3 个环节达到教育目的，培训的主要内容有地区开发、意识革新、经营革新、青少年教育等 7 个方面，到 1995 年，各层次的新村教育共培训了 34.2 万多人次。中央研修院通过新村教育，培养了一大批献身于国家经济发展的社会骨干，为深化“新村运动”、实现社会文明和谐发展做出了巨大贡献。另外，韩国实施了“志愿指导员”制度，志愿义务工为了区域共同体的发展，除了干好本职工作外，还要自发行动起来，利用自己的知识、能力无偿为社区提供服务。这些志愿者队伍走进农村，深入农民，在相互沟通交流和不断交往中加深了农民与城市市民之间的文化融合。[1]

第三节　发展中国家城乡融合发展的教训

发展中国家长期面临着城乡一体化带来的城乡差距加大、农村“空巢”及城市环境污染等多方面痼疾。同样为“金砖五国”，中国城乡一体化开始的相对较晚。巴西城乡一体化开始的较早，但最终还是以失败告终；印度虽然在 20 世纪 60 年代进行城乡一体化建设，但也是由于经验不足和社会因素等造成了一系列严重问题。因此，中国在城乡一体化建设中，如何避免重蹈这些国家的覆辙是一个重要的问题。

本节将巴西和印度作为发展中国家代表进行比较分析，是因为巴西和印度在自然情况、城镇化建设等诸多方面均有较多的共同点：巴西和印度同为“金砖”国家，是世界发展中国家的代表。巴西国土面积为 851.49 万平方公里，人口为 2.01 亿；印度国土面积（实际控制）为 320 万平方公里，人口在 12 亿以上。巴西有丰富的自然资源和较为完整的工业基础，是世界第七大经济体。世界银行数据库显示，巴西人均 GDP 在 2014 年达到 15838 美元，是世界最有代表性的发展中国家之一，但是其 2013 年基尼系数为 0.521，是贫富差距较大的国家；相对而言，印度则显得落后得多。印度没有完整的工业体系，工业基础较为薄弱，时常需要依靠进口技术转让。印度虽然近年来发展比较快，但是由于人口较多，人均 GDP 仅为 5707.7 美元，再加上种族、性别导致的社会等级等严重问题，导致了印度是一个社会财富分配极不均衡的国家。总体而言，巴西和印度不但城乡差距比较大，过度的城市化建设和落后的农村发展形成了鲜明的对比；而且出现了大量的“城中村”和贫民窟。因此，巴西和印度在城乡一体化建设方面的教训是值

[1] 韩秀兰、阚先学：《韩国农村现代化的路径及启示》，《当代世界》2011 年第 2 期。

得中国警戒的。

一、巴西："虚假城镇化"与衍生的社会问题

巴西于19世纪末便启动了现代化进程，随着现代化进程的发展，巴西也取得了巨大的成就。世界银行数据库显示，巴西在20世纪60年代的城镇化率便已经较高，1960年达到46.14%，这个水平与一些欧洲国家都大体相当。到了1980年，巴西的城镇化率达到65.47%，比目前中国的城镇化率要高出将十几个百分点。而截至2014年底，巴西城镇化率达到85.43%，较德国还要高出十个百分点以上。然而，巴西的城镇化进程为"虚假"的城镇化，过度的城镇化虽然在数字上提高了城市人口的比例，但是大量的贫民窟、基尼系数过大、农村发展滞后等多种痼疾完全在巴西这个"高城镇化率"的国家中体现了出来。

巴西的土地是完全的私有制，土地允许自由买卖。实际上，巴西的大部分农村土地掌握在大地主、大资本家手中，而由于社会福利和公共设施的落后，农民一旦出现任何问题，只有卖出自己小块的土地来获得资金，自己便成了失地农民。特别是在巴西政府大力推进城市化建设的大背景下，巴西的大批农民因农地被征用及受到大地主、大资本家的多种挤压而被迫失地，最终全部涌入了城市。然而，大量涌入城市的农民缺乏相应的就业技能，而且城市的容量有限，无法提供大量的就业岗位。因此，大批失地农民生活在城市与乡村的边缘地带，大规模的城市贫民窟不断形成。究其根本原因，主要是由于巴西政府大力推进城镇化建设，大量扶持工业生产，并力求保证占人口大部分的城市居民的主要诉求，采取压低农产品价格的做法来扶持工业发展。"剪刀差"使农业生产增长困难，农村发展停滞不前，并使农民的生活异常艰难。即使政府重视大型农业公司或企业的处境，并出台较多对此方面倾斜的政策，但政府并没有照顾到农村的小农的生活水平。此外，巴西农村的基础设施和公共资源较为落后，与城市的情况没法相比，这也导致了农民处于绝对贫困的状态之中。一旦失地，很有可能成为城市贫民窟中的一员。可以说，巴西的工业虽然在现代化进程中发展迅速，但机会成本是牺牲了农业的发展。片面追求工业化的发展并没有完全带动城镇化进程的加速，而是出现了工业化与城镇化建设完全脱节。虽然巴西城镇化率已高达84%以上，但是过快的且虚假的城镇化带来了诸多发展中国家面临的且挥之不去的问

题，如环境问题、失业问题、城乡差距过大问题等。至今，仍有 20% 以上的巴西人口处于城市和郊区之间的贫民窟中。

二、印度：土地制度的缺陷与农村资源的匮乏

印度与巴西情况相似，但不是虚假的城镇化，而是真正的城镇化建设的不成功。根据世界银行数据库显示，2014 年印度的城镇化率仅为 32.37%。在 1960 年，印度的城镇化率为 17.92%，而中国为 16.2%；但 2014 年中国的城镇化率为 54.41%，而印度仍在低水平的城镇化建设上徘徊。

印度为何会出现这样的情况？我们认为，印度的土地制度安排是一个重要的原因。印度由于历史原因，土地制度较为复杂。但总结起来，印度的地方实力极强，因此高度的土地私有制占据着土地制度的主体位置。根据统计数字，印度在成立之初，85% 的土地被大地主控制，其中 2% 的大地主占有着全国 70% 的土地；而全国所有农民拥有的土地不足 15%，25% 的农村人口甚至没有任何的土地。经过数次的改革，印度土地高度集中的现象在一定程度上得以缓解。然而，印度仍然是世界上土地集中度最高的国家之一。统计数字显示，印度在 20 世纪 60 年代初，占农户总数 10% 的地主拥有全国 56% 的土地，其中 1% 的大地主拥有的土地量竟占到了全国的 16%。随着 60 年代绿色革命的开展，拥有小块土地的小农因无法面对残酷而激烈的农业现代化竞争而不得不卖出自己的土地，这也造成了更多的无地农民，即从 1961—1971 年，无地农民的人数增加了约 1900 万人。由于印度宪法规定，公民有在任何地方居住的权利，加上印度居民没有节制的高生育率，大量农村失地和失业人口涌入城市寻找生存机会。虽然印度政府也在尝试着用新的补贴政策、教育手段等限制大规模的人口流动，但作用似乎不大。根据印度 2002 年的统计数据，印度流动人口接近 2.7 亿人，占全国总人数的 27.4%，其中 1.9 亿流动人口来自农村[1]。大量的农村人口涌入城市，与巴西的状况相似，没有工作技能和社会工作容量的接纳能力有限，印度出现了大量的贫民窟。由于人口数量的原因，印度也是拥有贫民窟数量和规模最多和最大的国

[1] 王新有：《印度的土地制度与贫民窟现象》,《国际经济》2009 年第 24 期。

家。贫民窟也多数集中在例如孟买等一些大城市中。此外，印度农村的公共设施和资源与城市也形成了鲜明的反差。虽然印度的城市工业发展速度有限，但相比之下，印度的农民生活更为困苦，城乡差距十分巨大。

三、印度和巴西城乡一体化建设的教训

从巴西和印度两国城乡一体化建设的案例可以看出，发展中国家与发达国家城镇化进程的路径是不尽相同的。不顾本国的实际情况而盲目一味地推进工业化或城镇化，都可能陷于虚假城镇化或过度城镇化的困境，并付出巨大代价。纵观巴西和印度城乡一体化建设造成的一系列社会问题，可以得出以下几点教训。

首先，过度城市化会造成农业发展的萎缩。巴西过度的城市化最终的结果是“虚假”的城镇化。很显然，巴西84%的城镇化率和德国74%的城镇化率无论在质量上还是在“真实”程度上都不能同日而语。2009年巴西农村人口约3300万，占全国人口17%左右。但农村人口下降并没有导致巴西农业生产率的相应增长，这根源如前所述，在于巴西特殊的土地制度。在城市化过程中，农场主囤积土地并非为了耕种，而是出于囤积投机需要，其耕种产量不断降低；小农场主的产值虽高但规模小，纷纷放弃耕种。因而，在快速城市化情况下，巴西的农业并未得到同等发展，一批失地、失业、无住房、贫困农民成为农村不稳定因素。

其次，大中小城市发展不均衡，导致“大城市病”难题。巴西城市体系的结构特点是，圣保罗与里约热内卢人口规模呈爆炸式增长。1950年，巴西第一大城市圣保罗的人口约为250万人，1980年就达到1350万人。同期，巴西第二大城市里约热内卢的人口由290万人增加到1070万人。全国一半以上人口居住在10万人以上的城市中，其中9个大城市占全国人口的29%。相比较而言，巴西的小城镇发展则显缓慢。20世纪70年代巴西城市化率从50%开始向上攀升，进入城市化中后期阶段，人口100万以上的特大城市的数量从4个增加到7个，50万到100万的大城市数量从5个增加到7个。而人口2万人以下的小城镇数量从3649个降低为3495个。大量人口扎堆大城市，造成垃圾处理困难和空气污染等各种“大城市病”。根据世界卫生组织公布的研究报告显示，巴西城市平均水平比可接受的污染标准高出2倍，空气品质恶劣全球排名第44。其中，里约热内卢是巴西空气污染最严重地区。圣保罗也位列全球最污染城市前列，全市每天制

造垃圾约为2万吨，75%的垃圾被填埋，13%暴露野外，9%用于植物堆肥，仅有3%得到焚烧处理。

再次，人口增长过快很可能降低城镇化进程的速度。印度目前是世界人口第二大国，无节制的生育，特别是农村人口的无节制生育使农民的生存境况进一步恶化，大量失地农民形成了社会不稳定因素，这无疑会影响城镇化进程。据统计，2011年印度城镇化率达到31.2%，人口密度随人口的增多而加大，2011年平均每平方公里的居民人数为382人，其中德里中央直辖区人口密度最大，达11297人每平方公里。大量的城镇贫困人口、基础设施滞后、土地转移引起的矛盾与冲突成为制约印度城镇化的主要问题。

最后，农业基础设施的落后和公共资源倾斜于城市，会使农村发展陷入低水平的恶性循环中。与西方发达国家城乡基础设施和公共资源几乎无差异的情况相反，巴西和印度农村基础设施和公共资源的获得与城市相去甚远。两个政府虽然都有意扭转这种态势并实施了相关政策，但差距仍然很大。如医疗和教育资源，前者关系着城市与农村居民健康水平和寿命问题，这直接影响着城市和农村的劳动生产率和发展速度；后者关系着未来人力资本的问题，这直接影响着城市和农村未来创新和知识存量的问题。如果这些资源的差异在不断扩大，那么可以想象，巴西和印度未来的城乡差距会进一步扩大，城乡融合发展也无从谈起。

第四节　启示和建议

我国目前正处于推进城乡融合发展的攻坚阶段，如何处理和应对城镇化进程中出现的各种问题？如何真正地缩小城乡差距、提高城镇化率而不是追求“虚假城镇化”？这些都是我国全面建成小康社会必须直面的重要问题。通过对上述对发达国家城乡一体化的经验和巴西、印度的教训的梳理，我们得出可能对中国城乡融合发展有实践意义的几点启示和建议。

一、总结各国城乡融合发展经验和教训的几点启示

（一）农村土地流转是影响城镇化进程的一个关键性因素

印度城镇化进程在较大程度上受困于土地流转约束，因此有效的农村土地流

转是顺利推进城乡融合发展的一个关键因素。在集体所有制的土地制度框架下，中国农村土地流转具有一定的困难。这不是由于中央政府不允许转包土地，而是由于中国没有发达的农村土地市场，无法使土地的供需双方的信息对称。因此，即使有偶尔的农村土地交易，交易主体也基本上仅限于一个村之间的村民，流转凭证也一般为口头邀约或不具有正当法律效力的私人合同。由于农村土地难于流转，农民受资本束缚较为严重，农业发展仍然相对滞后，这不但对农业长期投资和农村的可持续发展极为不利，而且使我国城乡差距逐年扩大，严重放慢了我国城市化进程的速度。

相比较而言，我国城市土地流转顺畅，并且有专门的中介机构和交易场所，如我国的房地产交易市场以及房产中介等，城市居民对于他们拥有的城市土地使用权（如“房产”）的“财产感”也较强。因此，城市居民受资本的束缚要大大低于农村居民。总体而言，我国农村土地如能顺畅流转，一方面可解决农村居民的资本束缚问题；另一方面也可以使农民通过土地流转获得“土地收入”，从而降低城乡差距。相对于欧洲发达国家而言，农民可自由流转自己的土地，并可依据实际情况进行转让或继承；欧洲发达国家有较为成熟的土地市场，土地为农民的重要资产，成熟的土地市场可以帮助农民通过卖出自己私有的土地获得更多的资金去进入城市工业部门，农村的剩余劳动力能够得到有效解决，这在一定程度上促进了城乡均衡，防止了城乡差距的拉大。因此，我国政府急需在农村土地交易和流转体系方面进行深化改革，这是加快我国城镇化步伐、促进我国城乡劳动力均衡，最终缩小城乡差距的一个有效途径。

（二）公共设施和资源无差异流动是加快城乡一体化的重要途径

从欧洲和日韩等发达国家的实践可以看出，推进农村公共设施的建设与医疗、教育等资源的无差异流动，是实现城乡融合发展重要途径。德国、日本等发达国家的农村基础配套设施比较完善，这样不但形成了很多以城市为主的大经济圈，而且也带动了周边郊区、农村的发展，一体化程度逐渐提高，特别是发达的铁路和高速公路系统，能够在较短时间内连接城市与农村，并逐步使城市和乡村的概念弱化；此外，这些国家农村的医疗和教育资源的获得与城市也没有差异，这是保证农民能够坚持务农、留在农村的最主要手段。只有公共设施和资源做到真正的公平和无差异，城乡融合发展才会最终实现。在我国，长期的城乡二元体制导致优质的公共资源如教育资源、医疗资源等偏好流入城市，造成了历史欠账较多的现象。因此，政府需要进一步加强农村基础设施建设，加大对农村的教育和医疗投入，实现城乡稀缺公共资源的均等化。只有这样，才能补齐农村这块“短板”，才能早日实现城乡融合发展。

（三）政府的主导在城乡融合发展的进程中至关重要

各国经验标明，政府在推进城乡一体化的建设中起着不可忽视的重要作用，特别是韩国政府通过“新村运动”迅速改变了农村的落后面貌，有效推动了城乡发展的一体化。中国目前正处在大力推进城乡融合发展、全面建成小康社会的决胜阶段，需要政府在总结以往推进城乡融合发展的经验教训的基础上，在充分发挥市场的决定性作用的同时，更好地发挥政府的职能，认真贯彻落实统筹城乡发展战略、加大强农惠农富农力度，促进城乡融合发展新格局的早日形成。

（四）“以人为本”是推进城乡融合发展的核心价值

巴西和印度两国的城市“贫民窟”，警示着发展中国家在城镇化的过程中，一定要注意解决“人”的问题。中国推进城乡融合发展，贯彻的是“以人为本”的理念，国家“十三五”规划提出的“五大”发展理念中的“共享”也是强调“人”的问题。因而，在我国经济社会发展面临的新老矛盾突出、资源环境约束日趋强化的背景下，加快推进城乡融合发展，一定要着力解决农村剩余劳动力的有效转移问题。要真正实现农民身份的转换，不仅仅是换个户口本，更重要的是提高农民的文化教育程度，增强其稳定、持续的就业能力，促进农民在城市生产、生活中获得平等就业机会和广阔发展空间，进而实现从居住环境、工作方式、生活方式、社会保障等全方面地由“乡”到“城”的转变，让农民及其子女能住有所居、劳有所得、学有所教、病有所医，真正融入城市生产和生活中，平等共享改革发展成果。

二、推进中国城乡融合发展的对策建议

基于以上各国的经验教训及其启示，今后推进中国城乡融合发展进程中，特别需要着力解决以下几方面的问题。

(一)建立完善的农村耕地和农村住宅流转体系，加快农村土地制度改革

农地流转和多种形式规模经营，是发展现代农业的必由之路，也是农村改革的基本方向。在城镇化进程中，要使农村剩余劳动力真正离土离乡进城，也迫切需要深化农村土地改革。党十八届三中全会及2015、2016、2017和2018年中央一号文件都特别强调了土地制度改革和农民财产权问题，明确提出要赋予农民完整的土地流转权，完善农民宅基地流转制度及破除农民资本约束。如果这些问题能够得到妥善的解决，不仅农民收入会有较大的提高，农业生产和农村发展都会有质的飞跃，城镇化进程也会加快。

(二)注重城乡的总体规划和布局，警惕贫民窟和城乡接合部

中国目前有些省份有过度城市化的趋势，大兴土木、将大量的农业用地转为非农业建设用地。为了避免出现类似巴西和印度贫民窟和城乡接合部的悲剧，城镇化进程应注意的不是“数字”的城镇化，而是“以人为本”的“农民市民化”，否则“虚假城镇化”会严重影响城乡一体化的完成。各地应从整体出发，注重城乡的总体规划，形成以城市带动郊区和农村，并形成以城市为中心的大型都市圈或经济圈的发展模式。

(三)倡导“农村与城市等值”理念，建设“田园式”的新农村

实际上，欧洲和日韩等很多发达国家的居民更愿意在农村定居，回归自然的田园式生活成为越来越多居民的追求，农民的幸福指数远比城市居民的幸福指数要高。因而，中国在推进城乡融合发展进程中，可以尝试着让农民在工作就业、收入水平、社会福利及居住环境方面与城市形态不同但效用却等值。这意味着因地制宜建设农村，不盲目照搬大城市的生活模式，根据当地自然环境和历史文化，打造有着优秀传统文化印记的“田园式”的新农村。

(四)政府进一步加大对农村的扶持力度，增加对农民的补贴

政府的职能作用对于城乡融合发展能否顺利实现是极为关键的。在中国经济没有达到发达国家发展水平时，中央和地方政府需要审时度势，根据各地农村的实际情况，履行相应的政府职能，加大对农村、农业和农民的扶持力度。尽管近十几年随着城乡统筹战略的实施，农村面貌有了巨大的变化，但鉴于目前城乡差距仍然较大，政府还需进一步加大政策倾斜力度，增加农民补贴，加大农业投

入，以充分调动农民积极性，有效提高农业生产率。

（五）加快农村公共设施及配套服务的建设，鼓励公共服务资源向农村倾斜

前文所述的发达国家城乡融合发展的一个直观的表现，就是现代的交通网络和地铁系统在城乡间互联互通。当然，医疗、社会保障和教育资源在城乡间的无差异化也是一个显著的标志。目前，中国很多农村地区仍比较落后：公共基础设施不发达、配套服务不完善以及医疗、社会保险和教育等稀缺资源分布不均等。因此，加快农村基础设施的建设，特别是交通等最基本的设施建设是可行的措施。只有农村的基础设施完善了，以往的稀缺资源公平地流入农村，才能够使农民安村居而乐农业，才能进一步提高农业人力资本的存量。

| 第五章 |

中国城乡发展一体化模式探索

党的十七大在部署社会主义新农村建设任务时明确提出，要建立以工促农、以城带乡的长效机制，以形成城乡经济社会发展一体化新格局。党的十八大进一步对推动城乡发展一体化作出新的制度性安排，十八届三中全会对如何健全城乡发展一体化体制机制作了全面部署。党的十九大再次强调要建立健全城乡融合发展体制机制和政策体系。十年多来，全国各省市立足于本地的实际情况，大胆实践，勇于创新，探索出了各具特色的城乡发展一体化模式。其中，成渝模式、苏州模式、浙江模式、上海模式等最为典型。这些典型模式既呈现出地方特色，又具有一般性，为进一步推动我国城乡发展一体化提供了可资借鉴的宝贵经验。

第一节　成渝模式："以城带乡"+"异地转移"

成都和重庆这两个城市同处于四川盆地，均是现代化城市与落后的农村并存，是典型的大城市带大农村，城乡二元结构矛盾突出，城乡差距较大。2007年6月，重庆和成都同时被国家确定为统筹城乡综合配套改革实验区。自此，一场统筹城乡发展、平衡城乡利益、重建社会结构的变革开始了破冰之旅。

国家对试验区的定位是：为统筹城乡发展探路，尽快形成统筹城乡发展的体制机制，促进城乡经济社会协调发展，也为推动全国深化改革、实现科学发展与和谐发展发挥示范和带动作用。据此，成渝两地在推进城乡发展一体化的具体实践中，根据各区县的自然条件、历史文化、经济发展水平的差异，解放思想，大胆创新，抓住西部大开发和城市化加速发展的历史机遇，积极推动城乡一体化的发展，努力促进城乡共同繁荣，形成了各具特色的城乡发展一体化模式。

从总体来看，成都城乡发展一体化的典型模式是"以城带乡"为主，而重庆是以"异地转移"为主。这与两个城市的地形地势、农业发展基础和工业现状以及成都“双核共兴、一城多市”[1]和重庆“一圈两翼”[2]的发展战略密切相连。

一、成都城乡发展一体化的几个阶段

成都市位于四川省中部，四川盆地西部，作为四川省的省会，下辖锦江区等9区6县，代管4个县级市。1993年被国务院确定为西南地区的科技、商贸、金融中心和交通、通信枢纽。

成都市多年来统筹城乡改革发展的实践表明，“三农”问题的症结在于长期形成的城乡二元体制，突出表现在区别城乡居民身份的二元户籍制度，障碍在导致城乡公共资源配置严重不均衡的体制机制，根部在不易理清的农民财产权利。统筹城乡改革的目的就是要破除体制机制障碍，建立城乡发展一体化制度，努力实现公共资源在城乡均衡配置，赋予农民真正意义上的财产权利，实现包括劳动力资源在内的城乡各类生产要素自由流动，形成城乡经济社会发展一体化新格局。回顾城乡发展一体化的历程，成都市从以“三个集中”为主要内容的起步阶段，逐步走上了以“六个一体化”为核心内容的全面推进阶段，如今，又进入了以深入推进农村工作“四大基础工程”为核心深化改革的攻坚阶段。

（一）起步阶段：三个集中

成都市推进的“三个集中”不是简单的物理形态上的集中，而是抓住了三次产业互动发展的内在规律，实现了新型城镇化、新型工业化、信息化和农业现代化的“四化”联动。一是工业向集中发展区集中，走集约、集群发展道路，带动城镇和二、三产业发展，为农村富余劳动力的转移创造条件。为此，成都市优化工业布局，将全市分散的116个开发区整合为21个工业集中发展区。二是农民向城镇和农村新型社区集中，聚集人气和创造商机，也为土地规模经营创造条件。成都市规划了“双核共兴”“一城多市”和数千个农村新型社区构成的城乡

[1]《成都市新型城镇化规划（2015—2020年）》提出，成都将改变单中心发展模式，实现“双核共兴”“一城多市”的网络城市群。即中心城区和天府新区直管区作为双核心+8个卫星城+6个区域中心城+10个小城市+68个特色镇+2000余个农村新型社区组成的市域城镇体系。

[2] 2006年重庆市提出了“一圈两翼”发展战略，即以主城为核心、以大约1小时通勤距离为半径范围的城市经济区（“一圈”），建设以万州为中心的三峡库区城镇群（渝东北翼）和以黔江为中心的渝东南城镇群（渝东南翼）。

体系，梯度引导农民向城镇和新型社区集中。三是土地向适度规模经营集中，进一步转变农业生产方式，推动现代农业发展。按照依法、自愿、有偿的原则，成都市稳步推进土地向农业龙头企业、农村集体经营组织、农民专业合作经济组织和种植大户集中，大力发展特色优势产业。通过“三个集中”，不仅有力地促进了城乡同发展共繁荣，而且也有利于资源节约和环境友好，从而较好地避免了传统城镇化的弊端。

（二）全面推进阶段：六个一体化

在顺应“四化联动”内在规律、以“三个集中”为核心构建新型城乡形态的同时，成都努力构建城乡发展一体化的体制机制。概括起来，就是“六个一体化”：城乡规划一体化、城乡基础设施一体化、城乡产业发展一体化、城乡公共服务一体化、城乡管理体制一体化、城乡市场体制一体化。

第一，城乡规划一体化。成都市坚持把科学规划作为统筹城乡发展的基础和先导，在改革一开始就将“城市规划”变革为“城乡规划”，即城乡一盘棋，将广大农村纳入城市总体规划、土地利用规划、产业发展等各项规划范畴，一张蓝图绘到底，形成城乡统筹、相互衔接、全面覆盖的“全域成都”规划体系和监督执行体系。

第二，产业发展一体化。充分发挥中心城市对农村的辐射带动作用，并始终坚持“三个集中”、四化联动，初步建立了城乡三次产业互补互动的发展机制。

第三，市场体制一体化。按照“政府引导、市场化运作”的方式，成都市组建了市县两级现代农业发展投资公司、小城镇建设投资公司和市级现代农业物流业投资公司，建立起了政府引导、市场运作的投融资平台。

第四，基础设施一体化。成都建立了对城乡基础设施统一规划、一体推进的机制，实施了网络化城乡交通体系建设、推进市政公用设施向农村覆盖、推进生态环境建设一体化和城乡信息服务一体化。

第五，管理体制一体化。按照“成熟一个、推进一个”的原则，先后对30多个部门进行了职能整合和归并，建立起适应城乡一体化的大部门管理体制。对城乡二元体制的标志性制度——户籍制度“动刀”，实行一元化管理，实现城乡居民自由迁徙。

第六，公共服务一体化。建立了城乡一体的公共服务体制和经费筹集、财政投入机制，在就业、社保、教育、卫生、文化等方面推动城乡公共资源均衡配置。从2005年起，成都在全国率先将新型农村合作医疗、城镇居民基本医疗保险、市属高校大学生基本医疗保险统一为城乡居民基本医疗保险；从2010年起，又进一步统一了城乡居民医疗保障标准。早在2007年成都就开办农民养老保险，2008年又通过农村产权制度改革的配套措施，以耕地保护基金补贴鼓励农民参保。2010年成都实现城乡居民养老保险制度一体化，2010年11月，农民工综合社会险并入城镇职工社会保险。在推动城乡公共服务一体化过程中，政府不断将公共投入向农村倾斜，大力促使城乡公共服务均衡发展，在教育、就业、卫生、文化和社会救助等公共产品服务领域都形成了一套城乡一体的体制机制。

（三）攻坚阶段：四大基础工程

全面深入地推进城乡一体化，必须深化改革，着力推进以农村产权制度改革为核心的农村“四大基础工程”，即基层治理、产权制度改革、土地综合整治、村级公共服务和社会管理改革等四项工作，以让城乡居民享有同等的发展权利和发展机会。为此，成都在“三个集中”和“六个一体化”已见成效的同时，开始大力推进农村“四大基础工程”。

一是农村产权制度改革。2008年1月，成都启动农村产权制度改革，以“还权赋能”为核心，建立健全“归属清晰、权责明确、保护严格、流转顺畅”的现代农村产权制度。把集体经济组织和农村土地、房屋权属明确化、人格化，把“二元”产权制度按照社会主义市场经济的要求进行改革创新，真正建立一套市场经济的体制机制，切实推动农村资产资本化。要求“据实测量、应确尽确、据实确权”，做到“五个一致”，即土地、台账、证书、合同、耕保基金一致。同时建立耕地保护补偿机制，健全农村产权交易机制，保证有序流转。加快农村市场化进程，推动生产要素在城乡之间自由流动。通过农村产权制度改革，进一步明确了农村产权权属，初步建立起了现代农村产权制度，农民的权益得到了有效维护和保障。同时，通过建立健全耕地保护补偿机制，耕地得到了严格保护。

二是村级公共服务和社会管理改革。2008年11月成都市出台了《关于深化城乡统筹进一步提高村级公共服务和社会管理水平的意见（试行）》，大力推进村级公共服务和社会管理的五大机制，即分类供给、经费保障、设施统筹建设、民主管理、人才队伍等机制的建设。同时，将村级公共服务和社会管理的目标责任分为文体、教育、医疗卫生、就业和社会保障、农村基础设施和环境建设、农业生产服务、社会管理 7 个大类 59 个具体项目，对政府、村级自治组织、市场的分类供给内容、供给方式等作了细化界定。形成了稳定增长的财政投入机制，建立了群众广泛参与的民主管理机制。通过改革，农村公共服务和社会管理水平得到较大提高，初步实现了“四个有”的目标任务，即有一套适应农民生产生活居住方式转变要求、城乡统筹的基本公共服务和社会管理标准体系；有一个保障有力、满足运转需要的公共财政投入保障机制；有一个民主评议、民主决策、民主监督公共服务的管理机制；有一支协同配合、管理有序、服务有力的村级公共服务和社会管理队伍。

三是构建新型村级治理机制。即以建立村民议事会制度为突破口，以加强和改进农村党组织的领导，完善农村公共服务和社会管理体系和集体经济组织运行机制，分离决策权与执行权、社会职能与经济职能、政府职能与自治职能等为原则，构建党组织领导、村民（代表）会议或议事会决策、村委会执行、其他经济社会组织广泛参与的、充满生机和活力的村级治理机制。从实践上看，新型村级治理机制厘清了村民自治组织架构的权力关系，赋予了农村党员群众广泛、经常、直接参与议事决策的权利，使权力逻辑符合民主原理，从而保障了村民治理机制运行顺畅，调动了农民的积极性和自主意识，加快了基层民主建设步伐，对新农村建设发挥了积极作用。

四是农村土地综合整治。2009 年 7 月成都全面启动农村土地综合整治工程，目的是对散乱、废弃、闲置的建设用地、宅基地进行整理复垦，对基础设施、公共设施、农民旧房、新居建设等进行统筹规划建设，加快农村基础设施、公共设施的建设，改善农民生产生活条件，促进土地节约集约利用。要求做到“五个结合”：与改善农村生产条件相结合，提高农业综合生产力；与推进农业产业化相结合，发展龙头企业和规模化经营；与促进农民集中居住相结合，建设中心村、镇；与发展壮大集体经济组织相结合，新增耕地、部分建设用地留给集体经济组织；与农民增收相结合，实现农民多元化增收。通过土地综合整治，改善了农业生产条件，促进了农业生产现代化；改善了农村生活环境，促进了新农村建设；增加了农民收入，促进了农民生产生活方式转变，拉动了农村的投资消费，推进了农村的市场化和民主化进程。

在农村工作“四大基础工程”取得初步成效的基础上，2010年初，成都市委、市政府及时总结经验，就深化农村工作“四大基础工程”提出了具体的意见。[1]特别强调要强化统筹推进，即在准确把握“四大基础工程”有机联系和内在规律的基础上，通盘考虑，系统规划，整合资源、资金、项目、政策，集中力量，集成推进，努力实现农村工作“四大基础工程”的综合效益。各区（市）县要建立强有力的统筹协调机制，及时协调解决推进过程中遇到的问题；强化上下协调联动、整体推进的工作机制。几年来，成都市“四大基础工程”快速协调推进，成效显著。

二、重庆推进城乡发展一体化的制度创新

自重庆市于2007年被国家确定为统筹城乡综合配套改革试验区以来，城乡居民收入水平大幅度提高，城乡差距显著缩小。2014年，重庆市城镇常住居民人均可支配收入25147元；农村常住居民人均可支配收入9490元。城乡收入差距由2007年的3.59 ∶ 1降至2014年的2.65 ∶ 1，[2]城乡统筹取得实质性进展。回顾重庆城乡统筹发展的实践，其经验主要在于四大制度创新[3]：建立新型的城乡开放模式；实施“大蛋糕与大比例”的总量与结构调整战略；建立“四位一体”的统筹制度框架；实施生态移民政策；等等。正是这些制度创新，有力地破除了城乡二元结构，从根本上解决了城乡发展不平衡难题。

（一）实施开发开放战略，力促城乡走心融合

重庆市把“开放”放在重要位置，瞄准城乡统筹与开放经济在产业、贸易和资本等方面的结合点，实现城乡捆绑式开放。一是通过城乡产业开放，合理进

[1] 《关于深化农村工作“四大基础工程”的意见》提出加快推进“四大基础工程”建设。

[2] 《2015重庆市国民经济和社会发展统计公报》，重庆统计信息网，2016年3月15日。

[3] 李敬、张阳艳、熊德平：《制度创新与统筹城乡发展——来自重庆统筹城乡综合配套改革试验区的经验》，《农业经济问题》2012年第6期。

行城乡产业布局，打造贯穿城市与农村的产业链，促进城乡之间共同受益、相互制衡的利益纽带形成。二是通过城乡贸易开放，打通城乡间的双向“贸易高速公路”，通过平等的市场交换使城市与农村之间建立了相互依赖关系。三是通过城乡资本开放，建立向农村倾斜的利益引导机制，着力促进城市工商资本和人力资本下乡，建立城乡一体化的要素市场。

（二）实施“大蛋糕与大比例”的总量与结构调整战略，平等城乡分配关系

重庆市积极实施“大蛋糕与大比例”战略，即在做大国民经济这块“大蛋糕”的同时，将经济发展的丰硕成果“大比例”地分配给区县、农村，大比例地用于民生，从而促进城乡协调发展。2007 年以来重庆财政支出严格按照市与区县 25 ∶ 75 分配格局，坚持分类扶持，强化激励约束，增强城乡、区域发展的协调性。

（三）创新“四位一体”的城乡统筹制度框架，建立城乡公平的长效机制

城乡间的制度不平等是城乡差距大和经济社会发展不协调的重要原因。为此，重庆市创新了土地制度、养老保险制度、户籍制度和文教制度这“四位一体”的城乡统筹制度框架，以便形成城乡公平发展的长效机制。一是创新了地票交易与土地流转模式，优化城乡土地资源的配置。二是建立城乡全覆盖的养老保险制度，实现农民和市民基本保障上的平等。三是全面推进户籍制度改革，消除农民工的身份歧视和待遇不公。四是建立城乡统筹的教育与文化体制，平衡城乡的文教事业发展。实践证明，通过建立“四位一体”的统筹制度框架，对推进城乡发展一体化起到了至关重要的作用。

（四）实施生态移民政策，从根本上解决农村脱贫致富难题

生态移民既是一项重大的民生工程，也是从根本上解决贫困问题和缩小城乡差距的战略决策。重庆市山地连绵，沟壑纵横，特别是秦巴山、武陵山两大贫困山区属于高寒偏远地区，生产生活条件恶劣。2013 年初，重庆市做出了加快推进高山生态扶贫搬迁的决定[1]，针对居住于深山峡谷、高寒边远地的贫困户，或居住地属重要生态修复保护区，根据规划必须搬迁的农户，或居住地的水、电、

[1] 《关于加快实施生态和扶贫移民工作的意见》，重庆市政府网，2011 年 1 月 13 日。

路、通讯等基础条件难以完善，建设投资大且效益不好的农户，实施移民政策。移民政策有以下几种安置方式。

一是转户进城安置。鼓励进城务工有稳定收入来源的高山生态扶贫搬迁对象举家转户进城、进集镇安置，搬迁对象除享受高山生态扶贫搬迁政策外，享受农民工户籍制度改革政策赋予的社会保障、公租房配租、职业教育与就业培训，子女入学，中职就学免费等相关待遇。

二是“梯度转移”安置，即对继续从事农业生产的搬迁对象实行高转低、远转近的属地安置原则，尽可能在本乡镇、本行政村范围内安置。搬迁对象享有与迁入地原住民同等政治经济待遇。对跨区域安置的，迁入地集体经济组织要通过调剂、流转等方式为其解决适当的耕地。

三是旅游服务业安置。引导有条件、自愿从事旅游服务业的搬迁对象向主要景区周边或乡村旅游规划区迁移，搬迁对象享受扶持旅游服务业的有关优惠政策。安置地点的选择要符合土地利用总体规划和乡镇场镇建设规划，尽量依托现有基础设施，综合考虑新农村建设、生产耕作、产业布局、区位条件、地质条件等因素，以城镇郊区、产业园区、景区周边、农村集镇为重点，结合特色集镇和农民新村，打造一批高山生态扶贫移民安置亮点。

几年来的实践证明，实施生态移民政策，不仅是使农村脱贫致富的根本之策，而且也是有效缩小城乡差距，从而实现城乡发展一体化的重大举措。

三、成渝地区城乡发展一体化的多种模式

成渝地区即成都与重庆两座城市周边及之间的区域，社会发展基础良好，自然生态条件相对优越，是中国西部经济最发达的区域，也是西部最重要的经济中心。针对西部地区普遍存在城乡差距问题，成渝地区率先开始探索城乡发展一体化的可行路径，逐渐摸索出一些各具特色的城乡发展一体化模式。

（一）五朵金花模式：转传统农业为休闲经济

“五朵金花”是指成都市锦江区（中心城区）三圣乡的五个小村子。成都市政府按照“城乡发展一体化”的要求，围绕休闲观光农业这一主题，因地制宜地把这五个村子分别打造成“幸福梅林”（幸福村）、“江家菜地”（江家堰村）、“东篱菊园”（驸马村）、“荷塘月色”（万福村）、“花香农居”（红砂村）这“五朵金

花”，实现了一区一景一业错位发展的格局。“花香农居”以建设中国花卉基地为重点，主办各种花卉艺术节，促进人流集聚。“荷塘月色”以现有1074亩水面为基础，大力发展水岸经济。“东篱菊园”依托丘陵地貌，构建菊文化村。“幸福梅林”用3000亩坡地培育20万株梅花，建设以梅花博物馆为主要景点的梅林风景。“江家菜地”把500余亩土地平整成0.1亩为一小块的菜地，以每块每年800元租给成都市民种植，满足市民和儿童对发展绿色产业的兴趣。成都市锦江区充分利用当地这些资源，大力发展乡村旅游，经过几年的发展，不仅极大地促进了农民的增收，更使这“五朵金花”成为远近闻名的旅游景区和城乡一体化的样板。

“五朵金花”模式在成都市的城乡一体化过程中有着典型的代表意义，对我国大中城市近郊一体化也有较大的借鉴意义。“五朵金花”模式的成功有两方面的原因：一是政府的推动在“五朵金花”的城乡一体化过程中起着至关重要的作用，不仅牵头制定了“五朵金花”的景区规划，还投入了8300万元于乡村基础设施的建设。二是通过市场机制配置资源，通过引进成都维生、台湾大汉园林等花卉龙头企业，引入社会资本，为“五朵金花”的打造提供了资金基础。通过这些龙头产业的带动，扶持大量的相关企业成长，形成了以花卉加餐饮为主的乡村休闲观光旅游特色。“五朵金花”的模式使农民离土不离乡，就地实现市民化，不仅改善了农村人居环境，提高了农民收入，而且也为城市打造了开放式休闲公园，实现了农业资源向旅游资源、传统农业向休闲经济的转变。

（二）花碑模式：新型社区 + 村企结对

花碑社区面积6063亩，耕地3398亩，下辖18个村民小组，983户，3097人。花碑作为新型社区模式，已经成都新农村建设示范点之一。其主要做法：一是把以前散居的农户集中起来，建成农民集中居住社区。社区占地60亩，聚集农户145户，472人，建设有广场、图书馆、放心商店、便民服务中心、福利院等完善的公用设施。二是在劳动力转移方面，社区大力推行“村企结对、车间进社区、加工进农户”的就业促进模式。目前，集中居住区就业率达92%，实现了充分就业。三是在产业支撑方面，大力推行“龙头企业 + 专合组织 + 基地 + 农户”的发展模式，依托成都市花中花生态农业发展有限公司、方兴食用菌合作社、川浙花碑蔬菜瓜果合作社等龙头企业和专合组织，规模流转土地2000余亩，用于发展大棚蔬菜、食用菌等高效经济作物种植和设施的农业建设。

花碑新型社区模式采取的农民集中居住模式，需要由政府统一规划。农民集中居住后，对自家的责任田只能是远距离耕种，因此花碑社区大多采用土地流转的方式，出租给农业公司统一耕种，农民收取租金。农民集中居住后不能再饲养家畜生禽，会减少农民的收入，需要给予农民适当补助。因而，此模式的推广，要求政府的经济实力较好，除了能够给农民建房补贴外，还要有实力提升农民的社会保障水平，有能力支付前期基础设施的建设的费用。也就是说，推行花碑模式，既需要强有力的基层政府领导和较雄厚的经济实力，又需要培育或引进一批实业家到农村发展特色产业；还需要通过一定机制确保散居农户迁出地的农业开发和生态保护。

（三）龙泉驿区模式：农民下山＋产业上山

成都市龙泉驿区位于成都市东部，是国务院正式命名的“中国水蜜桃之乡”。龙泉驿区由于受自然条件的制约，坝区与山区并存，其远郊山区与城市近郊的坝区发展不平衡矛盾比较突出。跨区域整合的生态模式就是有计划、有组织、有规模地实施高山、远山、深山区农民的分批转移，让农民下山进城，生态产业上山，发展延伸产业链条。该模式率先在地处龙泉山脉深处的大兰村和位于城市发展近郊的龙华村进行试点，把偏远的大兰村村民转移到便捷的龙华村居住和生活。其主要的运作模式是由政府主导，中信集团投入资金、项目，与龙华农民办股份合作社并接收万兴乡大兰村农民组成股份公司。按照“两村整合、参股入社、拆院并院、生态移民、权益平等、共享成果、国企带动、政府扶持”的思路，将位居大山深处极旱极贫的大兰村与位居城市繁华坝区的龙华村全面整合而展开的。

龙泉驿区跨区域整合模式对区域经济发展水平差异较大的地区有重要借鉴意义。在本模式中，偏远的大兰村村民自愿将土地承包经营权、宅基地使用权、自留地使用权、林地使用权等“四权”流转给龙华村的龙华股份合作社统一经营，作为股本入股龙华股份合作社。其土地整理方式是采用“拆院并院”方式对万兴乡大兰村 485 户 1654 人的现有宅基地 148 宗进行整理，通过拆院并院，除用于建设集中安置区用地 52 亩和铺面用地 30 亩外，可实现农村建设用地减少与城镇建设用地增加相挂钩的建设用地周转指标 316.6 亩。由于龙华区的区位条件较好，大兰村置换出的土地在龙华区可以拍卖到较高的价位，这对安置大兰村村民的居住房和相应的社会保障都有着雄厚的财政实力支持，不须政府投入。这种模式的前提条件是需要经济发展水平高和经济发展水平低（区位差）的两类地区自愿良性互动。

（四）双溪村模式：变农民为市民

双溪村地处重庆江北区鱼嘴镇南部，面积 3.31 平方公里，辖 16 个社区、572 户，总人口 1618 人；人均纯收入 4800 元（2006 年）。2007 年重庆被确定为全国统筹城乡综合配套改革试验区后，双溪村成为重庆市市区共建新农村的第一个试点项目。双溪村位于铁山坪以东的山脚下，交通闭塞。2002 年以来，双溪村相继引进了金宏、光大奶牛养殖公司，大力发展以奶牛养殖为重点的白色产业，现已吸纳 270 多名村民就业，人均年收入超过 1 万元；村民种植牧草 1500 亩供应奶牛场，平均每亩收益是种粮的两倍。2005 年底，双溪村作为“农民转市民”工程的试点村，成立了重庆双溪新农村建设有限公司，对村里的土地统一实施招商经营。其具体的做法有以下几个方面。

一是农民转市民。即“自愿两放弃一退出”：针对村里有固定非农工作、有稳定收入来源的农村居民，凡自愿申请放弃宅基地使用权和土地承包经营权，退出集体经济组织的农民，按程序转变为城镇居民，并得到相应经济补偿。同时在城镇户口登记、安排就业、子女教育、购房等方面都提供了相应的优惠政策。

二是村委会 + 公司经营。为了促进规模化现代都市农业的发展，增强集体经济实力，将农村集体经济组织推向市场。组建了以村为单位、以村民个体的土地经营权入股的重庆双溪新农村建设有限公司。目前，双溪公司作为合法的市场主体，已拥有 4300 多亩土地的经营权。重庆双溪新农村建设有限公司已与 5 家社会业主签订了土地承租合同，涉及土地面积近 2000 亩，业主承诺将按规划的“田园牧歌”主题要求对双溪村进行整体打造。

三是产业发展带动循环经济。双溪村的产业发展围绕该村新农村建设的规划，定位于发展休闲观光体验式现代都市农业，以奶牛养殖和水果、花卉、特色蔬菜的两大环保产业为主。双溪村还利用奶牛养殖场，建设了具有迪士尼风格的奶牛科普观光园和西部奶牛博物馆，发展旅游经济。

江北双溪村的农民转市民同样需要强大的财力作为支撑，并且要充分考虑转变为市民后人员的经济来源的稳定性，从而保证社会的稳定性，当然，农民转化为市民后，还需要加大对其再就业和技能的培训。由于江北区本身位于重庆市的主城区，农民数量较少，因而其城乡统筹模式主要对城郊地区有一定的借鉴意义。

四、成渝地区城乡发展一体化的主要经验

成都和重庆作为国家统筹城乡综合配套改革试验区，结合自身特点，先行先试、创新改革，在统筹城乡发展的重点领域和关键环节作了积极的探索和实践，积累了很多好的做法和经验。这对于我国在全面建成小康社会的决胜阶段进一步推动城乡发展一体化，具有重要的借鉴意义。

（一）政府引导和市场运作缺一不可

无论是成都的“三个集中”“六个一体化”和“四大基础工程”，还是重庆的四大制度创新，无论是“五朵金花”模式、花碑模式，还是龙泉驿区模式、双溪村模式，从启动到推进，从建设到管理，始终体现了政府的引导和市场运作的双轮驱动。比如，近几年来“五朵金花”在旧村庄改造中，涉及拆迁等各种农民实际利益的问题，政府仍在起着主导作用。各级政府本着“宜拆即拆、宜建则建、宜改则改”的求是精神，改造了3000多户旧农居，把原来的6个行政村合并成5个景区，农民在新景区就地转市民，统一缴纳“三金”，按照城市社区进行管理。区政府和街道办先后投资建设水、电、路、气和污水排放等公共设施建设。在政府的推动引导下，企业和农户投资8000多万元用于整修农居、新建花卉市场和游泳馆等经营性项目。

（二）规划先行，在城乡空间融合发展上求突破

重庆和成都把科学规划作为统筹城乡发展的基础和前提，不断改革完善城乡规划管理体制机制，取得了明显成效。以成都为例，为改变长期以来农村规划严重缺失，城市规划比较滞后，导致无序开发、分散建设的现象，成都市着力理顺规划管理关系，将各有关部门涉及城乡建设的规划职能统一划给市规划管理局，

按照城乡规划编制、管理、监督工作满覆盖的要求，从市到乡都组建了规划行政管理机构，加强规划编制和监督工作，把区域发展定位、产业发展、基础设施以及村庄建设布局等作为一个完整的系统进行整体规划，基本形成了以科学规划引领城乡统筹发展的新格局。在规划“五朵金花”建设规模时，成都市政府提出了“五化”思路，即“农房改造景观化、基础设施城市化、配套设施现代化、景观打造生态化、土地开发集约化”高起点的科学规划思路，用景区模式打造国家级品牌观光休闲农业的大平台。对确定的规划方案，政府、企业和农户一张蓝图绘到底，打造出了“五朵金花”这一知名品牌。重庆江北的双溪村为了做出精品，江北区邀请国内著名策划机构对双溪村新农村建设进行战略定位和深度策划，编制了以“田园牧歌”为主题的都市现代农业规划。

（三）突出地域特色产业的支撑作用

产业结构的调整也是根据自身的资源禀赋和比较优势而走出了一条独特的城乡一体化之路。“五朵金花”：走的是一条以旅游业为龙头，不断完善“公司+农户”的独特的经营和赢利模式，使旅游和土地开发互为补充相得益彰，土地产出效益大幅增加。江北双溪：确立了以奶牛为主的白色产业和以水果、花卉、特色蔬菜为主的绿色产业为两大特色产业，下一步将大力发展休闲观光旅游业和现代都市农业。龙泉驿区：龙华社区按照“农民出山、产业进山”的思路广泛开展与企业、专业协会等合作，在大兰村实现生态产业、现代农业、休闲旅游等产业的集中发展，在原龙华社区区域实现市场物流、居家购物、新型工业等产业的集中发展。

（四）积极推进农民变市民的身份转变

成都和重庆政府都高注重视城乡一体化中农民身份的转变，积极推进户籍制度改革和其他配套改革，使农民一部分变为城市市民，另一部分则成为现代农民。试点地区的农民既拥有承包地、宅基地的转租收入，又可作为农业工人取得工资，且获得相应的社会保障。如“五朵金花”开创的离土不离乡，就地市民化的生活模式，为农民提供了租金、薪金、股金、保障金四种稳定的收入。全区农村劳动力已转移就业9790人，登记安置失地农民就业率达89%。龙泉驿区的龙华村和大兰村的跨区域整合中，龙华农民股份合作社为大兰移民同步提供人均35平方米居住面积新居住房，同时，龙华农民股份合作社按政策为大兰移民同步落实社会保险，社保费在龙华股份合作社收益中统筹解决。通过集体资产运作，移民和龙华股民将人均拥有集体资产金10万元，每年集体收益人均分配也将达到3000元以上。

当然，成渝两地在推进城乡发展一体化方面成功的典型均在城市附近。近郊农村由于在区位条件、交通设施、农民素质等方面都较优越，而且还能较好地接受成都和重庆两个特大城市在产业转移、资金技术、人才等方面的辐射，其经济发展水平本身较好，起点较高，因此这几个地区城乡一体化工作推进得比较成功。但广大偏远的西部农村应如何进行城乡一体化建设，还有很多课题非常值得进一步探索。

第二节　苏州模式：城乡协调发展

苏州是我国著名的历史文化名城、重要的风景旅游城市和长三角的中心城市之一。2008年8月江苏省委、省政府批准苏州市作为全省城乡发展一体化综合配套改革试点区，率先进行实践探索。探索通过新一轮制度、政策、管理等方面的创新，为农民收入增长寻求更大的空间，为现代化规模农业发展铺平道路，为新农村建设创造条件，为土地资源节约、城乡环境保护等提供制度性保障。

一、苏州推进城乡发展一体化的基础和目标

改革开放以来，苏州始终以解放思想为先导，坚持城乡协调发展。20世纪80年代乡镇企业异军突起，加快了农村工业化进程；90年代开发区和开放型经济的蓬勃发展，加速了城市化、国际化步伐；进入21世纪以来，苏州市按照统筹城乡发展的要求，推动“三农”（农业、农村、农民）与“三化”（工业化、城镇化、市民化）互动并进，城乡发展一体化已经成为苏州新的发展阶段的重要特征和战略选择。

（一）苏州推进城乡发展一体化的经济基础

自改革开放后，苏州步入了经济发展的快车道。经过20多年的迅猛发展，无论是地区生产总值、人均可支配收入，还是工业化、城镇化率方面，苏州都走

在了全国的前列。2009 年，人口 633.3 万人，城镇化率为 66.2%，高于全国城镇化率 46.6% 近 20 个百分点。全年实现地区生产总值 7400 亿元，地方一般预算收入 745.2 亿元，城镇居民人均可支配收入 26320 元，比全国城镇居民人均可支配收入 17175 元多出 9145 元；农民人均纯收入 12969 元，[1] 比全国农村居民人均纯收入 5153 元多出 7834 元；城乡居民收入比为 2.02 ：1，低于全国城乡居民收入比 3.3 ：1。可见，苏州不仅经济实力雄厚，而且城镇化率高，城乡差距也相对较小。这些无疑为进一步推进城乡一体化奠定了扎实的经济基础。

苏州近年来积极探索破除城乡二元结构现实路径，基本建立了城乡一体规划、富民强村、现代农业发展、生态环境建设、公共服务均等化等五方面的长效机制，城乡一体化已成为苏州最大的特色、最大的优势和最大的品牌。至 2013 年底，全市 92% 的农村工业企业进入工业园，91% 的承包耕地实现规模经营，52.2% 的农户实现集中居住，累计 140 多万农民实现了居住地转移和身份转变；农村集体总资产突破 1350 亿元，村均稳定收入 650 万元；农民年人均纯收入连续 10 年实现两位数增长，达 21578 元；城乡居民收入比为 1.91 ：1，[2] 为全国城乡居民收入差距最小的地区之一。苏州市还率先实现了城乡低保、基本养老、医疗保险“三大并轨”，公共服务均等化水平显著提升。

（二）苏州市城乡发展一体化的总体目标

基于苏州城乡发展一体化的良好基础，2014 年 3 月，国家发改委正式将苏州列为“国家发展改革委城乡一体化发展综合改革试点”。苏州市以此为契机，继续深化改革。根据在全省全国率先建成城乡一体示范区的工作定位，制定了《江苏省苏州市城乡一体化发展综合改革试点总体方案》和《苏州市新型城镇化与城乡发展一体化规划（2014—2020）》。《规划》阐明了苏州未来推进新型城镇化和城乡一体化发展“1450”的空间形态和建设城乡一体的新型社会总体目标、重点任务与发展路径，提出城乡一体化改革的主要方向和关键举措，是引领苏州新型城镇化和城乡一体化发展的基础性规划。

[1] 《2009 年苏州市国民经济和社会发展统计公报》，苏州市统计局官网，2010 年 6 月 21 日。
[2] 《2013 年苏州市国民经济和社会发展统计公报》，苏州市统计局官网，2014 年 4 月 18 日。

苏州市提出要着力打造新型城镇化发展、共同富裕、“四化”同步发展、公共服务均等化、生态文明、和谐社会、土地资源节约集约利用、城乡金融制度改革等8个示范区。

《规划》提出的“1450”城镇化空间体系，即1个中心城市（苏州），4个副中心城市（昆山、太仓、常熟、张家港）和50个中心镇。对于中心城市，要加快促进苏州中心城市由单中心城市向多中心城市转变，强化中心城市的区域性科技文化、经济金融中心地位和科技、产业、人才、投资、信息等发展要素集聚功能，不断提升现代化和国际化水平。培育发展四个县级市，使昆山、太仓、常熟、张家港由“中国百强县”真正成为长三角区域的次中心城市，以苏南现代化示范区和苏南国家自主创新示范区建设为抓手，深入推进制度创新、科技进步、产业升级、绿色发展，强化城市功能，优化空间布局，实现快速城市化向城乡现代化转变。50个镇则按照因地制宜、分类推进原则，宜工则工、宜农则农、宜商则商、宜游则游，走多元化特色化的城镇化道路，加快推进就地城镇化，增强人口经济集聚能力，优化结构、提高效益、降低能耗、保护环境，实现资源永续利用和环境质量提升。加强建制镇市政基础设施和公共服务设施建设，加大公共资源配置的倾斜力度，进一步增强建制镇的凝聚力和影响力，发挥其带动周边区域发展的主导作用。

《规划》提出了7个方面的发展目标：一是城乡发展一体化质量显著提升。常住人口城镇化率达到80%，城乡基本公共服务实现均等化，城乡收入差距保持在1.9∶1之内。二是产业空间创新能力进一步提升。利用新技术、新模式、新业态加大优势、特色、传统产业的改造提升力度，推动战略性新兴产业和高新技术产业的发展，带动研发产业、现代服务业和总部经济的发展。三是城乡空间布局形态进一步优化。坚持把建制镇作为城乡一体化的重要载体，优化镇和村庄规划布局，注重历史文化街区、镇、村的保护，努力实现城、镇、村之间分布合理、分工明确、功能互补、协调发展。四是城乡基本公共服务均等化水平进一步提高。推进义务教育、就业服务、基本养老、基本医疗卫生、文化、体育、保障性住房等城镇基本公共服务覆盖全部常住人口，加强城乡便利化“公共文化服务圈”“体育健身圈”“健康服务圈”建设。五是城乡可持续发展能力稳步提升。加快绿色城市、智慧城市、人文城市的建设；带动乡村经济发展，构筑富民强村长效机制，加快农业现代化进程，增强集体经济实力，拓展农民就业创业空间。六是城乡发展一体化的体制机制不断完善。打破城乡市场和空间的体制分治和要素分割的制度障碍，健全城乡发展一体化体制机制，高水平实现就业、社保、医疗等各项制度的城乡融合。七是土地节约集约水平进一步提升。落实和完善节约集约用地制度，全面推进土地利用和管理法制化、信息化、规范化建设。到2020年末，全市单位GDP占用建设用地降低40%。

二、苏州市城乡一体化建设的突出特点

苏州市推进城乡发展一体化主要呈现出以下四个方面的突出特点。

（一）推进“三个集中”，节约集约发展呈现新优势

随着工业化不断推进，苏州市在加快经济结构调整和转型升级的同时，深刻认识到节约集约利用城乡土地资源对城乡经济社会一体化发展的重要性和紧迫性，并围绕建设现代农业和新农村建设，提出了“把空间让给城市，把利益留给农民”的优化土地利用思路。即以土地利用总体规划、城镇村规划为依据，以确保耕地面积不减少为前提，统筹安排城乡土地资源，优化各类用地布局，提高土地集约利用水平，促进城乡发展一体化。因此，苏州市按照“空间布局更优、形态面貌更美、产业发展更强、资源利用更高效”要求，实行城乡建设用地增减挂钩，坚定不移推进“三个集中”。

“三个集中”是旨在对土地、产业、人口等资源进行优化配置的集中。一是农村企业集中，从过去主要搬迁工业规划区以外的零星企业，发展到主要搬迁在城镇规划区、商贸集聚区以内的各类工业企业，通过“退二进三”“腾笼换凤”或“退二还一”、进行异地置换。二是农业用地集中，从过去主要将闲置的土地流转给规模经营大户，转变为主要向土地股份合作社集中，向农业园区集中，向农业企业和专业合作社集中。三是农民居住集中，从过去就地集中，转变为主要向城镇及其周边地区异地集中，集中居住区的选址做到三靠：靠城镇街区、靠工业园区、靠大型市场。按照建立“15分钟服务圈”的思路，高标准建设集行政办事、商贸超市、社区卫生、警务治安、文化娱乐、体育健身、党员活动等功能于一身的“七位一体”农村社区服务中心。

在推进“三个集中”过程中，实现“三个同步”：工业企业向规划区集中与新型工业化同步推进，农业用地向规模经营集中与农业现代化同步进行，农民居住向新型社区集中与富民工程同步实施。把村庄建设作为节约土地、整合资源的一个过程，作为发展生产、促进增收的一个过程。

与成都市“三个集中”略有不同的是，苏州市通过“三个集中”挖掘资源潜力，开展“造地”工程，取得了很好的效果。先通过复垦方式获得一些非农建设用地的“额度”，对置换形成的增量土地，收益在保证依法缴纳国家的同时，保证“三农”的合理权利，探索建立宅基地置换机制和土地增值收益共享机制，使农民在土地增值中获得长期收益。例如，昆山市花桥社区利用毗邻上海的优势，建立公平合理的动迁补偿和优惠安置机制，引导农民以宅基地、住房使用权置换城镇住房，并实施“村级动迁补偿资金集中投入，村级预留地集中使用”的工程，先由政府出资统一建设创业基地、工业园服务中心等载体项目，统一经营，并将股权量化分配给农户，从而形成了农民增收的长效机制，增加了集体和农民合理分享工业化、城市化带来的土地增值机会。

（二）提升集体经济，强村富民

苏州是“苏南模式”的发源地之一，“苏南模式”的成功有其特定历史条件，农村集体经济的发展促进了当时市场中经济主体多元化转变，从而逐步实现了区域内的经济繁荣和共同富裕。在苏南地区推进城乡发展一体化，建设社会主义新农村，必须高度重视和大力发展集体经济这股力量，充分发挥村级组织作为农村集体土地所有者和管理者、社区公共物品提供者，以及国家基层政权管理的延伸和补充作用。苏州市大力实施农民收入“倍增”计划，加大政策扶持力度，推进异地发展、联合发展、抱团发展、集约发展，促进新型集体经济业态、形态、管理水平、富民水平“四个提升”。2014 年初，全市新增农村各类新型股份合作组织 240 家，累计达到 4168 家，其中联合集团（总社）108 家，持股农户比例超过 96%。2015 年，农村集体经济总资产 1610 亿元，村均年稳定性收入 776 万元，均比上年增长 8.1%。[1]

[1] 《2015 年苏州市国民经济和社会发展统计公报》，苏州市统计局官网，2017 年 2 月 22 日。

（三）发展生态农业，建立现代农业发展方式

在现代农业发展模式下，超小型农业经营方式不可能带来农业的高产稳产，也不可能保障农民持续稳定增收，更不可能实现农业产业化、现代化。为此，苏州市以“四个百万亩”工程（百万亩优质粮油工程、百万亩高效园艺工程、百万亩特种水产工程、百万亩生态林地工程）为抓手，用建设工业园区的工作力度狠抓现代农业示范区建设，用现代装备武装农业，着力提高设施农业水平，努力实现现代农业新发展。按照发展水准高、科技含量高、服务水平高、综合效益高的目标定位，切实把保护和发展“四个百万亩”落到实处，全市“四个百万亩”数据上图工作全面完成。如今，四个百万亩已经成为苏州现代化农业的重要支撑，是守护生态安全的基本底线，是保护战略生态资源、持续提升现代农业产出效率、实现可持续发展的关键举措。截至 2014 年初，全市已建成万亩和千亩以上现代农业园区 106 个，其中，2013 年新增园区面积 10.5 万亩，总面积达 81.5 万亩。

（四）坚持环境优先，美丽镇村呈现新风貌

通过新建一批湿地公园、湿地保护区，到 2015 年末，实现陆地森林覆盖率 29% 以上。村庄环境管理实现常态化，城镇污水集中处理率达到 95% 以上，农村一般地区达到 70% 以上，太湖保护区达到 90%，农村地表水环境质量综合达标率达 95%，镇村生活垃圾无害化处理率达到 100%。通过规划引导，大力推进村庄环境整治工程。开展美丽镇村建设，努力形成布局合理、层次分明、功能明确、特色鲜明的镇村体系和城乡空间格局，按照“生态环境优良、空间布局合理、配套服务完善、经济基础雄厚、社会风尚和谐”总体要求，选择确定了 16 个镇、71 个村为美丽镇村建设示范点，全力打造具有苏州特色的乡村风貌，充分彰显粉墙黛瓦、鱼米之乡的江南水乡特色风貌。

三、“苏州模式”的主要经验

“苏州模式”的成功，源于政策的驱动，源于体制的保障，根本在于解放思想、实事求是，以人为本。为推进城乡发展一体化，苏州市面向“三农”，立足“三农”，跳出“三农”，创新机制体制，先后出台了 20 多项政策意见，相关部门

也出台了多个配套文件，拉近了城乡距离，推动农民市民化、农民股民化、农民职业化，形成以工促农、以城带乡、工农互惠、城乡一体的新型工农城乡关系，让广大农民平等参与现代化进程、共同分享现代化成果，使苏州成为我国离城乡一体化目标最近的城市之一。

（一）政府高度重视，政策驱动力强

2013—2015 年，每年市委市政府出台的一号文件都紧紧围绕城乡一体化问题，并在随后陆续出台文件中明确各区县、政府各部门的目标任务和责任分工。例如，2015 年的苏州市委一号文件《关于全面推进城乡发展一体化迈上新台阶的意见》，释放出苏州主动适应经济新常态进一步深化改革的积极信号，把城乡发展一体化作为解决“三农”问题的根本途径，作为最大的转方式调结构，更加注重城乡协调发展，更加注重提高现代农业水平，更加注重提升农村发展水平，更加注重提高农民的生活水平，努力实现遵循经济规律的科学发展、遵循自然规律的可持续发展和遵循社会规律的包容性发展，以城乡发展一体化改革带动全局改革。而苏委办发【2015】7 号文中，明确要求各牵头部门围绕总体要求和责任分工，分解细化任务，设定完成时限，明确工作责任，认真抓好落实。此外，市委、市政府制定出台了《关于全面深化改革提升城乡发展一体化水平的若干意见》，进一步明确了深入推进城乡发展一体化的指导思想、目标任务和重点工作；出台《关于调整完善生态补偿政策的意见》，完善了生态补偿机制，增强了生态保护重点地区镇、村保护生态环境的能力；印发《关于鼓励积极盘活存量建设用地促进土地节约集约利用的实施意见的通知》，盘活存量用地，鼓励发展“一村两楼宇”，拓展发展空间。苏州市在强化政策支持方面，按照“多予少取放活”的方针，把政策兑现给农民，把举措转化为实效，进一步健全了“三农”投入稳定增长机制。

（二）创新城乡管理体制，促进城乡协调发展

改革开放 40 年来，苏州市不断创新实践，使农村与城市、农民与市民在现代文明的发展中加速融合，通过社会管理体制的改革创新，保障城市与农村协调发展。

一是行政村（社区）建设。在农村，苏州市把推进农村社区建设与新农村建

设有机结合起来，按照生产发展、生活富裕、乡风文明、村容整洁、管理民主的要求，设计改革思路。在实际操作中，从梳理现有的村级组织关系入手，整合基层管理资源，逐步建立健全村党组织、村民委员会、经济合作社、社区服务中心、基层民间组织“五位一体”的农村社区管理体制，农村民主管理和农民权益保护得到进一步加强。

二是统筹城乡社区建设。在推进城乡发展一体化进程中，苏州一直致力于在社区管理体制上不断探索创新。按照现代社区型、集中居住型、整治改造型、生态自然型、古村保护型等 5 种模式，推进农民集中居住区建设。同时，以社区服务中心为载体，强化城乡公共服务体系建设。

三是加大城乡接合部和新城区管理。在苏州城市化发展过程中，不可避免地形成城乡接合部，它是一个随着城市产业和住宅区不断向郊区扩散，从而使原来以农村为主的城郊地带演变为兼有城乡特色的特殊空间。同时，城市向外扩张的典型产物就是新城建设，如沧浪新城、平江新城等，这里外来人口增多、社会结构复杂，管理任务繁重。苏州采取了一系列重要举措，不断加大城乡接合部和新城区管理。

（三）创新融资模式，提供资金保障

苏州模式是一种不断创新，敢于创新的模式。作为城乡发展一体化综合改革试点，不仅致力于体制机制创新，而且创新了“政府引导、社会资本参与”的融资模式。2015 年初，苏州市成立了专注投资开展城乡发展一体化综合配套改革项目和“三农”项目的苏州市城乡一体化基金。该基金整体规模 25 亿元，其中母基金由市财政出资 3 亿元、东吴证券出资 2 亿元共同设立，母基金与华夏银行、兴业银行及地方有关单位按比例出资组成子基金，其中吴中区子基金规模 12 亿元，高新区子基金规模 13 亿元，落地到各区的成本控制在 7.5% 左右。从全国范围看，该基金项目实现了多项创新与突破，颇具亮点。

一是将财政资金引导作用与市场配置资源的作用充分发挥。以往单一的涉农项目，因缺乏重资产抵押等原因融资较难。该基金开创性地运用了“政府引导、社会资本参与”的模式，财政的 3 亿元专项资金，最终撬动了 8 倍左右的杠杆，有效控制了融资成本，拓宽了融资渠道。

二是突破了由财政附加承诺、政府信用担保的传统募资模式。通过精确计算与创新设计，实现了在不动用市级财政承诺或出具支持函、不动用各区财政存款反担保、不动用银行流动性支持的情况下创设产业基金。

三是支持城乡发展方向具体明确、可操作性强。该基金定向投资现代农业经营、农民安居工程、农村卫生医疗保障、“一村二楼宇”项目。其中基金投资“一村二楼宇”在全国具有较强的示范效应，有利于快速做大做强集体经济。城乡一体化基金的成立标志着苏州市城乡建设融资途径的创新，进一步降低了融资成本，为不断创新管理办法，研究推广“政府引导、社会资本参与”的 PPP 融资模式，共同推动农村建设资金的解决奠定了基础。

（四）坚持以人为本，做好文化传承

苏州推进城镇化和城乡发展一体化的指导思想，就是坚持以人的城镇化为核心，有序推进农业转移人口市民化，不断缩小城乡发展差距；以改革创新为动力，以改善民生为根本，围绕建立农业转移人口市民化成本分担机制、探索多元化可持续的城镇化投融资模式、改革完善农村宅基地制度、探索建立行政管理创新和行政成本降低的设市模式，促进城乡经济转型升级和社会和谐进步。在实施进程中，持之以恒地推进工业反哺农业、城市支持农村、政府回报农民，着力破除城乡二元结构、缩小城乡差距、提升公共服务均等化水平。充分尊重群众意愿，切实维护群众合法权益，解决好拆迁安置、居住环境、就业服务、社会保障、大病医疗保险等农民群众最关心的现实问题，让广大农民共享改革发展成果。苏州作为中国历史文化名城之一，是吴文化的发祥地。历史悠久，已有 24 个项目列入国家级非物质文化遗产代表作名录。在城镇化和新农村建设的进程中，苏州特别注重文化传承，遵循城乡历史发展规律和文化发展规律，注重彰显江南水乡独特风貌。苏州市正在不断努力用科学的方式确定重点村、特色村的规模、数量与边界，制定好村庄建设管理办法，切实保护好古镇古村、古迹古韵和田园风光、鱼米之乡等特有资源。

四、苏州城乡发展一体化模式的几点启示

城乡发展一体化是苏州率先提出并探索的创新实践，是苏州市社会经济建设中的特色、品牌和亮点。总结苏州市城乡一体化做法经验，还可以得出以下几点启示。

1. 城乡发展一体化是经济社会发展到一定阶段的客观要求，需顺势而为。经济社会发展到一定阶段，要求打破城乡二元结构；城市化发展到一定阶段，要求城乡发展一体化。因而，适时地鼓励有条件的地方结合实际先行先试，不仅有利当地经济社会的健康发展，而且有利于探索丰富城乡一体化的多种模式，为其他地方顺利推进城乡发展一体化提供示范。

2. 坚持市场化的改革方向，同时始终把保护农民合法权益放在首位，充分发挥农民的主体作用是农村改革顺利进行的前提和基础。苏州的“政府推动”，并非政府包办，而是紧密结合苏州实际，尊重农民和基层的首创精神，总结提高后的推动。包括吴中区（木渎镇、胥口镇、东山镇）创建的“三大合作组织”，以及其他诸多创新改革之举，都是“农民首创、政府总结推广”式的自下而上再由上而下地生根开花的。

3. 盘活城乡土地资源，做足优化土地利用文章，是推进城乡发展一体化的必然选择。土地对于城乡发展是不可或缺的，在加速城镇化和城乡发展一体化进程中往往会发生土地稀缺和土地配置不当、处置不公等复杂的问题。因而，深化土地制度改革，优化土地配置，对于推进“四化”同步和城乡发展一体化，是至关重要的。苏州通过“三置换”[1]，不仅为城乡空间布局优化提供了可能，而且为农民脱离土地转变为城市居民、为农业的规模化经营创造了条件。

4. 苏州城乡一体化模式，需要高度工业化发展带来的雄厚地方财政实力提供支撑，苏州特殊的自然地理条件、经济区位优势和土地资源稀缺特点为推进城乡一体化提供了重要契机，其他地区无法简单参照。

5. 发展新型农村集体经济，拓展农村富民空间，是顺利推进城乡一体化的重要保证。苏州在稳定和完善农村基本经营制度基础上，通过“三大合作”把农村分散的资源、技术和资金等各类要素进行有效整合，引导农民走向新的合作和联合，在促进农民增收、发展壮大新型集体经济、促进农民共同富裕中发挥着越来越重要的作用，为农业农村发展增添了新活力。

---

[1] “三置换”，即集体资产所有权、分配权置换社区股份合作社股权；土地承包权、经营权通过征地置换基本社会保障，或入股置换权；宅基地使用权置换城镇住房，或货币化置换，或置换二、三产业用房，或置换置业股份合作社股权。

第三节　浙江：小康新农村模式

浙江省地处我国东南沿海，长江三角洲南翼，土地面积仅 10.55 万平方公里，是中国面积最小的省份之一。经过 20 多年的改革开放，浙江省实现了从资源小省向经济大省、农业社会向工业社会、基本温饱向总体小康的三大跨越，以崭新的姿态跨入了新世纪。率先进入工业化中后期阶段的浙江，在工业化、城市化加速推进的同时，也率先遇到了工农差距、城乡差距、地区差距、贫富差距扩大的问题，“三农”发展滞后的问题越来越突出。为此，浙江省以建设小康新农村为目标，进行了十余年的不懈探索，形成了以“千万工程”和“义乌模式”为典型的浙江模式。

一、浙江城乡发展一体化亟待缩小的几个差距

浙江省作为中国经济最活跃的省份之一，2004 年人均生产总值接近 3000 美元，城市化水平超过 50%，主要经济社会发展指标居全国前列，综合实力显著增强，具备了统筹城乡发展、推进城乡一体化良好的基础和条件。为此，2004 年底浙江省政府制定了《浙江省统筹发展推进城乡一体化纲要》，开启了城乡发展一体化的进程。当时，推进城乡发展一体化亟待缩小的是三个方面的差距。

农业生产效率提升困难凸显的工农差距。随着我国农业生产力的不断提升，农产品的供求关系发生了逆转；而农业市场化改革和国外农产品的进入，则导致农产品市场竞争加剧。浙江省的二、三产业的快速发展，吸纳了大量的农村优质劳动力，优质土地资源也在大量流失，农业生产也无法获取足够的资金。由此，造成了严重滞后的农业与迅猛发展的工业之间的巨大差距。

农村基础设施发展滞后凸显的城乡差距。随着浙江省工业化和城市化的进程加快，县及县以上城市的规模不断扩张，基础设施也不断完善，社区建设和社会事业快速发展。与此形成鲜明对比的是，农村的面貌变化不大，基础设施落后，污染问题却日趋严重，大多数农民仍然居住在传统村落中。正如有人所戏说的：城市像发达的欧洲，农村像落后的非洲。

农民与市民阶层的贫富差距呈扩大趋势。在工业化中后期阶段，人口结构将进一步提升。随着农民不断到二、三产业就业和在城市谋生，农民阶层处于高度

分化中。一部分农民可能因无法适应社会化大生产的要求而无法市民化；还有一部分农民在农业现代化的进程中可能由于自然环境、自身素质等约束，无法实现自身的脱贫致富；等等。这些都导致农民阶层和其他阶层，农民之间的差距不断扩大。2003 年，浙江省城镇居民人均可支配收入为 13180 元，农村居民人均可支配收入为 5431 元，两者之比为 2.43 ∶ 1，根据城乡一体化的均衡发展的要求，城乡居民人均可支配收入比应在 2 倍之内。

二、浙江推进城乡发展一体化的举措及成效

浙江推进城乡发展一体化起步较早，成效显著。党的十六大以来，浙江省从实际出发，大力实施统筹城乡发展的方略，围绕率先建成惠及全省人民的小康社会的总目标，先后就统筹城乡发展、促进城乡一体化作出一系列部署。经过十多年的着力推进，统筹城乡发展水平居于全国前列，初步形成了新型工业化、新型城市化、新农村建设和农业现代化互促共进，以城带乡、以工促农的城乡一体化发展新格局。

（一）着力推进“千万工程”，改变农村建设落后的状况

浙江省坚持以科学规划为龙头，优化城乡生产力和人口空间布局、统筹城乡基础设施和社区建设，针对农村建设明显落后于城市建设的状况，2003 年，浙江省委作出实施“千村示范万村整治”工程的重大决策，揭开了美丽乡村建设的序幕。即在全省 4 万个村庄中，选择 1 万个行政村，进行生态环境的全面整治，利用 5 年时间，把其中 1000 个中心村建设成“全面小康示范村”。十年多来，浙江的“千万工程”走出了一条由点到面，由浅及深，先局部后整体的整治的道路。“千万工程”推进到哪里，相关配套就跟到哪里，把康庄工程、联网公路、万里清水河道、农民饮用水、绿化示范村、农村土地综合治理、农村危旧房改造、农村电气化、现代商贸服务示范村、小康体育村等都结合在一起。2015 年全年各级投入美丽乡村建设资金 254 亿元。截至年末，全省共开展 10010 个村的农村生活污水治理，受益农户（已接入和正在接入）245 万户；开展农村垃圾减量化资源化处理试点村 104 个。全省 98% 的村实现生活垃圾集中收集处理，79% 的村实现生活污水有效治理，农村生活污水治理农户受益率为 66%，已有 58 个县（市、区）成为美丽乡村创建先进县。全省在建历史文化村落保护利用重点村

130 个，保护利用一般村 649 个；农家乐特色村 897 个、特色点（各类农庄、山庄、渔庄）2389 个。“千万农民素质提升工程”培训总人数为 35 万人。[1] 可以说，农村的面貌发生了历史性的变化，农村落后于城市的状况明显改善。

（二）着力推进产业结构调整，积极发展高效生态农业

浙江省通过推进城乡产业结构战略性调整，大力发展民营经济、县域经济、特色板块经济，大力发展生产性服务业、商贸服务业和生活型服务业，从而夯实城乡经济协调发展的基础，不断提高以工促农、以城带乡能力。

浙江省把发展高效生态的现代农业放在十分重要的位置上，从农业资源紧缺和发挥比较优势的实际出发，以市场为导向，促进农业结构的调整。在高度重视粮食生产能力的同时，积极推进蔬菜、茶叶、果品、畜牧、水产养殖等十大主要产业的培育，目前，这些农业主导产业的产值占农业总产值的 70% 以上，成为农业增效的重要支撑。同时，浙江省把农田园区化建设作为现代农业的基础工程，全面启动了粮食功能园区、现代农工示范区、精品农业园区建设，全面提高农田水利、标准渔港、标准鱼塘等基础设施建设水平。把培育现代农业经营主体作为增强现代农业活力的关键环节来抓，大力培育农业专业大户、家庭农场，积极发展以农民专业合作社和农业龙头企业为骨干的农业产业化经营服务，2015 年，全省新建粮食生产功能区 1445 个，面积 105 万亩，累计建成粮食生产功能区 7886 个，总面积 677 万亩。全省累计建成现代农业园区 818 个，总面积 517 万亩；其中，现代农业综合区 107 个，主导产业示范区 200 个，特色农业精品园 511 个。全省已有农业龙头企业 7470 家。全省土地流转率为 50%，累计流转面积 955 万亩。[2] 浙江省高效生态农业发展生机勃勃，已成为农民增收的新亮点。

（三）着力推进基本公共服务全覆盖，缩小公共服务差距

基本公共服务是城乡居民最重要的民生保障，而农村的公共服务由于长期的二元结构却严重缺失和落后。为此，浙江省把推进城乡基本公共服务均等化作为城乡一体化的重点，切实加大财政投入，全面实施城乡基本公共服务均等化行动计划。

[1] 《2015 年浙江省国民经济和社会发展统计公报》，浙江统计信息网，2016 年 2 月 29 日。
[2] 《2015 年浙江省国民经济和社会发展统计公报》，浙江统计信息网，2016 年 2 月 29 日。

一是大力实施城乡教育均衡化工程，在全国率先实现城乡免费义务教育，率先基本普及了学前三年到高中段的 15 年基础教育，到 2013 年，全省学前三年到高中段的 15 年教育普及率为 98.4%，其中高中段教育毛入学率为 94.5%。2015 年小学学龄儿童入学率和初中入学率均为 99.99%。[1]

二是把解决农村缺医少药、农民看不起病的问题作为紧迫的民生课题加以重点解决。全省 3035 万农民参加了农村新型合作医疗，参合率达到 92%。县乡村三级公共卫生服务体系建设取得了全面进展，全省普遍建立了公共卫生服务中心和中心村卫生室，许多乡镇还建立了责任医生制度和村卫生室配合全科医生的制度以及基本药物统一配送制度，基本解决了农民看病难看病贵的问题。

三是普遍建立了新型农村养老保险制度，在全国率先实施最低生活保障制度，在册低保对象 69.8 万人，建立了被征地农民基本生活保障制度，386 万被征地农民纳入了社会保障，做到应保尽保。

四是加强农村文化体育建设，启动实施了“新农村文化建设十项工程”和农民小康健身工程，在一般的行政村都有了村文化室和体育文化活动场所，农民文化生活不断丰富，已经成为浙江省社会主义新农村建设的一道亮丽风景。

（四）着力推进全面创新创业，缩小城乡收入差距

浙江省着力推进全民创业，以创业促进就业，增加城乡居民收入、实现充分就业。鼓励城乡居民，特别是农民群众打破城乡分割和体制障碍，开展多领域、多形式的创业和创富活动，形成了“企业创大业、能人创新业、农户创家业、干部创事业”的良好氛围和“百万能人创业带动千万农民转产转业”的创业就业新格局。各地把农民持续增收的重点放在全面发展农村经济、大力扶持中小企业、鼓励农民进城创业就业上，整体推进城乡经济结构和劳动就业结构调整。依托县城和中心镇形成了以特色主导产业为支撑，大中小企业专业化分工、社会化细作的特色块状经济新格局，成为农民创业就业和增收致富的强大支撑。

全省劳动力非农就业率提升。2013 年末，第一产业就业人员为 507.0 万人，

---

[1] 《2015 年浙江省国民经济和社会发展统计公报》，浙江统计信息网，2016 年 2 月 29 日。

占 13.7%，非农就业率达到 86.3%。[1] 同时，劳动力就业格局的多元化为城乡统一的劳动力市场的形成打下了基础。2001 年，浙江开始实施城乡统筹就业试点，制定了城乡统一的劳动力资源管理制度，开始实行城乡劳动者平等就业的政策，并着手建立覆盖城乡的劳动力市场和职业培训体系。2004 年以来，通过实施"千万农民素质提升工程"等方式，提高农村劳动力的就业技能和创业能力；同时，积极改善农民进城就业环境，健全和完善城乡劳动和社会保障制度，利用市场机制合理配置城乡劳动力资源，逐步形成了统一、开放、竞争、有序、城乡一体化的劳动力市场。浙江各地区还发挥当地优势，通过离土离乡、离土不离乡和开展家庭来料加工等多种形式来开辟和完善城乡统一的劳动力市场。

城乡统筹的创业就业有效地促进了城乡居民收入的持续增长。2015 年，城镇常住居民人均可支配收入中位数 40161 元，比上年增加 3757 元，增长 10.3%；农村常住居民人均可支配收入中位数 20665 元，比上年增加 2205 元，增长 11.9%。[2] 城乡收入比为：1.94 ∶ 1，小于 2 ∶ 1。

（五）着力推进"山海合作"，加快欠发达地区致富

改革开放以来，浙江经济发展速度一直位居全国前列，然而浙西南山区、海岛与高度发达的沿海地区之间的"贫富鸿沟"仍然存在。从 20 世纪 90 年代开始，浙江省开展了各类扶贫工程，但是输血的扶贫没能根本解决欠发达地区的落后面貌。而沿海发达地区因受资源制约，大量的产业资本走向省外、国外。地区失衡之"痛"，成为全省之"痛"。

2002 年 4 月，浙江省委、省政府作出实施山海协作工程的决策部署，提出以项目合作为中心，以产业梯度转移和要素合理配置为主线，推进发达地区的产业向欠发达地区梯度转移，组织欠发达地区的人力资源向发达地区合理流动，动员发达地区支持欠发达地区新农村建设和社会事业发展，实现全省区域协调发展。

在省委、省政府高度重视下，省级有关部门和发达地区党委政府狠抓工作落

[1] 林锦屏、章剑卫：《人口和就业协调发展——新中国 65 年浙江经济社会发展成就之十四》，浙江统计信息网。

[2] 《2015 年浙江省国民经济和社会发展统计公报》，浙江统计信息网，2016 年 2 月 29 日。

实，各民主党派、人民团体和社会各界广泛参与，全省形成了以“结对子”为基础，多层次、多渠道、全方位开展合作交流的山海协作格局。截止到2012年，省财政转移支付累计用于支持欠发达地区发展达1135亿元。浙江省累计实施山海协作特色项目7316个，到位资金1705亿，累计组织培训劳务32万人，转移就业56万人。[1]

一大批产业型、龙头型、战略型项目落户到欠发达地区，有力地推动了欠发达地区经济的提速发展，使欠发达地区的发展跟上了全省的步伐。

三、浙江城乡发展一体化的典型：义乌模式

浙江省城乡发展一体化模式中，最具特色的当属义乌模式。义乌模式也可以说是我国以商兴农的典型。进入21世纪后，义乌市在“兴商建市”“贸工联动”战略指引下，不断扩张中心城区，一大批郊区农村转变为城市，越来越多的农民转化为市民，城乡分割建设和差别发展的弊端日益显现，城乡联动和一体化发展的要求日益迫切。为此，义乌市于2003年7月制定了《义乌城乡一体化行动纲要》，要求将义乌1105平方公里市域进行整体性、一次性的规划，整合人口和产业布局，优化各种资源配置，缩小城乡差距，促进城乡一体化。这是浙江较早关于实现城乡一体化的政策文件，义乌也因此成为浙江较早为消除城乡差距制订时刻表的城市。经过十几年的统筹城乡发展，义乌的城乡一体化建设取得了显著的成效，“农村像社区、农民像市民、城乡融合，共享现代文明”的蓝图，正逐步变为现实。

（一）义乌市城乡发展一体化的历程及成效

义乌市位于浙江省中部，面积1105平方公里，是浙江省金华市下辖县级市，也是浙江四大区域中心城市之一。作为世界小商品的“天堂”，义乌的市场大发展不仅为其经济发展带来了雄厚的资金积累，而且对城市化和城乡统筹发展也起到了决定性作用。

义乌统筹城乡发展大体经历了五个阶段：20世纪90年代中期到21世纪初的

[1] 马跃明：《青山与蓝海的交响——浙江开展山海协作工程10周年综述》，中国共产党新闻网，2012年5月3日。

旧村改造阶段；21 世纪初到 2003 年的“小五化”阶段；2003 年 7 月到 2008 年 8 月的全面实施城乡一体化行动阶段；2006 年 4 月到 2008 年 8 月的全面兴起新农村建设热潮阶段；2008 年 9 月至今的统筹城乡综合改革配套攻坚阶段（详见表 5.1）。

表 5.1　义乌统筹城乡发展经历的五个阶段表

发展阶段	起止时间	主要内容	指导性文件	建设目标	建设成果
旧村改造	20 世纪 90 年代中期—21 世纪初	按照村庄建设规划，通过村庄整体拆（搬）建、村庄整理、村庄撤并等方式进行拆旧建新，整治环境，改善村容村貌	《义乌市旧村改造暂行办法》（2001 年）	加强村镇规划建设，高效、集约、合理利用土地，提高居住水平，推进农村城镇化进程	先进示范村的树立为下一步新村建设拉开了序幕
“小五化”阶段	21 世纪初—2003 年	道路硬化；卫生洁化；路灯亮化；家庭美化；环境优化	《义乌市加快农业农村现代化建设的实施意见》（2002 年）	全面开展农业农村现代化建设	对村庄整治进行了有效探索，使全市农村面貌得到明显改观
全面实施城乡一体化行动	2003 年 7 月—2006 年 3 月	全面实施以城乡交通、水电、排污等基础设施建设为重点的城乡一体化行动	《义乌市城乡一体化行动纲要》（2003 年）	城乡融合，市域共享现代文明	经济社会快速发展，城乡面貌日新月异
全面兴起建设新农村热潮	2006 年 4 月—2008 年 8 月	突出抓好发展新产业、建设新社区、培育新农民、树立新风尚、建立新体制等五项任务，并全面实施了绿色村庄工程和生活污水治理工程	《义乌新农村建设二十条》和《义乌市新农村住房建设实施办法》（2006 年）	把传统农业发展成为高效生态农业，把传统村庄改造成为农村新社区，把传统农民培育成为“有文化、懂技术、会经营、素质好”的新型农民	切实提升了新农村建设整体水平

（续表）

发展阶段	起止时间	主要内容	指导性文件	建设目标	建设成果
统筹城乡综合配套改革阶段	2008年9月至今	转变生产方式，转变生活方式，推进社会保障一体化。破解统筹城乡发展的体制机制障碍	《义乌市农村基础设施管理实施办法》（2009年）、《义乌市美丽乡村建设行动计划（2011—2015年）》（2011年）、《义乌市城乡新社区建设实施办法》（2013年）	城乡融合，改善人居环境，提升城市品位	农村经济加快发展，农村环境不断改善，基础设施更加完善，公共服务更加均等，农村社会更加和谐

义乌依托小商品贸易及相关第三产业的迅速发展，吸引了大量农村和外地人口向义乌城区集聚。在启动城市化进程的同时，又依托市场国际化、产业集群化、城市现代化的基础和趋势，把握城乡一体化发展的要求和规律，坚持工商反哺农业和城市支持农村的方针，积极推进农业产业化，不断加大城乡基础设施建设力度，大力推动农村向社区、农民向市民、农业向企业转变，努力促进城乡融合、共享现代文明，取得了显著成效。

2014年城镇常住居民人均可支配收入为51899元，增长10%；农村常住居民可支配收入25963元，同比增长11.3%；城镇居民恩格尔系数为24.6%，农村居民恩格尔系数为33.0%。年末每百户城镇居民家庭汽车拥有量40辆。每百户农村居民家庭汽车拥有量33辆。城乡差距进一步缩小。

截至2014年底，全市共创建金华市级美丽乡镇2个、金华市级精品村10个、金华市级秀美村17个、义乌美丽乡村420个。全市常住人口125.1万人，城镇化达到75.3%。[1]

[1]《2014年义乌市国民经济和社会发展统计公报》，义乌市统计局官网，2015年4月2日。

基于义乌统筹城乡发展的已有成就，2015 年 2 月，国家发改委将义乌市列入国家新型城镇化综合试点。义乌启动国家新型城镇化综合试点的总体目标和主要任务是：基本建立农业转移人口市民化促进机制，全面落实户籍制度改革，基本形成农业转移人口市民化成本分担机制，到 2017 年，户籍人口综合参保率达到 98%，力争实现 30 万农业转移人口市民化；拓宽城市建设融资渠道，初步建立多元化可持续的城镇化投融资机制；不断完善农村宅基地管理制度，城乡新社区集聚建设模式更加成熟，到 2017 年，完成 20 个城乡新社区集聚建设；常住人口城镇化率达到 78%；领先国内行政管理体制改革，稳步推进大部门制探索，基本建成国际贸易便利化机制和城市综合行政执法机制，使特色领域改革取得实效，让义乌全域城市化、城市国际化、社会治理现代化和生态文明建设等取得明显工作成果，为全国同类地区改革探索提供新经验。

有理由相信，义乌将在已有的良好发展的基础上，率先在全国形成城乡发展一体化新格局。

（二）义乌市城乡发展一体化的主要特点

义乌推进城乡发发展一体化起步早，措施有力，效果显著。主要呈现以下几方面特点。

1. 因村制宜分层次推进新农村建设。由于各地农村的地理位置、历史条件和集体经济的差异，其农民的收入水平和思想观念等也千差万别。义乌市根据农村不同基础条件，以旧村改造、村庄整理、异地奔小康三种形式因村制宜，分类指导，分层次推进新农村建设。对主城区、副城区和城郊区经济发达村，按照“成熟一批、改造一批”要求，采取高层公寓、水平房、垂直房等多种形式进行，全拆全建建成整合社区、以道路框架相连建成组团型社区、通过轮换建设改造成为独立型社区。

针对城郊区经济发展一般的村和城区、副城区中暂时无法实施旧村改造的村庄，实行村庄整治，主要抓好规划、地下管网建设、“小五化”和湖塘治理；对公路沿线的村庄，实行“穿衣戴帽”、拆危拆乱，促使环境整治上档次。对远郊区规划范围内的 46 个行政村和 8 个自然村实施异地奔小康工程，按照“下山要小心，移民要移心”的要求，规划建设以水平房为主的异地奔小康安居小区。

2. 加大资金投入有效解决“三农”问题。统筹城乡发展，改善农村面貌，必须加大对农村基础设施的投入。市政府按照“政府补助、市场运作、信贷扶持、农户自筹”的思路，多方筹措城乡一体化建设资金。从2002年起，市政府每年安排1亿元资金，各镇、街道每年配套1亿元资金，按季拨付，专项用于村庄整治建设。

公共财政向“三农”的转移是“工业反哺农业、城市支持农村”的关键所在。随着商贸业和工业的快速发展，义乌通过积极实施“以商强农”政策，鼓励和引导工商业主“反哺”农业。同时，市财政对“三农”的资金支持也大幅度增加，占到财政总支出的1/3以上，主要投向农村交通、教育、卫生、社保、饮用水、农业产业化、村庄整治等农民生产生活项目。

3. 加强配套改革，促进城乡发展一体化。长期形成的城乡二元结构是城乡发展一体化的根本障碍。义乌以制度创新为突破口，着力在体制上逐步消除城乡差别，打破城乡二元结构，实现城乡协调发展。[1] 多年来，先后进行了统筹和深化征地、养老、医疗、就业等城乡一体化配套改革，加快推进社会主义新农村建设和城镇化建设。

随着义乌城市化的不断推进，出现了一批失去土地的农民。为此，义乌市在2003年就出台了《被征地农民养老保障暂行办法》，把被征用土地后人均耕地不足0.2亩的农村人口全部纳入参保范围，市财政按每人2.12万元的标准将钱逐年纳入被征地农民养老保障基金财政专户，并列入年度财政专项预算。农民个人只需一次性缴纳4000元，就可享受养老保险。

为了推进农村劳动力的顺利转移，义乌市还出台了《加快农村劳动力向二三产业转移的若干规定》，设立创造就业岗位奖，对使用本地农村劳动力达到用工总数20%以上的各类工商企业实行奖励。同时实施村企结对制度，组织企业与农村结对。并通过大力开展“市场带百村、企业联万户”活动培育经纪人，积极扶持发展以“农家乐”为主的农村旅游服务业，开办“农家餐”，帮助农民增收。

[1] 孙清土 :《义乌的新农村建设》，中国义乌政府网，2009年3月。

（三）义乌市城乡发展一体化的主要经验

总结义乌市城乡发展一体化的经验，可以归纳为以下几点：以经济建设为核心，以优化发展环境为前提，以农民增收为目标，以城乡平等为宗旨。

1. 以经济建设为核心，为城乡发展一体化夯实经济基础。“兴商建市”和“以商促工、贸工联动”的发展战略，在义乌城乡发展一体化过程中具有重要意义。对义乌来说，建商品市场的主要目的，不仅是为了建设和发展城市，它还要为分散在广大乡村地区，以民营为主体的中小企业提供支持和服务。商品市场的建立和发展，解决了民营中小企业在原材料采购，产品销售和获取市场信息上的不经济问题，推动了中小企业的发展。

2. 以优化发展环境为前提，推进基础设施的一体化建设。在优化义乌发展环境的基础设施建设上，市政府没有将城市与乡村的基础设施建设割裂开，而是顺应了小商品市场发展的内在规律与要求，选择了城乡发展一体化建设，主要是通过制定和实施全国第一个《义乌市城乡一体化行动纲要》，对全市乡村空间布局进行规划，提高村庄基础设施建设效率；把乡村道路和公共交通体系的建设，纳入到全市大交通网络建设给予统筹考虑，建立快捷、便利城乡一体的现代交通体系，在城乡交通等基础设施全面改善的情况下，支撑小商品市场的不断发展。以优化发展环境为前提，进行城乡基础设施统筹建设，不仅有效支持了小商品市场发展，而且，还为改善乡村中小企业发展环境，推动农村招商引资创造了条件。

3. 以农民增收为目标，努力缩小城乡居民收入差距。2007 年我国城乡居民收入比扩大到 3.33 ∶ 1，城乡居民收入差距还在不断扩大。同年义乌城乡居民收入之比为 2.48 ∶ 1，城乡居民收入差距指标好于全国平均水平指标。义乌城乡居民收入差距缩小的根本原因就在于实行了以提高农民收入为目标的城乡一体化发展。具体来说就是：第一，统筹工业与农业发展，实施“以商强农”和鼓励工商企业进行农业开发的政策，大力推进农业产业化，提高农业劳动生产率；第二，统筹城乡生产基础设施建设，改善农业生产环境条件，为农民增收提供物质基础保障；第三，统筹城乡生产保险事业发展，对农业企业和农民实行农业保险补贴政策，降低农业生产风险，保障农民收入有一个安全和稳定的增长环境；第四，统筹城乡财政补贴政策，加大对种粮农民的直接补贴，取消农业税和各种涉农收费，降低农业生产成本；第五，积极开拓增收渠道，如结合义乌小商品市场发展，积极扶持发展与之相关的加工业和流通服务业，为农业劳动力提供更多的就业选择，等等。

4. 以农民平等分享发展成果为宗旨，建立城乡发展一体化体制机制。义乌在大力促进商贸和工农发展的同时，积极统筹城乡社会事业发展，努力消除阻碍农民平等获得生存权和发展权利的体制性障碍。不仅制定了《义乌市城乡一体化行动纲要》，明确了城乡发展一体化的总体思路和主要任务；而且相应地建立健全了城乡统筹的组织保障体系，设立了市、乡（镇）和街道两级的一体化行动领导组织机构，负责落实城乡一体化行动工作机制，并把其纳入工作考核。特别是在完善城市带动农村、工业反哺农业的体制机制上下功夫，深化改革，完善配套政策。如建立城乡一体的公共财政体制，深化投融资体制改革，拓宽市场化投资渠道，加大对城乡公共设施建设的投入；完善户籍制度、城乡统筹就业、社会保障、农村房产抵押信贷制度和土地流转机制等有关配套政策。

第四节　上海：大都市城乡一体化模式

上海是我国较早实施城乡发展一体化发展战略的地区之一，已形成具有国际大都市特色的城乡统筹规划模式。上海的城乡发展一体化，即是在全球城市的战略愿景下，突出构建以功能区布局和都市圈建设为带动的一体化框架，形成具有上海特点的“工业反哺农业、城市支持农村”体制机制，实现更高层次的城乡共同繁荣。

一、上海城乡发展一体化的历程和成效

早在 20 世纪 80 年代中期，上海就开始了城乡一体化建设的进程，到目前已经经历了初步探索、正式起步和加速发展三个阶段，取得了预期的成果。

（一）上海市城乡发展一体化的历程

上海市的城乡发展一体化进程可大体分为如下四个阶段。

第一阶段：20 世纪 80 年代，城乡一体化发展初步探索。1984 年，上海制

定了全国第一个城市经济发展战略，并率先提出“城乡通开”“城乡一体”的发展理念。1986 年，上海提出“一二三四”工作方针：加快城乡一体化建设，坚持两个立足点（农民口粮立足自给，城市主要副食品供应立足郊区），促进三业协调发展，建设四个基地（大工业扩散基地、副食品生产基地、外贸出口基地、科研中试基地），城乡封闭的体制逐渐被打破。城乡居民收入差距较小且保持相对稳定，城乡居民人均可支配收入比基本维持在 1.3 ：1 左右，低于全国平均水平。[1]

第二阶段：20 世纪 90 年代，城乡一体化发展积极推进。随着乡镇企业的迅速发展，城乡经济的联系在深度和广度上都发生了历史性的变化，城乡之间的要素流动逐步加速。“三个集中”“市区要体现繁荣繁华，郊区要体现实力水平”“农业定位于都市农业，农村定位于郊区，农民定位于现代农业劳动者”等方针相继出台，城乡功能定位进一步明晰优化。中心城区建设明显加快，郊区农村则相对滞后，导致城乡基础设施差距有所拉大。

第三阶段：进入 21 世纪，城乡一体化发展全面加速。2002 年，第一次召开上海市郊区工作会议。2005 年，上海市提出了“规划布局合理、经济实力增强、人居环境良好、人文素质提高、民主法治加强”的社会主义新郊区建设目标。2009 年，市委九届七次全会根据党的十七届三中全会精神，进一步提出农村改革发展的实施意见。伴随着相关政策的出台，各级政府对郊区农村建设的投入力度不断加大，郊区城市化进程显著加快。同时，城乡收入差距扩大，农村基础设施建设、社会事业相对滞后的局面还未根本扭转。

第四阶段：“十二五”规划以来，城乡发展一体化进入建立体制机制的决胜阶段。2011 年出台的《上海市推进城乡一体化发展“十二五”规划》，明确提出了要以深化城乡体制机制改革创新为突破口，以“增收”“投入”“放权”为主要抓手，坚持新型城市化和新农村建设双轮驱动，突破城乡资源要素自由流动的制度性障碍，推进建立城乡一体的资源配置、优势互补的发展机制。2013 年和 2014 年分别出台的《上海市推进城乡一体化发展三年行动计划（2013—2015 年）》和《关

[1] 《上海市推进城乡一体化发展“十二五”规划》，上海市政府网，2012 年 3 月 12 日。

于推动新型城镇化建设促进本市城乡一体化的若干意见》，都进一步围绕基本形成城乡一体的公共资源统筹共享机制方面给出了新的政策举措。2015 年被喻为“上海城乡发展一体化路线图”的《中共上海市委、上海市人民政府关于推进新型城镇化建设促进本市城乡发展一体化的若干意见》正式出台。而且经过系统深入的调研，形成了“1”和“21”的政策文件体系，“1”即《若干意见》，是指导今后一个时期本市城乡发展一体化工作的总体性文件;“21”是指围绕《若干意见》已出台和即将出台的 21 项配套性政策文件，涵盖了深化完善镇村规划体系、加快农业结构调整、强化农村生态环境整治、加强郊区农村基础设施建设、促进基本公共服务均等化等 8 个领域。据悉，随着配套政策的陆续出台正在加紧实施。

（二）上海市城乡发展一体化的主要成效

1. 经济实力不断增强，农民收入大幅增加。2015 年上海市生产总值达到 24964.99 亿元，按可比价格计算，比上年增长 6.9%，按常住人口计算人均 GDP 达到 10.31 万元，首次突破 10 万元人民币大关。上海 GDP 总量和人均 GDP 增速，反映上海经济增速稳步换挡，综合实力继续增强。“十二五”时期，全市生产总值年均增长 7.5%，人均生产总值突破 10 万元；地方财政收入比“十一五”期末增长 92.1%，年均增长 13.9%；商品销售总额突破 9 万亿元，年均增长 13.9%。城市居民家庭人均可支配收入为 47710 元，同比增长 8.8%；人均消费支出为 30520 元，同比增长 8.4%。而上海农村居民家庭人均可支配收入为 21192 元，同比增长 10.3%，快于城市居民家庭人均可支配收入增长近 2 个百分点。[1]

2. 产业布局不断优化，现代农业蓬勃发展。上海市中心城区和郊区的产业分工格局已经十分清晰。2015 年全年战略性新兴产业增加值 3746.02 亿元，比上年增长 4.5%。其中，制造业增加值 1673.49 亿元，下降 0.1%；服务业增加值 2072.53 亿元，增长 8.7%。战略性新兴产业增加值占上海市生产总值的比重为 15.0%。全年全市实现农业总产值 287.84 亿元，比上年下降 12.7%。上海域外市属农场实现农业总产值 24.84 亿元，增长 12.6%。至 2015 年末，全市累计建成设施粮田面积 86.53 千公顷，市级蔬菜标准园 150 家，标准化畜禽养殖场 317 家，

[1] 《2015 年上海市国民经济和社会发展统计公报》，上海政府网，2016 年 3 月 1 日。

标准化水产养殖场 270 家。全市有农业产业化龙头企业 387 家，农民专业合作社 6302 家，经农业主管部门认定的粮食家庭农场 3555 个。至 2015 年末，全市有 1631 家企业、7590 个产品获得“三品一标”农产品认证。其中，绿色食品证书使用企业 191 家，绿色食品 275 个；无公害农产品证书使用企业 1432 家，无公害农产品 7289 个。[1]

3. 就业保障制度日益完善，城乡覆盖基本形成。城乡一体的劳动就业服务体系初步形成，农村居民和城镇居民享有一样的就业政策和就业服务。农村社会保障水平不断提高，基本建成覆盖广，分类施保的农村社会保障体系。2015 年全年新增就业岗位 59.66 万个其中，农村富余劳动力实现非农就业 10.33 万个。全年共完成职业培训 51 万人，其中，农民工职业培训 24.55 万人。[2]

4. 社会事业布局逐步健全，资源配置向郊区倾斜。上海市以均衡城乡教育发展、改善农村卫生医疗条件为重点，综合运用财政扶持、政策引导等手段，使城乡基本公共服务体系初步形成。城市教育费附加进一步向农村倾斜，农村居民平均受教育年限达到 9 年。至 2015 年末，全市共有 1493.80 万人（包括离退休和“镇保”人员）参加城镇职工基本养老保险，有 89.77 万人参加城乡居民基本养老保险。城镇最低生活保障标准从上年的每人每月 710 元提高到 790 元，农村最低生活保障标准从每人每月 620 元提高到 790 元，城乡低保标准实现统一。[3]

5. 农村基础公共文化服务设施建设成效显著，基本满足需求。有调查显示，八成左右的受访农村居民认为社区文化活动中心（80.5%）、公园绿地（79.6%）能满足自身需求；逾七成认为体育健身场所（76.1%）、电影院（74.1%）、图书馆（72.7%）能满足自身需求。由此可见，目前基础公共文化设施和服务基本能满足农村居民需求。另外，对于音乐厅、剧院、展览馆、博物馆等文化设施和服务，选择“不能满足”的比例仅二成左右。[4]

---

[1] 《2015 年上海市国民经济和社会发展统计公报》，上海政府网，2016 年 3 月 1 日。

[2] 《2015 年上海市国民经济和社会发展统计公报》，上海政府网，2016 年 3 月 1 日。

[3] 《2015 年上海市国民经济和社会发展统计公报》，上海政府网，2016 年 3 月 1 日。

[4] 《农村基本公共文化服务设施建设有成效文化活动宣传待加强》，上海统计局官网，2016 年 1 月 11 日。

二、“全球城市”战略愿景下的城乡发展一体化内涵

上海市是我国繁荣的国际化大都市，并将建成国际经济、金融、航运和贸易中心，拥有中国大陆首个自贸区“中国（上海）自由贸易试验区”。因此，讨论上海的城乡发展一体化，首先需要界定清楚体现上海这一特大型城市特点的理论内涵。上海具有特大型城市的突出特质，肩负建设“四个中心”和现代化国际大都市的国家战略使命。按照上海新一轮的城市总体规划（2020—2040）确定的全球城市的战略定位，上海中心城区空间范围将继续向今天的城乡接合部地区拓展延伸，并逐步发展出更多的新城区，以及郊区的新城新市镇继续向周边的农村地区拓展延伸，并逐步发展成为成熟的新城区，这将是未来一段时期上海城市发展或者都市圈发展的基本空间态势。

在这样一种空间发展态势下，对城乡发展一体化的理解和把握需要突出两大上海特点：一是全球城市的直接带动。全球城市要求在更大的市域范围内形成更加合理的功能布局和要素配置，将把更多的郊区空间纳入现代城区范围，实现深度城市化。也可以说由于得益于特殊的区位优势，上海的郊区更容易形成强大的内生动力。二是大都市圈对农业、农村的直接带动。越来越多的农村人口被吸纳到城镇，越来越多的农村集体产权价值上升，越来越多的城市市民对生态农业、美丽乡村的需求更为强烈，这些条件都是很多地区无法具备的。

此外，上海的乡村的概念也不仅包括了今天仍还属于农村地区的乡村，而且还包括了以前是乡村，但今天已经城镇化的郊区新城、新市镇。因为这些新城、新市镇本身还有很多“三农”的元素，与中心城区相比仍然存在较大的差距。即使是城市化程度已经相当高的闵行、宝山两区，也还有一批城中村，还有一定数量的人口其身份仍然是农民，更有一大批仍与农村集体产权、农村集体经济有着紧密联系的新市民。如果放大来看，大量外来农民工集聚在城乡结合部地区，这个庞大而又特殊的群体，与本地人口之间形成了更为复杂的新二元结构问题，是广义上的乡村。因此，上海的城乡发展一体涉及两个方面的问题：一方面是中心城区与整个郊区的发展一体化问题，另一方面是郊区新城新市镇与郊区农村地区的发展一体化发展问题。

基于上述特殊情况，上海的城乡发展一体化，就是要在全球城市的战略愿景

下，突出构建以功能区布局和都市圈建设为带动的一体化框架，形成具有上海特点的“工业反哺农业、城市支持农村”的体制机制，实现更高层面的城乡共同繁荣，最终形成产业功能区布局的一体化、都市圈规划建设的一体化、公共服务与就业社保的一体化、生态环境治理的一体化的新格局。

三、增强郊区内生动力，开创城乡发展一体化新格局

基于上海市多年实践经验及周边地区的成功经验，如果只依赖中心城区的反哺郊区，就无法在城乡发展一体化上有所突破。要加快推进上海城乡发展一体化，需要全面推进郊区综合配套改革，全面激活郊区内生活力，全面改善郊区发展环境，全面增强郊区经济实力，把城乡发展一体化更多地建立在强区强镇基础之上。

为此，上海市加快区镇产业转型升级、建立城乡规划建设一体化机制、全面推进农村产权制度改革、创新城乡要素市场化配置机制、建立均等化公共服务机制和高标准生态文明建设机制，以增强郊区发展内生动力。主要有以下五个方面的重点突破。

（一）以强镇扩权为抓手，通过下放经济社会管理权限增强郊区发展活力

为改变城市化进程中出现的镇责大权小功能弱矛盾，全国最早提出了“镇级市”概念并进行了“强镇扩权”探索的是温州市，此后江苏等十多个省也积极开展试点和推广。对上海来说，除了扩权，更要强镇，要学习各试点在发展镇域经济方面的经验，依托上海“四个中心”和国际大都市的优势，建设一批商贸重镇、工业强镇，发挥镇域经济在城乡发展一体化中的支撑作用。坚持少取多予搞活的方针，把用于临港地区、高新区和新城的一些政策措施嫁接开来，鼓励和支持新市镇和中心镇积极发展镇域经济，在近郊地区建设若干服务业重镇。

上海市郊区的一些新市镇目前实际规模已经达到中等城市标准，但在行政体制上仍是“小马拉大车”。因此，需要构建差异化的城乡管理体制，以人口规模较大的新市镇为对象，赋予其更多的发展自主权和管理权。即在不破坏原有组织体制的基础上，变革管理方式，将管理重心和操作重心下移，变直接管理为授权管理，给予郊区政府、新市镇政府在经济发展、社会民生、城市管理等方面更大的自主权，充分发挥基层的积极性，增强节点新城的活力。上海的松江区已经在

发展家庭农场、推进农村集体经济产权制度改革、实施农村社区片区管理、推动区域经济转型升级等方面进行了积极的探索实践，取得了一些宝贵经验，出台了一系列政策配套措施。这是既有的成功案例，可以积极推动复制，尽快释放改革红利。

（二）以促进公共资源均衡配置为抓手，打造梯度式的城镇空间格局

上海市多年来一直把主战场放在中心城区，对郊区的定位也是以制造业发展为带动，在服务业发展方面明显滞后，在社会事业、公共交通等基础设施配置不足，因而中心城区疏解到郊区的多为居住功能，与产业结合不足，使得郊区新城无法成为功能相对独立的城市，因而也就无法形成以中心城区为龙头、节点城市为支撑，小城镇和新农村为基础的梯度城镇空间布局。因此，需要聚焦节点新城，积极改善郊区发展环境。一是统筹交通规划，加快大交通体系建设；二是统筹大型市政配套，引进国际性的教育医疗和文化体育项目，加快功能性项目建设；三是统筹优质公共服务，加快人才配套倾斜，把宝贵的公共资源向郊区倾斜，为未来发展奠定了更好的基础。

（三）以深化农村产权制度和土地制度改革为抓手，着力构建农民增收的长效机制

目前，全国各地都在积极深化农村产权制度和土地制度改革。上海虽然有特大城市自身的特点，但是深化这两项改革也是极为关键的，不仅对建立农民增收长效机制有积极作用，而且对于建立健全城乡统一的要素市场，特别是土地市场意义更加深远。因此，上海市大力推进农村集体经济产权制度改革和土地制度改革，积极探索增加农民财产性收入和激活农民创业要素的新路子。通过农村集体经济产权制度改革农村土地制度改革，完善土地公开流转的市场，促进农业的现代化规模经营。

（四）以江南水乡修复工程为抓手，努力打造国际大都市的美丽乡村

曾经的江南水乡风貌在上海郊区已所存无几，在全面推进城乡发展一体化的进程中，上海认真借鉴国内外的经验教训，努力打造国际大都市的美丽乡村。一是划定片区，规划先行，精心设计江南水乡修复工程。特别是在中心城区和新城之间的空间地域，划出若干片区实施江南水乡修复工程，这样就既可以阻止中心

城区继续“摊大饼”，又可以提供市民迫切需要的“城市绿肺”。在这些划定区域，要率先实施“四规合一”，[1] 一张蓝图绘到底。二是加快实施修复工程重点项目，以重点项目（包括村庄整治、河网整治、农田园林化、农业生态化等）建设带动生态环境治理，下力气在环境整治的老大难问题上取得突破和成效，如拆除违章建筑、清理空置房、零散农民宅基地相对集中归并、污水垃圾集中处理、生态修复等。

总之，上海的“城乡发展一体化，具有自己的特色。其大都市城郊一体化模式，并非城市郊区一样化”，而是既要“求同”，强化一体化；也要“存异”，避免等同化。上海在发展理念、城乡规划、资源配置和政府服务等方面强化一体化的同时，尊重在城乡之间的空间形态、功能定位和管理治理等方面的客观差别，以及不同地区发展阶段和生产力水平的差异，尊重发展规律，避免城乡一样化和均质化。

第五节　国内城乡发展一体化的主要经验

自党的十六大提出统筹城乡发展战略以来，全国各地积极探索统筹路径，不断创新城乡发展一体化的体制机制，很多地方取得了显著的成效，积累了好的经验，为在全面建成小康社会的决胜阶段进一步加快城乡发展一体化进程，提供了值得学习的样板。

一、“一体化”需要正确把握的几个问题

（一）城乡发展一体化的核心问题是破除城乡二元结构

过去长期存在“以农养工”“以乡养城”的经济政策，导致我国普遍存在城乡二元经济结构问题，特别是在城乡社会保障待遇、教育经费分配、医疗资源的分配等方面存在较大差距，这已经成为阻碍市场经济发展的重大因素。而且随着代际间的累积，城乡差距还在不断扩大。各地城乡发展一体化模式探索的动因就是“城乡两策”造成的不平等及其对国民经济健康持续发展的严重制约；探索的

[1] 即经济社会发展规划、土地利用总体规划、城乡规划、生态保护规划的“四规融合”。

最终目的就是要破除城乡二元经济结构，以便从根本上缩小城乡经济差距并最终实现工农互促、城乡互动的良性循环。

（二）我国城乡发展一体化的目的不是消灭农村

城乡发展一体化的目的不仅不是消灭农村，而是要把农村建设得更像农村。正如2014年8月习近平总书记考察云南大理湾桥镇古生村时强调的，新农村建设一定要走符合农村实际的路子，遵循乡村自身发展规律，充分体现农村特点，注意乡土味道，保留乡村风貌，留得住青山绿水，记得住乡愁。事实上，在推进城乡发展一体化进程中，城镇化和新农村建设是并行不悖的。我国即使城镇化程度达到了70%，也还有四五亿人在农村。农村绝对不能成为荒芜的农村、留守的农村、记忆中的农村。因此，城乡一体化不是要把乡村建设成为与城市同质化的外延部分，而是要实现城市与农村、工业和农业的差异化发展。城乡一体化不是城乡一样化。在公共服务均等的前提下，建设社会主义新农村，实现“三农”与城镇化、工业化协调发展才是城乡发展一体化的本意。通过工业反哺农业，城市带动乡村，实现城乡与工农同步协调发展才是我国城乡发展一体化实践的精髓所在。

（三）“一体化”的实质是“公共服务均等化”

城乡发展一体化，是要在农村地区建立与城市和城市居民同等的各项公共服务，让农民共享现代化发展成果，包括交通、通信、水电等基础设施，文化教育、医疗卫生等各种社会福利。推进公共资源由过去的向城市倾斜为主，更多转变为向农村倾斜为主。加大对农村的扶持力度，加大公共财政在农村基础设施建设、社会事业发展、粮食安全保障等方面的投入，以补齐“三农”这块短板。特别是要通过全面深化改革，以便在体制机制上保障工农和城乡平等发展、共享成果的长效性。

（四）“一体化”的最终目标是实现城乡利益和谐

城乡发展一体化，地区不同，发展状况不同，其路径选择也不同。但是，不管怎样的路径选择，其目标是一致的，即城乡一体化不是城乡形态的一致化，而是要通过政策框架的制定、长效机制的建立，实现城乡共同繁荣、共同发展。而所谓的共同繁荣、共同发展，其核心就是城乡利益和谐。实现城乡利益和谐，不是简单的城市向乡村利益让渡，而是区域工业化、信息化、城镇化和农业现代化同步推进，在城乡经济一体化发展的前提下，实现城乡规划、产业布局、基础设施、公共服务、社会管理、社会保障等六方面的一体化。

二、城乡发展一体化典型模式的比较

通过梳理成都、重庆、苏州、浙江、上海等地区的城乡发展一体化模式，可以发现各种模式有相通之处，也有各自特色，详见表 5.2。

表 5.2　城乡一体化的五种模式的比较

模式名称	模式定位	模式特点	适用范围
成渝模式	“以城带乡” + “异地转移”	成都城乡发展一体化的典型模式是“以城带乡”的农民“就地城市化”为主，而重庆以“异地转移”为主，共同点在于由政府主导和统筹城乡规划和资源配置，突出地域特色产业的带动作用，积极引导并实现农民身份的转变	中西部经济发展基础较好的城市
苏州模式	城乡协调发展模式	政府高度重视，通过社会管理机制创新和城乡发展一体化模式创新实现节约集约发展，以人为本，大力发展农村集体经济，通过强有力的政策驱动，构建产业联动、设施共享、营造区域经济协调发展、城乡经济融合发展的新机制	经济发展基础较好的中型城市
浙江模式	小康新农村模式	通过统一的规划全面推进小康新农村建设，包括旧村改造、乡村工业集中、农业规模化经营，发展高效生态农业，全力推进农民的创新创业，全面实施城乡基本公共服务均等化等方面，彻底改变农村贫穷落后的面貌	有农村整治所需要的财力和基础，经济条件比较好省区市

（续表）

模式名称	模式定位	模式特点	适用范围
义乌模式	以商兴农模式	以商品生产和交易为导向，重点突出产业集聚特色，实现城乡一体化和产业集聚的良性互动	商业发展基础良好的东南沿海地
上海模式	大都市城郊一体化模式	充分发挥特大型城市的综合实力优势、强化辐射功能，突出大型城市对农业、农村的直接带动，突出构建以功能区布局和都市圈建设为带动的一体化框架，增加郊区发展的内生动力，通过合理的城市功能布局和要素配置营造城乡发展一体化的深度融合格局	北京、上海、广东等经济能力比较强的大城市

三、城乡发展一体化的经验总结

总结我国城乡发展一体化的各种模式，可以发现存在以下几方面的共性。

（一）城乡发展一体化需具备坚实的产业和经济基础

马克思认为，城市与乡村的发展要经历三个辩证发展阶段：城乡依存—城乡分离和对立—城乡融合。在各个发展阶段中，生产力的发展起着推动作用，只有生产力发展到一定阶段，拥有了一定的物质基础，才具备城乡一体化建设的条件。城乡一体化的建设之所以最先在东部地区展开，上海、浙江、苏州等地的城乡发展一体化取得了很好的效果，就是因为东部是我国经济最发达的地区，拥有城乡一体化建设的物质基础，有其强大的地方财政实力作为保障。即便是西部的成功案例，也都出现在成都和重庆这样的省会城市和直辖市，同样是西部地区财政资金相对充裕的城市，城市化水平本身比较高，对乡村的经济辐射能力也较强。因此，各地在规划本地区城乡一体化的建设方案时，必须首先考虑本地的经济实力和经济条件，不能简单模仿、盲目地发展，而要在提高财政资源使用的效率上下功夫，把资金和资源配置到最需要的地方。

（二）重视政府在推动城乡发展一体化中的引导作用

城乡一体化的建设最主要的目的就是调节收入分配格局、调整城乡利益关系、改革城乡二元体制，而这些都需要政府发挥主观能动性的作用。各地的实践也表明，城乡经济社会一体化发展的初期，在市场机制还不完善的时候，不能仅仅依靠民间力量，还必须依靠政府进行推进；而在初步奠定了城乡发展一体化基础和较好的市场经济环境的情况下，则要充分依靠市场机制发挥资源配置作用。因此，政府在不同阶段的职能定位就显得尤为重要。具体来说，政府的作用体现在三个方面：一是合理地统一规划，因为城乡一体化涉及经济社会等各个方面的问题，任何企业和个人都无法推动其发展，因此，必须要靠政府来统筹规划，制定合理的发展战略。二是在资金投入方面，因为城乡一体化的建设需要大量的资金用于基础设施、社会保障等社会公共事业的建设，因此必须由政府来完成。三是要维护好市场秩序，正确引导市场，激发民间活力，鼓励和扶持民众创新和创业，从而真正实现城乡一体化的融合。

（三）充分发挥规划的先导作用是推进城乡发展一体化的前提

城乡发展一体化是一个系统工程，因此，在发展中如果不注重整体规划就可能导致重复建设、城市化与农业现代化无序运行等问题。所以，推进城乡发展一体化必须首先做到城乡统一规划，这样既可以避免重复建设，保证推进工作井然有序，又可以明确阶段性的任务，保证推进一体化工作逐渐取得成效。通过建立统一规划管理体制，打破诸多规划各自为战、相互分割的格局，特别是要统筹协调好产业规划、城镇规划、土地利用规划和环境保护规划之间的关系。省市一级政府应当作为统一规划的主体，打破以区县为主的规划格局，明确各个区域的功能定位，有效整合城乡资源，立足现有产业发展、基础设施、公共服务等城乡发展基础，把广大农村纳入城市规划范围，把城市的基础设施延伸到农村，社会服务设施配套到农村，严格按照客观规律办事，分类、分步推进一体化。各级城乡规划应做到环环相扣，政府应加强对规划执行情况的监督审查，建立健全违反城乡规划的惩处机制。

（四）农民的赋权增收是城乡发展一体化的根本目的

习近平总书记曾指出，统筹城乡发展，根本的出发点和落脚点是让老百姓得实惠，是广大农民共享改革发展成果。因此，城乡发展一体化应当以人为本，提高农民的收入水平和生活水平。为此，各地按照党的十八届三中全会关于积极推进农村集体经济产权制度改革和土地制度改革的部署，积极探索了增加农民财产性收入和激活农民创业要素的新路子。一是积极推进土地确权制度改革，积极保障农民自有物权，赋予农民三权三证（即承包土地的使用权、宅基地的使用权、农民在宅基地上所盖的房屋的房产权，并给三权发证）；完善土地公开流转的市场，通过促进土地承包经营权流转，实现农业的规模化经营；开展农民住房财产权抵押、担保、转让的试点，为增加农民财产性收入开辟新的渠道。二是加快完成农村集体经济产权制度改革，赋予农民对集体资产股份的占有、收益和有偿退出及抵押、担保和继承权；大力发展农村合作组织、社区股份合作制，在社会服务、物业管理、为农服务、农业开发等特定领域，更多地分享城市化、工业化和农业现代化所带来的经济利益。总之，推进城乡发展一体化，需要通过推进工业反哺农业、城市支持农村、政府回报农民，着力破除城乡二元结构、缩小城乡差距、提升公共服务均等化水平；需要充分尊重群众意愿，切实维护群众合法权益，解决好拆迁安置、居住环境、就业服务、社会保障、大病医疗保险等农民群众最关心的现实问题，让广大农民共享改革发展成果。

（五）城乡发展一体化的模式选择需因地制宜

各地必须充分发挥其比较优势，选择适合自身发展的城乡一体化模式。如上海充分发挥其郊区经济较强的优势，走“城乡共同发展”的道路。而苏南地区充分发挥其乡镇企业较发达的优势，走“乡镇企业带动发展”的道路。没有最好的模式，只有最适合的模式。因此，在城乡发展一体化中，必须因地制宜、合理选择发展模式。一是不能简单模仿，而要通过充分授权促进体制创新，以经济总量、人口数量、地方财力等作为客观依据，进一步下放经济社会管理权限，特别是涉及城乡建设和管理方面的行政管理权限，完善财政管理体制，赋予其与事权相匹配的财力，增强其自我发展能力。二是要根据美丽乡村建设的区域属性，遵循城乡历史发展规律，以重点项目建设带动生态环境的治理和修复，重点项目包括村庄整治、河网整治、农田园林化、农业生态化等。三是根据各地生产力水平和基层民主氛围，积极发展村集体经济，加强基层民主建设，从而提高农村基层组织的凝聚力和向心力，增强农村政权基础和社会稳定。

总之，推进城乡发展一体化不是某一方面的工作，而是一项全局性工作；不是短期的阶段性工作，而是长期的历史任务；不是单项性举措，而是涉及区域结构调整，区域发展路径的综合性战略；它的解决方案不在书斋里，而在实践中，来自基层的先行先试、敢闯敢试。各地需要结合自己的实际，在充分借鉴国内外城乡发展一体化经验的基础上，勇于实践，锐意创新，扎实走出一条以工促农、以城带乡、工农互惠、城乡一体的城乡发展一体化之路。

| 第六章 |

新时代城乡融合的目标和动力机制

党的十九大报告指出，经过长期努力，中国特色社会主义进入了新时代，这是我国发展新的历史方位。面对新时代下的新趋势新机遇和新矛盾新挑战，贯彻坚持新发展理念，实现城乡融合发展，将城乡融合发展统一到工业化、信息化、城镇化、农业现代化的历史进程当中，这是一个崭新的课题。新时代是中国未来经济发展的新阶段和新特征，工业化、信息化、城镇化、农业现代化是全面建成小康社会的重要途径和新目标。城乡融合发展既要服从新时代的现实约束，也要遵循“四化”同步建设的发展路径。有鉴于此，本章对城乡融合发展的阶段、原则、动力、重点、模式进行简要分析和初步探讨，以期对我国城乡融合发展有所裨益。

第一节　城乡融合发展的目标

一、新中国成立后城乡发展的路径

新中国成立后至党的十八大之前，我国的城乡发展大致经历了四个阶段：1949—1978 年，重工业优先，农村为城市发展积累资金阶段；1978—1986 年，农村带头改革，城乡差距缩小阶段；1987—1999 年，政策偏向城市，农村发展滞后，城乡差距再次拉大阶段；2000—2012 年，惠农力度加大，统筹城乡发展。

（一）1949—1978：农业为优先发展的重工业提供积累资金阶段

新中国成立后，我国通过社会主义改造，迅速建立了社会主义计划经济。当时，铁幕已经拉开，资本主义针对社会主义的冷战已经启动，国际形势比较紧张。为了防止再次陷入被动挨打的被动局面，我国采取了优先发展重工业以巩固国防的举措。发展重工业，遇到的第一个问题便是资本积累。中国工业基础薄弱，日本侵略和国民党发动的内战对经济造成严重的破坏。1952年，中国工业总产值只有119.8亿，人均约为21.02元（国家统计局）。在一穷二白的基础上发展重工业，需要向国外购买机器和原材料，需要大量的外汇资金。如何积累资金便是当时中国及其他发展中国家的一个难题。通过海外扩张和殖民地来解决资本和原材料问题，这条道路显然不行。我们是社会主义国家，本身都深受帝国主义侵略之害。“己所不欲，勿施于人。”向苏联等社会主义国家寻求帮助，这个办法在中苏交恶之后也不可行。最终只能从国内想办法，只能从农村和农业中想方法。一种直接的办法是征收高税率的农业税。但征税的社会成本太大。农民税负过高，生活改善有限，对税收和经济政策会有抵触。和苏联及部分发展中国家或地区一样，当时中国采取的是一种被称为“剪刀差”的间接方式，即提高轻工业产品价格，压低农产品及工业原材料价格的方式。据学者估计，1952年，农业“剪刀差”方式积累的资金至少超过102亿（武力，2001；武力和温瑞，2006），1953—1985年，“剪刀差”累计积累资金接近8000亿。1964—1978年间，“剪刀差”对农业部门工资扭曲在25%—35%之间，农业部门隐含的税率在10%—15%之间（Imai，2000）。1952—1978年期间，“剪刀差”收益占国民收入积累的比值大概在50%左右（冯海发和李溦，1998）。1952—1978年，我国工业产值迅速增加到1607亿元，年均增长率高达9.9%，“剪刀差”功不可没。但“剪刀差”客观上也对农村和农业发展造成了负面影响[1]。

为了更好积累工业化所需的资金，除了“剪刀差”之外，当时政府还采取了另外两种措施。一是限制人口向城市流动[2]。农村生活条件相对较差，农民有进城找工作的需求。但当时“城市建设尚在开始，劳动力需用有限”，农民涌入城市，可能会“失业人口增加”[3]。1953年开始，政府开始对人口从农村向城市的流动进行管制。特别是在“三年自然灾害”之后，为了缓解城市粮食压力，中央规

[1] 关于“剪刀差”的历史及影响的详细介绍，可参见武力（2001）、武力和温瑞（2006）相关论著。

[2] 关于户籍制度演变历史更为详细的介绍，可参见段成荣（2008）、陆益龙（2002）相关论著。

[3] 《政务院关于劝止农民盲目流入城市的指示》，1953年4月17日。

定“全国城镇只许减人，不许加人”，城镇“清查黑人黑户，做到人、粮相符”[1]。1960—1983 年，城市常住人口比例几乎没有变化，维持在 20% 左右（国家统计局）。人口流动受限，使得农村和城市生活水平的绝对差距和相对差距都在扩大。1952 年，农村居民的人均消费水平大约为 65 元，城市居民约为 154 元，1978 年，分别为 138 元和 405 元（《新中国 60 年统计资料汇编》）。二是限制土地的流转。新中国成立后，为了建立生产合作社，同时为了防止农村再次出现土地集中的现象，政府收回了《土地改革法》赋予的土地所有权，在很长时间内对土地流转进行了严格了限制。限制土地流传，将农民锁定在农村和农业范围内，不利于农村经济多样化发展和农民生活水平的提高，进一步增加了农村和城市的收入差距。

（二）1978—1986：率先改革的农村，缩小了与城市的差距

“文革”十年对社会经济造成了极大的破坏，农业生产率几乎停滞不前。Fangand Zhang（2002）发现，若以 1952 年的全要素生产率为基准，经过“文革”等政治运动的影响，1978 年的农业生产率刚好回到原点。与此同时，受到错误生育政策的影响，农村人口却在迅速增加。1978 年，农村人口约为 7.9 亿，比 1949 年增加近 3.1 亿（国家统计局）。生产率几乎没有增加，农村人口大幅提高，最终导致农村居民生活水平改善有限，迫使农村打破旧的体制，寻找新的出路。1978 年，农村改革率先启动。家庭联产承包责任制释放了农村的生产力，农业生产总值和农民收入大幅增加，城乡差距有所缩小。1978 年城镇居民人均收入是农村的 2.57 倍，1985 年降至 1.84 倍（国家统计局）。政府对农村的关注程度也有所增加。1982—1986 年，中央连续 5 年发布农村问题的一号文件。1982—1983 年的一号文件从政策方面肯定了家庭联产承包责任制对农村经济发展的推动作用，1984 年的一号文件扫除了土地承包期、雇工、集体资金流动等方面的障碍，1985—1986 年的一号文件对实施多年的农产品统派购制度进行了改革。这些政策有力地推动了农村的经济发展，城乡差距在这些年里下降到改革开放以后的历史最低位。

[1] 《中共中央关于减少城镇人口和压缩城镇粮销量的九条办法》，1961 年。

（三）1987—1999：改革重心转向城市，城乡差距再度拉大

1987年以后，中央不再颁发关于农村的一号文件，关注点再次偏向城市。城市获得了更多的财政资金支持及政策优惠。1987—2002年间，支农支出占财政总支出的比例大约在5%—7%之间（《新中国60年统计资料汇编》）。农村财力不足，会造成农村公共品供给不足和基层行政经费不足。基层入不敷出，不得不通过各种方式创收，三乱不止，民怨沸腾（贺大兴，2012、2014）。据估计，1990—2000年，农村税费负担占农民收入的比例，大约在7.2%—12.2%之间（韩俊，2008）。税费负担过重，成为农村快速发展的绊脚石。

（四）2000—2012：加大惠农力度，统筹城乡发展

2000年开始，中央加大了对农村建设的关注力度，实施了一系列惠农措施。2000年，国家开始试点税费改革，在农村取消农业税和各项税费。2003年开始向全国推广，2005年基本完成。税费改革对减轻农民负担发挥了较大的作用。2006年，政府开始推行综合改革，精简乡镇机构，增加义务教育投入，提高基层政府行政经费，进一步减轻农村负担，保障农村发展。2003年，实行新型农村合作医疗制度，截至2013年，参保人数超过8.02亿，参合率约为98.7%。[1]新农合有利于解决农村因病返贫问题。2007年，全国开展新型农村养老保险工作，截至2011年，参保人数达到3.3亿，一定程度上缓解了农村养老困难的问题。[2]2000—2012年，农村人均纯收入实际增长率约为7.29%，高于1987—1999年约3.07%（国家统计局数据）。

二、新时代城乡融合发展的目标体系

2012年之后，中国城乡发展进入了“新时代”。2014年11月9日，在亚太经合组织上，习近平总书记用“新常态”的概念对十八大之后的中国经济进行了详细的归纳与总结。新常态有三个特点：一是从高速增长转为中高速增长；二是经济结构不断优化升级，第三产业、消费需求逐步成为主体，城乡区域差距逐步

[1] 卫计委：《新农合参保人数超8亿》，新华网，2014年6月4日。
[2] 《新世纪实现新跨越，新征程谱写新篇章》，人民网，2012年8月15日。

缩小，居民收入占比上升，发展成果惠及更广大民众；三是从要素驱动、投资驱动转向创新驱动。[1] 新常态的提出有着深厚的经济背景。2007 年次贷危机爆发之后，发达国家经济纷纷陷入低谷。中国在积极的财政政策和基础设施建设的刺激下，经济保持较快的发展，但增速有所下降。2002—2012 年，中国实际 GDP 增长率约为 10.44%。2013 年，增速降为 7.4%。虽然远远高于同期世界其他国家的增长水平，但进入中高速发展阶段也是不争的事实。党的十九大报告指出，中国特色社会主义进入了新时代，这是我国发展新的历史方位。我国社会主要矛盾已经转化为人民日益增长的美好生活需要和不平衡不充分的发展之间的矛盾，我国经济已经由高速增长阶段转向高质量发展阶段。新时代、新的主要矛盾、新阶段等概念，既反映出我国社会主义建设历史阶段的新变化，也反映出政府政策方面的自信。政府政策不以经济增长为导向，而是在经济发展过程兼顾优化结构、提升经济质量和改善收入分配。

新时代对中国城乡融合发展而言，既是机遇，又是挑战。一方面，新时代表明党和政府更加重视提高经济质量，更加重视优化经济结构，更加重视缩小城乡差距。这意味着未来政府政策可能会向农村倾斜。另一方面，新时代也表明，未来我们要摆脱单一的经济发展模式，更要摆脱单一的思维模式。城乡差距是历史的产物，也是社会经济综合作用的结果，不能寄希望于一个文件、一项政策能够起到立竿见影的效果。缩小城乡差距，是一个系统工程，需要协调各方面的力量，通盘考虑、仔细规划、抓住关键、稳步推进。特别是，在经济整体上已从高速增长转为中高速增长的环境下，缩小城乡差距必须和经济转型、社会建设等有机结合，必须考虑经济基础、财政承受能力、社会稳定等具体因素，不能脱离实际盲目发展。

新时代城乡融合发展要有新目标。多年来，中央政府颁布政策文件，地方政府出台具体措施，一直在力图缩小城乡差距、推动城乡融合发展。这些努力值得肯定，但也存在一些问题。社会普遍将城乡差距理解简单化，主要关注经济发展速度、人均生活水平等方面的指标。少数地方可能会将教育水平、医疗条件等公

[1] 习近平：《谋求持久发展共筑亚太梦想》，《人民日报》2014 年 11 月 9 日。

共服务水平纳入考虑范围，但整体来说，关注层面依然比较狭隘。新时代是中国经济发展的新阶段，必然要求城乡融合发展在各个方面都有新的突破。体现在目标层次上，新时代要求不能从单一角度、孤立地考虑城乡融合发展问题，而是应该和整个社会的发展相一致。城乡融合发展不能以实现单一指标为目的，而是应该构建完整的目标体系（如图 6.1 所示）。

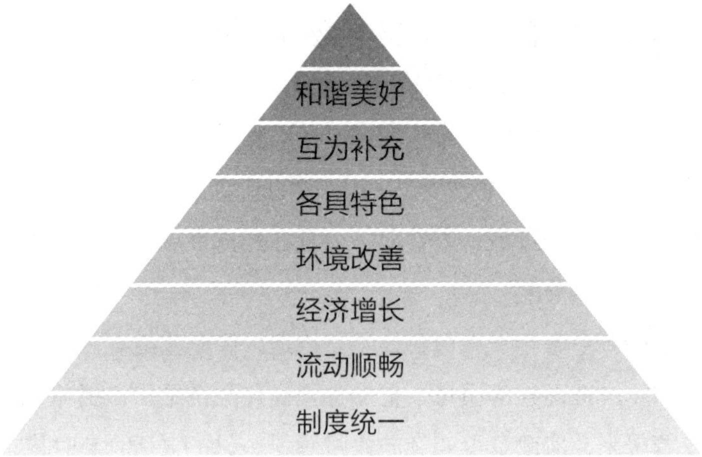

图 6.1　新时代下城乡融合发展的目标体系

（一）制度统一

制度统一，是实现城乡发展一体化的关键所在。实践证明，制度不统一是城乡差距扩大的一个重要原因。因制度不统一而造成的差异主要体现在三个方面：一是政治参与度不同。城乡居民虽然赋予了同样的政治权利，但由于政策法规、生活习惯等方面的影响，他们的政治参与度有着明显的差别。以城乡人大代表比例为例。1979—1994 年，农村每一代表所代表的人口数是城市的 5 倍，1995—2009 年，降为 4 倍，2009 年后两者比例才相等[1]。选举制度产生的政治参与度差异，一定程度上强化了农村在政策和个人发展方面的弱势地位。二是政策影响力

[1] 《中华人民中华人民共和国全国人民代表大会和地方各级人民代表大会选举法》（1979、1982、1995、2004 年，第二章第十二条）。

不同。农村和城市法律上（dejure）政治地位相同，但事实上（defacto）的政策影响力相差很大。城市居民接近政治权力机构，可能通过多种方式，比如网络、电话、信件等，影响政治决策。除此之外，城市里也有很多机构比如法律援助机构、学术研究机构、媒体公司反映城市里发生的大小事件。农村却相反。农村地处偏远、交通不便、信息沟通不畅，使得农民的诉求很难得到社会的关注，部分决策者仍然将他们定位在满足基本需求的时代。政策影响的差距，使得“三农”问题、城乡差距问题在政策实施层面没有取得长足进展。三是政策关注度不同。中央政府虽然出台了多个一号文件指导农业发展，但长期以来，政府政策的重点仍然集中在城市。比如，从支农支出来看，支农的支出占政府支出的比例，在改革开放之后，甚至有所下降。1978 年，支农支出比例约为 7%；2006 年，降至 5.3%（《新中国 60 年统计资料汇编》）。再从税费改革来看，20 世纪 80 年代中期开始，基层创收乱收费现象便成为制约农村发展的重要因素。乱收费的部分原因是基层机构臃肿和行政经费不足。这些问题直到 2000 年税费改革才开始缓解。最后从农村医疗和养老问题来看，改革开放后，农村医疗和养老制度缺位，造成部分地区出现因病返贫、老无所养的现象。政策关注度不够，使得政府直到 2003 年和 2009 年才在农村推行新农合和新农保。以上由于制度不统一导致的三个方面的差异，从政策层面固化了城乡在经济方面的差异，成为城乡融合发展的阻碍。

（二）流动顺畅

中国城乡二元结构的形成，既有历史因素，又有政策方面的因素。新中国成立之初，工业基础一穷二白，城市规模和容量非常有限，无法吸纳大量的农村人口，这就决定了中国在相当长的一段时间内，城乡二元结构无法避免。另外，为了积累工业发展基金，中国在改革开放之前，出台一系列政策法规，限制农村人口向城市流动。这些政策，既妨碍了个体迁徙的自由，又损害了个体和国家的经济利益。Liu（2005）根据 1995 年的数据估计，户口制度对当时农村居民人均收入，大约造成 30853 元的损失。Whalley and Zhang（2007）估计，如果彻底放开户口制度，农村向城市迁移的人口可能增加 3 到 4.5 亿，社会 GDP 可能增加 10%—25%。1980 年后，通过自带口粮落户、蓝印户口、购买商品房落户等政策，一些城市的户籍管理有所放开[1]。促进人口从农村向城市流动，这应该是未来人口管理工作一项重要内容。但另外一个方面也不应该忽视，即方便人口从城市回流到农村。人口回流是一个非常现实的问题，主要有两个方面的原因。一是中国城市居住环境问题。中国过去三十多年的粗放型经济增长，给环境带来了严重的负担。雾霾严重是当今城市生活的一大困难。以北京为例，2013 年，北京 PM2.5 年均浓度为 89.5 微克 / 立方米，全年优良天数只有 176 天，平均每周都有一次严重雾霾天[2]。另外一个问题是水资源严重不足。工业发展，人口集中，使得很多城市面临水资源严重不足的局面。仍以北京为例，北京的人均水资源量不足 100 立方米，甚至不如非洲地区，属于极度缺水区。多年抽取地下水，已经使北京形成约 1000 平方公里的地下漏斗区[3]。二是人口老龄化的问题。老年人口收入下降，根据国外经验，他们一般迁往郊区或农村养老。中国目前部分地区也出现类似现象。比如广西巴马地区，巴马以“长寿之乡”闻名世界，不少外地老年人或慢性疾病患者慕名前来，希望获得更高的生活品质[4]。人口双向流动不可避免，需要城市和农村在制度和基础设施、公共服务方面投入更多的资源。

（三）经济增长

新时代下，经济增长仍然是解决城乡差距的重要手段。城乡融合发展并不意味着城乡在经济方面完全相似或相等。1978—2013 年，城镇人均可支配收入从 343.4 元增至 26955.1 元，年均增速 12.47%；农村人均纯收入从 133.6 元增至 8895.9 元，年均增速 11.996%（国家统计局）。城乡差距扩大的主要原因是两者发展速度不一致，但高速发展却缓和了城乡差距问题。20 世纪著名经济学家庇古在讨论经济不平等问题时认为，只要穷人份额不减，增加国民总收入必然会改

[1] 1980 年，《关于解决部分专业技术干部的农村家属迁往城镇由国家供应粮食问题规定》；1984 年，《国务院关于农民进入集镇落户问题的通知》；1992 年，《关于实行当地有效城镇居民户口的通知》；1997 年，《关于小城镇户籍制度改革试点方案》。

[2] 《北京全年空气质量状况报告出炉平均每周 1 次雾霾天》，中国网，2014 年 1 月 3 日。

[3] 《北京人均水资源低于极度缺水标准》，中国新闻网，2013 年 8 月 30 日；《北京地下水超采 15 年形成约 1000 平方公里漏斗区》，人民网，2014 年 4 月 26 日。

[4] 《广西巴马成外地人养生治病圣地：最多时达数万人》，《重庆时报》2013 年 10 月 21 日。

善穷人的福利（布朗芬布伦纳，2009）。庇古的观点也适用于城乡差距问题。城乡差距在扩大，农民福利增加确凿无疑。缩小城乡差距是新时代的目标之一，但这个目标必须建立在城乡高速或中高速增长的基础上。以低速度或人为降低城市发展速度来追求城乡融合发展，本末倒置。

（四）环境改善

环境问题是未来城乡融合发展的重要问题。工业化和城市化提高城市生活水平时，对城市环境也带来了严重负面影响。除了空气污染、噪声污染等常见的因素外，水污染也是一个严重问题。据 2014 年有关机构调查，全国 29 个大中城市中有 14 个城市民众生活常用终端水存在一项或多项指标不合格的情况[1]。相对而言，农村的环境问题较少关注，但可能更为严重。主要体现在三个方面。一是耕地资源迅速减少。中国耕地面积不到国土面积的 20%，但水土流失总面积近 356 万平方公里（李世东等，2010）。二是土地和水资源污染严重。改革开放之初，中国资本缺乏、技术相对落后，只能利用人力成本低廉的优势、被动引入发达国家的制造业，同时也将发达国家的污染问题转移到国内。特别是中国经济在不断升级的过程，制造业也不断从沿海城市迁往内地乡村，污染也随之扩散。以水污染为例。部分地区追求经济效益，忽视环境保护，工业废水直接排入河流，引发各种疾病，甚至出现“癌症村”分布全国各地的现象[2]。三是进口“洋垃圾”的现象。国外垃圾处理成本较高，往往将这些垃圾运往国外处理。中国少数企业为了赚取“垃圾处理费”，将这些“洋垃圾”进口到国内，在近郊或农村建立垃圾处理厂，采用非常简单的技术处理这些垃圾，造成大量的水和固体废弃物污染，对居民的健康造成了严重的威胁。这种现象在多个省份均有出现，成为新的重要污染源[3]。“十三五”规划倡导坚持绿色发展。绿色发展，不仅包括调节城市规模、推进传统产业绿色改造，还包括生态安全、生态保护、国土绿化、有序利用自然等问题[4]。未来的城乡融合发展，要关注城市的环境问题，更要重视与日俱增的

[1] 《中国 29 城市水质报告：48% 存在不合格情况》，搜狐网，2015 年 3 月 5 日。

[2] 《新版“癌症地图”将出炉沉睡了 35 年》，人民网，2014 年 10 月 15 日。

[3] 《中国遭万亿吨剧毒洋垃圾围城医疗针头被当玩具》，新华网，2015 年 1 月 4 日。

[4] 《中共中央关于制定国民经济和社会发展第十三个五年规划的建议》，人民网，2015 年 11 月 3 日。

农村污染问题。

（五）各具特色

改革开放后，中央实行财政分权制度，省与省之间竞争加剧。在19世纪80—90年代，各省为了保护当地经济，采取地方保护政策，限制进口、鼓励出口，结果造成各省在经济结构上极为相似（Young，2000），经济资源利用效率低下。部分地方城乡发展过程中，也存在类似问题。比如，有的城市郊区盲目借鉴国外风景名胜，建设所谓“欧洲小镇”“美国小镇”等，千篇一律，缺乏独特的居住价值和旅游价值，也对当地经济发展和社会影响贡献有限[1]。再如，有的地方为了发展农村经济，不顾当地自然环境的限制，引入一些发达地区已经淘汰的项目和生产线。虽然获得了一些微薄的利润，但对当地环境和人民生活造成了持久的伤害[2]。无数失败的案例表明，城乡建设和城乡发展并不存在固定的模式，一拥而上、跟风建设并不可取。各地城乡融合发展应该考虑当地的实际情况，充分利用地区的比较优势，因地制宜、探寻适合自身的发展道路，走出各具特色的城乡融合发展模式，避免经济模式单一，重复建设严重的现象。

（六）互为补充

当前的城乡经济，融合度有待提高。主要体现在两个方面。一是城市对农村的反哺效应不强。在计划经济时代，为了支持工业和城市的发展，农村做出了极大的牺牲。农民以“剪刀差”的形式为工业提供的资金，大约在6000亿左右（武力和温瑞，2006）。但改革开放阶段，工业和城市对农业的支持并没有显著增加。二是城市和农村相互需求不足。以粮食为例。工业生产需要大量的油料，但中国农村的供给却不能保质保量，以至于每年需要大量向国外进口黄豆等产品。据统计，2013年度中国大豆进口6900万吨，是国产大豆的5倍[3]。大量商机拱手让人，令人扼腕叹息。同时，城市轻工业产品不能有效打开农村市场，只能销往国外，竞争激烈、利润微薄。“十三五”规划指出，要实现全体人民共同迈入小康社会

---

[1] 《北京郊区修特色别墅区美媒：完全模仿美国西部小镇》，《参考消息》2015年12月10日。

[2] 《河北无极皮革厂渗坑直排污水10多年污染近百平方公里》，新华网，2014年4月11日。

[3] 《中国每年进口大豆是国产5倍关税只有3%左右》，人民网，2013年7月6日。

的目标，必须坚持共享发展。共享发展不仅要求政府在公共服务、教育等方面坚持普惠性和均等化[1]，也要求城乡经济在发展过程中，发掘自身的特点，抓住对方的需求，加强合作，提高资源效率、扩大国内市场，互为补充、互相促进。

（七）和谐美好

和谐美好是城乡融合发展的最终目标，也可以看成检验城乡融合发展是否成功的一个标准。改革开放后城乡差距增加，一定程度上与经济发展模式忽略了和谐美好目标有关。城市人口集中、交通便利，在利用资源和发展经济上有天然的优势。为了更快突显经济发展效益，部分省市将财政资金、基础设施重点投入到大中城市，很少顾及农村、农民和农业的发展需要，最终城乡利益格局固化。新时代下，单一的发展观必须纠正，否则会重蹈以前的发展旧路。

总之，七个目标相互联系，不可分割。制度统一涉及社会基础；流动顺畅涉及个体自由；经济增长和环境改善涉及生活质量；各具特色、互为补充是对发展模式的要求；和谐美好是最高层次的目标，要求城乡融合发展和社会发展的和谐统一。整个目标体系具有一定的层次性。制度统一是基础。如果政治、法律、经济等制度方面存在较大差异，城乡发展差距只会越来越大，城乡隔阂越来越深。没有制度统一的基础，任何城乡融合发展的方案只会成为空中楼阁。流动顺畅是关键。只有人才、要素在城乡之间双向流动，才能有效配置资源，发挥个体的最大效率。没有畅通的渠道，城乡发展就会各自为政。暂时的融合必将成为镜花水月。经济增长、环境改善是重点，是城乡融合发展在物质层面上的反映。城乡融合发展的效果，必须通过发展前景、生存环境得以改善。各具特色、互为补充是特点。城乡发展不能千篇一律，需要花开各地、因地制宜，也要互为养分、共同繁荣。和谐美好是根本。城乡融合发展是社会发展的一环，必须服务于社会发展的整体要求。不能轻重不分，喧宾夺主。同时，目标体系是一个统一的整体，不能割裂开来。各个目标之间虽然有一定的层级，但不能认为实施阶段有绝对的先后顺序，也不能认为目标的价值有绝对的大小之分。在不同的发展阶段，不同的子目标可能有不同的政策考量，但绝不能认为某一目标具有政策优先级。在政策

[1] 《中共中央关于制定国民经济和社会发展第十三个五年规划的建议》，人民网，2015 年 11 月 3 日。

决策层面，如何确定目标的优先级，既要有的放矢，又要统筹兼顾。

第二节　城乡融合的基本原则和动力机制

新时代下，城乡融合发展要有新的指导原则和动力机制。中国正处在“三期叠加”阶段，次贷危机后的“四万亿”等刺激政策造成的过度投资、重复建设仍待消化，粗放式发展模式与社会对经济质量要求日益提高的矛盾有待解决，国际经济疲软造成的不利因素有待打破[1]。在严峻的现实约束下实现城乡融合发展的目标，必须制定合理的指导原则，找到新的动力机制。

一、城乡融合发展的基本原则

（一）科学发展原则

至少体现在两个方面：一方面，认识和尊重经济发展规律。1978—2013 年，中国实际 GDP 年均增速高达 9.87%，居于世界前列（国家统计局）。长期的高速增长一定程度上给社会造成错误的印象：中国找到了“赶超”模式，必须保持高速增长，增速下降意味着中国经济陷入危机或崩溃边缘。这是一种无谓的负担。Pritchett and Summers（2014）统计了各国长期的经济表现，发现高增长在历史上非常罕见，也不稳定。从统计上讲，一个国家在经济高速增长后，必然会向均值回归（regression to the mean）。英国、美国等发达国家的发展经历无不验证这一规律。长期来看，中国也不会例外。中国经济发展到一定程度上，会转向新的发展模式。这一阶段迟早会来，区别无非是主动转型、提前准备，还是顺其自然、仓促应对。新时代下，政府主动调低经济发展速度指标，服从科学发展的原则，也是政策务实的体现。未来的城乡融合发展，在发展速度、发展路径、发展目标上，也必须尊重经济客观规律。地方政府应根据自身的经济条件，制定弹性的目标体系，稳步发展。另一方面，科技是第一推动力。20 世纪 90 年代，美国等发达国家率先迈入信息化时代，制造业等向发展中国家转移。中国吸引外资投资建厂，加上自身积累，逐渐成为“世界工厂”。制造规模的扩大，并不意味着中国

[1]　易纲：《深刻认识我国经济发展新形势》，《人民日报》2014 年 11 月 3 日。

成为制造强国。中国在整个制造业产业链上仍处于低端位置，工业发展受到发达国家的制约。以苹果公司的 iPod 为例，2007 年，iPod 售价约 300 美元，中国的附加值不到 3 美元[1]。中国的城乡差距一定程度上和中国的技术落后相关。在产业化转移的浪潮中，沿海地区由于地理方面的优势，采用来料加工出口模式，经济发展较快。内陆省份和农村地区，发展工业先天不足，经济发展较慢。随着信息化的进一步发展，如果中国在技术方面不能迎头赶上的话，未来经济发展和城乡融合发展方面可能会遇到更大的困难。世界工业即将进入“工业 4.0 时代”[2]，生产、管理、物流将实现数字化、网络化、智能化、个性化，成本降低、过程可控、效率更高。进入工业 4.0 时代，生产主要由计算机、网络、智能机器人和研发人员完成，简单劳动力的需求下降。这样，发展中国家人力资源丰富、人力成本低廉的优势将消失，制造业会逐渐向发达国家回流。中国如果不能实现技术飞跃，制造大国地位不保、经济发展停滞，城乡融合发展也无从谈起。

（二）以人为本原则

以人文本原则要求经济发展和城乡融合发展必须考虑最广大人民群众的要求，回归到人的本质。至少体现在两个方面。一方面，政策的社会可接受性。以新农村建设为例。2005 年，为了推动农村经济发展，中央提出了新农村建设，以实现农村“生产发展、生活宽裕、乡风文明、村容整洁、管理民主”的新气象。政策的本意是以人为本，促进农民在经济、政治、文化等方面全面进步。但少数地方在执行过程中，却走歪了路、念歪了经。他们将新农村建设简单理解改善农民居住条件和村庄面貌，为了迅速完成指标，强拆强建、强迫农民上楼的现象时有发生，民怨沸腾[3]。这些事件充分说明，地方政策在制定政策法规时，必须考虑当地人民的实际需要，在实施政策法规时，也必须考虑社会的接受程度。另一方面，政策的科学性、持续性、前瞻性。政策法规的目的之一，就是将社会的合理利益分配规则固定化、制度化，减少生产和生活中的不确定性，让人们对未来

---

[1] 《“中国制造”大有可为》，人民网，2008 年 6 月 6 日。

[2] 《工程院与国资委推介德国“工业 4.0”战略》，人民网，2013 年 10 月 25 日。

[3] 《国务院要求坚决纠正农村强拆强建强迫农民上楼等行为》，人民网，2011 年 4 月 3 日。

形成稳定的预期。如果政策法规不完善，朝令夕改，就会人为制造矛盾，损害人民利益。仍以新农村建设为例。一些地方为了建立现代都市农业，通过土地承包流转的方式，鼓励城市居民到农村租用土地。但在实施过程中，出于利益等方面的原因，土地租赁时间、相关配套措施等规定却在不断变化，最终引发纠纷[1]。这些事件表明，制定政策法规时必须充分调研、上下协调、长远规划、科学合理，否则难竟全功。

（三）实事求是原则

实事求是原则和科学发展原则类似，都要求政府决策时必须认真调研、脚踏实地、尊重规律。但两者也有所区别，前者主要强调在政策执行时要充分考虑客观条件的变化，后者主要指的是政策制定时对决策对象有全面准确的认知和定位。以“三农”为例，农业受自然条件制约、很难规模化经营等特点，使得它天然具有弱势地位。在工业化的前中期，农业生产率相对低下、工业技术进步迅速，会使城乡差距扩大，这在世界各国情况都大致类似。只有到了工业化的成熟期，通过结构改善、人口转移等方式才能削减这种趋势。这意味着，一定程度上，城乡差距是经济发展不可避免的阶段性产物（Kuznets，1955）。认清这一点，对于中国的城乡融合发展尤为重要。中国人口众多、耕地资源有限、社会整体教育程度偏低、工业处在不发达阶段。农村在一段时期内必须承担社会稳定、粮食供给等任务。在社会保障不够健全、经济多样化程度不够、工业容纳就业有限的情况下，如果盲目通过城市化、城镇化的方式让农民离开土地进城，最终导致农业荒废、农民生活得不到长期保障，势必影响社会稳定。[2] 未来城乡融合发展，政府在目标、速度、过程、结果方面都应该有合理的预期，不能期望用单一的方式一蹴而就。

（四）坚守底线原则

新时代下，城乡发展要有所为有所不为，不断进取的同时也要坚守底线。主

---

[1] 《北京昌平区 61 人因温室大棚遭强拆状告镇政府》，人民网，2010 年 11 月 9 日。

[2] 陈锡文：《适应经济发展新常态加快转变农业发展方式》，《求是》2015 年 6 月；《陈锡文谈城镇化——农民卖房就能进城？“那是上了大当”》，新华网，2015 年 3 月 13 日。

要体现在两个方面。一方面，严格遵守法律制度。以农村土地改革为例，新中国成立以后，为了建设合作社和人民公社，政府逐步把土地和大型生产资料收归集体所有，并对土地的使用做出了严格的限制。1962 年的《农村人民公社工作条例修正草案》规定，生产队的土地，包括社员的自留地、自留山、宅基地等，一律不准出租和买卖。1982 年的《中华人民共和国宪法》继续规定，农村土地属集体所有，任何组织或个人不得买卖、出租或其他形式非法转让土地。直到 1988 年《中华人民共和国宪法修正案》，才允许土地使用权可以依法转让，但土地、宅基地的所有权等方面没有变化。对农村土地在所有权、使用权方面的严格限制，一定程度上会降低农村土地的使用效率。比如，有的沿海省份，寸土寸金，如果严格限制土地的用途，在土地使用权流转方面法规细碎、审批烦琐，会影响地区经济的发展。有鉴于此，中央和地方一直在积极探索合理利用农村土地资源的问题。十八届三中全会规定，农村集体经营性建设用地可以入市，就是对地方改革的支持和肯定。但也有学者更进一步，提出农村宅基地入市的方案。这实际上背离了农村宅基地的保障房性质和农村土地用途的国家规定，触及了国家土地政策底线。[1] 另一方面，尊重公序良俗。以城市建设为例，一些城市在发展过程中，形成了独特的城市布局、风俗习惯、生活方式和自然景观。少数地方官员以改革的名义，打着建设国际大都市的口号，大拆大建，不尊重当地自然生态、社会风俗和历史文化，最终既未破旧，也未立新。[2]

（五）统筹兼顾原则

至少体现在两个方面。一是资源整合。城乡发展，不能各自为政，应该在城乡之间、地区之间充分协作，高效利用资源。以农产品为例。在传统的经营模式下，农产品生产、销售、消费环节相互脱节，可能会产生很多问题。比如，产品产地和市场相距较远，收购价格和销售价格差距较大；产品在城市热销，但部分产地却因为交通、信息方面的因素产品滞销；消费者不了解产品的质量和安全特性，产品与同类国外产品价格天壤之别。这些问题一方面需要生产商、经销商等

[1] 陈锡文：《农村土地制度改革，三条底线不能突破》，人民网，2013 年 12 月 5 日。

[2] 《仇和落马被指与一名浙商有关》，人民网，2015 年 3 月 16 日。

积极跟上时代的进步，借助先进的信息化技术和手段主动宣传，减少流通环节，增强消费者信心，培育地方品牌，走多元化、精品化发展的道路；另一方面，地方政府也应该出台措施，借助政府在信息和政策方面的优势，联合搭建平台，利用政府机构或国有企业的示范作用，引导个人和企业积极开拓市场。二是目标多元化。除了经济发展外，收入分配、社会保障、环境保护、文化传承、地方特色等应该作为城乡融合发展的阶段性目标。

（六）形式灵活原则

城乡融合发展主要靠农村和农业的快速发展。城市和工业发展有国外比较成熟的模式可以借鉴，但国外农村和农业的发展模式不一定适合中国。中国农村的发展，除了城镇化、推动农村人口自由迁移到城市等方式，还可以从农村、农业方面以多种形式灵活发展。一是和科技结合，逐渐改变农业粮食生产模式。农村的粮食生产，主要还是通过增加化肥、农药投入的方式，破坏生态、不可持续，未来应该和新技术结合，走科技、绿色、低碳、生态的道路[1]；二是和信息化结合，扩大农产品市场规模。农村应该和当前的物联网技术、电子商务、工业4.0等结合，生产、销售、仓储、运输等直接和企业、个人无缝连接，打造自己的品牌，让市场推广安全放心的特色产品；三是用好政策，加快发展。政府在土地流转、土地确权等方面已出台多项政策法规，各地政府应该在不违背政策的前提下，大胆创新，探索政策实施的新形式，促进农村发展[2]。

（七）权利平等原则

权利平等原则可以认为是最重要的一个原则。如果决策者在政治权衡中没有将城市和农村居民置于平等的地位，那么，无论调研多么充分、规划多么详细，最终结果和最初的设想可能会有很大的偏离。城乡融合发展，关键还是要靠决策者平等对待个体，不能因为个体在财富、社会地位、政治参与能力方面有差异而区别对待。以猪肉价格为例。猪肉是中国消费的主要肉食种类。随着生活水平提高，猪肉人均消费量在不断增加，猪肉价格也在水涨船高。特别是在2008年左

[1] 陈锡文：《适应经济发展新常态加快转变农业发展方式》，《求是》2015年6月。

[2] 《李克强加4字破解“适度规模经营”难题》，新华网，2015年3月7日。

右，受到极端天气、疾病等影响，猪肉价格增幅较大。2011年，北京猪肉零售价约20元/斤，创历史新高。[1]猪肉价格上涨影响了城市居民消费和生活水平，部分城市居民怨声载道。中央和地方政府出台一些促进生猪生产的措施，如母猪保险、养殖场贷款补贴等，最终猪肉供给增加、价格回归合理区间，甚至回落至近年来历史低位。这些政策主观上体现了政府关注民生的意愿，客观上也起到了稳定物价的作用。但在一定程度上，也体现了政策对城乡关注程度的不对等。主要表现在三个方面：首先，违背经济规律。生猪价格受到天气、疫情、需求等影响，波动性很大，今年上涨，明年就可能回落。以价格稳定为政策目标，效果有限。其次，政策不对称。价格上涨时，出台鼓励政策增加供给，可以理解为政府关心城市居民。反过来，价格下降时，是不是应该出台措施增加养殖业的收入，体现政府对农村居民的关注呢？如果城乡居民居于同等政治影响力，应为肯定回答，但实际上却为否定回答。再次，政策不稳定。有些地方在猪肉价格高涨时出台补贴措施，但价格回落时却取消这些措施，让养猪场无法形成合理的政策预期，人为增加了产出和价格的不稳定性。从这个案例可看出，权利平等是农民增收的制度基础，否则，政策目的和效果可能南辕北辙。

二、城乡融合发展的动力机制

城乡融合发展是全面深化改革的重要一环，是新形势下解决“三农问题”的根本途径[2]。新时代下，各级政府必须探寻新的动力机制，在满足全面深化改革总体要求的基础上，从生产方式、政府政策、经济制度、政治建设等多方面，更好更快地推动城乡融合发展的进程。

（一）转变农业发展方式

2017年一号文件指出，“开创农业现代化建设新局面”，必须“深入推进农

---

[1] 《北京猪肉价格涨至每斤20元创历史最高》，人民网，2011年7月5日。

[2] 胡锦涛：《坚定不移沿着中国特色社会主义道路前进为全面建成小康社会而奋斗》，《人民日报》2012年11月9日。

业供给侧结构性改革，加快培育农业农村发展新动能"[1]。转变农业发展方式是城乡融合发展的“新动能”。至少体现在三个方面。首先，升级农业生产技术。社会对农业的需求，存在一定的矛盾。一方面，经济的发展，使得社会对粮食和经济作物的需求量越来越大，这要求粮食生产必须在规模上有所突破。党的十九大报告指出，确保国家粮食安全，把中国人的饭碗牢牢端在自己手中。我国在2003—2013年间实现粮食产量“十连增”，但增产的主要因素是实际固定资本、农业机械总动力等要素投入的增长，技术进步发挥的作用非常有限。未来要确保粮食安全，必须推动农业生产技术发展（贺大兴，2015）；另一方面，个人生活品质的提高，对农产品种类、安全、质量、口味甚至产品背后的文化等都有要求，这需要精细化、个性化的生产。在中国耕地面积有限、农业劳动力人力资本较低的情况下，解决上述矛盾，在育种制种、杂交水稻、转基因技术等方面必须取得突破。其次，改善经济结构。2013年，农林牧渔业总产值96995.27亿元，农业总产值51497.37亿元，林业总产值3902.43亿元，牧业总产值28435.49亿元，渔业总产值9634.58亿元，占比分别为53.09%、4.02%、29.31%和9.93%（国家统计局）。传统种植业依然占主导地位。未来在保障粮食安全的前提下，农村应利用环境资源方面的优势，积极发展副业、旅游业、加工业，优化经济结构。再次，生态文明建设。转变农业发展方式对于生态文明建设也有重要意义。一般意义上，社会一般将生态问题归结为工业化带来的资源耗竭和环境污染方面，但事实上，即使在传统的农业社会里，不合理的生活方式、人口膨胀等也可能对环境带来致命性的伤害。[2]一个明显的例子便是农村的秸秆焚烧。长期以来，农村缺乏秸秆回收利用途径，秸秆处理以焚烧还田为主，利用程度不高，还造成严重空气污染。研究显示，大范围秸秆焚烧使周边地区PM2.5迅速上升，有的地区数小时内PM2.5从110微克/立方米上升到460微克/立方米，这是造成雾霾的重

[1]《中共中央国务院关于深入推进农业供给侧结构性改革加快培育农业农村发展新动能的若干意见》，中国政府网，2016年12月31日。

[2] 著名学者戴蒙德考察古代消失的文明发现，人口过度膨胀、对资源过度攫取是玛雅文明、维京人消失的重要原因（戴蒙德，2011）。

要因素。[1] 如果未来能加大秸秆回收、加工、再利用技术的推广和配套措施的使用，对于提升农村土壤肥力、农产品生产效率、周边空气质量都有帮助。

（二）加大惠农政策力度

农村发展离不开政府政策的支持。中央和地方政府至少在四个方面增加对“三农”的投入。一是基层政府的行政支出费用。基层政府如果行政费用不足，即使中央三令五申，他们仍然有动机去创收，最终受损严重还是农村居民（贺大兴，2012）。二是加大对农村的财政支出力度。政府支农支出长期不到 10%，严重制约农村公共品供给和生产建设。三是进一步加强新农合、新农保的投入力度。近年来，我国推进城镇居民基本医保和新农合整合，建立统一的城乡居民基本医保制度，初步实现了“六个统一”（统一覆盖范围、统一筹资政策、统一保障待遇、统一医保目录、统一定点管理、统一基金管理）。四是工业反哺农业。

（三）全面深化农村改革

十八届三中全会指出，“当前，我国发展进入新阶段，改革进入攻坚期和深水区”，“必须在新的历史起点上全面深化改革”。[2] 农村改革也是如此。全面深化农村改革，可以从三个方面着手。一是农村综合改革。20 世纪 80 年代中期，为了从源头上治理农村机构臃肿、税费繁多问题，国家开始实行以乡镇撤并改革为主要内容的农村综合改革。改革取得了显著的效果。研究显示，农村人均乡镇数目下降 1 个百分点，农民人均实际纯收入增加 0.29 个百分点（贺大兴，2012）。在未来信息技术进一步发展、农村人口下降的情况下，乡镇撤并改革可以向县市直管的方向发展，仍然大有可为。二是农村土地改革。十八届三中全会允许农村集体经营性建设用地入市，但采用何种形式入市、如何确保农村居民土地的权益、其他类型的土地如何流转等，仍然处在探索阶段。在保证农村土地的集体性质不变、保障农民基本利益和合理权益的条件下，实现土地多种形式经营和流转，是未来土地改革的方向之一。三是农村金融制度改革。虽然有农业银行、信用合作社和储蓄银行等机构提供资金发展，但农村正规信贷的比例仅为 27.6%，

[1] 《雾霾当头是告别秸秆焚烧的时候了》，新华网，2014 年 10 月 9 日。

[2] 《中共中央关于全面深化改革若干重大问题的决定》，人民网，2013 年 11 月 15 日。

远远低于全国40.5%平均水平。民间借贷仍是农民筹集资金的主要方式，农民融资渠道非常有限。[1]但同时，部分地方却出现资金互助社等机构将闲置农用资金放高利贷的现象，给国家造成严重损失。[2]农村金融制度要进一步改革，增加农村金融机构网点分布密度，创新农村金融信贷工具，降低农村金融风险，实现农户和金融机构双赢的局面。

（四）基层民主和基层自治制度改革

基层民主和基层自治制度是改革开放后我国农村基层管理的一大创新。通过基层选举的方式，有效地将农民的自主性、地方基层政府的领导结合起来，对农村经济发展和社会稳定都发挥了重要作用。但随着1980年中期农村乡镇撤并改革的推行，农村基层组织的能力有所弱化，部分地方出现公共产品供给不足的现象（贺大兴，2012），道路荒废、污水横流的事情屡见不鲜。[3]除了政府进一步加大投入外，农村基层也应加大创新力度，让一些非正式制度、公益组织、传统社会结构等参与农村的建设和治理。Xu and Yao（2015）研究发现，如果能有效利用农村的宗族传统，农村的公共投资和基层监督等都会得到明显改善。改革农村基层自治制度，激发农村现有资源，是农村发展和呈现一体化的关键。

第三节 城乡融合发展的重点领域和发展模式

一、城乡融合发展的重点领域

城乡融合发展，千头万绪，在实施过程中，必须有所侧重。中央2015年一号文件从现代化农业、惠农政策、新农村建设、全面深化农村改革、农村法制建设等5个大类32个小项对农村发展进行了详细地指导，规划详尽，重点突出。“三农”问题是城乡融合发展的重要内容，但除了农村发展外，城乡融合发展还需考虑其他的重点领域。

[1] 《调查显示我国农村民间借贷参与率达43.8%》，新华网，2014年4月21日。

[2] 《农村资金互助社变形：江苏上亿农资被放高利贷》，新华网，2013年7月5日。

[3] 《莫让农村成道路交通安全“死角”》，新华网，2014年1月16日；《快给农村生活污水找条出路》，新华网，2012年2月27日。

（一）教育公平

人力资本是决定地区或个人发展的重要因素，教育则决定人力资本的水平。长期以来，学者对各国之间持久的收入差距和技术差异困惑不已。早期的差异可以理解为地理位置、资源环境、风俗习惯、文化差异等的影响。随着技术的不断进步、人口与文化的不断融合，似乎阻碍各国经济发展的障碍都被逐渐克服。那么，国家间持久的愈演愈烈收入不平等的因素是什么？Manuelli and Seshadri（2014）发现，人力资本一定程度上可以回答上述问题。各国收入水平跟人力资本的水平高度相关。扣除人力资本的影响后，各国技术进步率（TFP）也相差甚少。城乡差异问题与之类似。著名经济学家舒尔茨在解释西欧国家迅速从二战中恢复而同等水平的发展中国家在战后步履蹒跚的现象时，认为决定两者差异的关键是人力资本水平。美国在1929—1957年的经济增长，大约1/3的贡献源自于人力资本。印度等国为何无法实现农业现代化或工业化转型，也是受制于人力资本匮乏（Schultz，1971）。中国制约城乡融合发展的众多因素中，人力资本分布不均、教育不平等也是重要因素。据统计年鉴数据，2012年，城市具有高中文化程度的人口占6岁以上人口的比例为24.84%，具有大专以上的人口比例为23.33%；农村相应的数值分别为8.85%和2.25%，只有城市的35.65%和9.65%（《中国人口与就业统计年鉴2013》）。

教育公平是社会公平的重要基础。党的十九大报告指出，优先发展教育事业。建设教育强国是中华民族伟大复兴的基础工程，必须把教育放在优先位置。教育程度差距过大，不仅可能成为城乡融合发展的障碍，甚至成为中国跳出“中等收入陷阱”的绊脚石。贺大兴和姚洋（2014）研究发现，如果放任初始收入不平等不断积累，穷人就没有机会积累物质资本，更不可能发展人力资本。最终，现代部门无法取代传统农业部门，经济陷入困境，个人不能全面发展，贫富差距、城乡差距可能会持续恶化。消除制度障碍、出台优惠措施，保证城乡教育入口公平和出口公平，让城乡居民在起点和过程上都享受教育公平，是解决城乡融合发展的根本之策和长久之计。[1]

[1] 李克强：《创造教育公平刻不容缓　8万寒门学子受益政策圆名校梦》，新华网，2015年2月20日。

（二）公共服务平等

公共品供给不均衡也是城乡融合发展的重要障碍。城市人口集中、基础设施齐备、公共服务完善，居民之间相互学习、相互贸易等非常便利，容易形成“超线性规模”效应：人口越多，城市经济发展呈“暴涨式”发展（Bettencourt，2013）[1]。农村地广人稀、政府投入微薄，公共品供给严重不足，生产、生活极为不便，与城市的差距逐渐扩大。以医疗卫生为例。1997年，农村每万人拥有卫生人员数为24人，城市为53人，比例约为45.23%；2013年，农村为36人，城市为92人，比例下降为39.13%（国家统计局）。

公共品供给的差距，促使农村居民向城市流动，城市规模扩大，居住成本增加，经济进一步发展。农村人口流失，老龄化、空心化的现象加剧，生活水平下降，城乡差距扩大。防止上述现象，必须增加农村公共品供给。另外，中国未来老龄化社会结构产生的人口回流趋势，也必须均衡城乡公共品供给。

（三）完善社会保障

老无所养、病不敢医等农民长期面临的困境，在新农合、新农保推广后已大为缓和，但仍有大量的提升空间。仍以新农合为例。2013年，新农合支出2909.2亿，人均支出362.74元；城镇基本医疗保险支出6801亿元，人均支出1191.64元。农村医保支出总量上是城市的42.77%，人均是城市的30.44%（国家统计局）。社会保障不平等是城乡差距最直接的体现。在改革开放之前，城乡差距体现在生活水平的差距和人口流动的限制等方面。改革开放之后，人口流动的限制逐步取消。根据西方国家的经验，城乡应该混为一体，城乡二元结构将不复存在。但事实是，户口制度依然存在，以户口为依托的上学、就医、就业等歧视现象仍然存在，背后的重要原因就是城乡社会保障的不均等。不解决社会福利的差异，农村人口还是会向少数大城市集中，城市拥堵、生活成本高涨的问题仍然不可能解决，城市必然会出台一系列措施限制城市规模，进而造成新一轮的不平等和城乡两极分化。党的十九大报告指出，加强社会保障体系建设。按照兜底线、织密网、建机制的要求，全面建成覆盖全民、城乡统筹、权责清晰、保障适

[1] “暴涨”的含义是：城市人口增加1个百分点，城市经济增长远远超过1个百分点。

度、可持续的多层次社会保障体系。社会保障城乡统筹，任重道远。

（四）发展农业科技

党的十九大报告指出，加快推进农业农村现代化。农业现代化离不开农业科技的发展。农业科技和城乡融合发展存在两方面的联系。首先，和粮食安全有关。无论城乡未来如何发展，粮食安全始终是农业的重要功能。2003—2013 年，我国粮食产量从 43069.5 万吨增加到 60193.5 万吨，粮食产量“十连增”，粮食自给率超过 95%（国家统计局）。粮食高产的背后，粮食安全隐忧仍存。一是大豆、玉米、小麦等经济型、工业用粮进口增加。2013 年，我国大豆进口 6340 万吨，对外依存度超过 80%。[1] 工业用粮依赖进口，增加了我国工业企业的成本，也使得我国经济型作物的发展受制于人，不利于农业的升级和多元化发展。二是农业生产率较低。1978—2008 年，中国粮食作物年均增长率约为 1.84%，全要素年均增长率约为 0.59%，对粮食增长的贡献约为 33.41%，主要贡献来自于固定资本投资、机械总动力、电力等的贡献（贺大兴，2015）。随着工业化和城市化的加速发展，未来中国粮食生产的环境更不乐观，农业就业人口减少、耕地面积缩减、水土流失加剧、土地荒漠化等现象会持续较长时间。确保粮食安全，提高农业生产率便是关键。其次，和农村经济增长有关。城乡融合发展，重点还是农村的经济发展。国外进口产品的高价格、发达国家的工业化经验和人们日益增长的对粮食安全和品质的关注度都表明，中国粮食生产还大有可为。如果积极进行品种改良、对农产品安全性方面进行全程跟踪管理、创立自己的品牌，农业生产可以成为农民增收的支柱产业。

二、城乡融合发展的基本模式

工业化、信息化、城镇化、农业现代化是城乡融合发展的总体背景，新时代是城乡融合发展面临的阶段性新特征。在新背景和新阶段下，城乡融合发展必须有新模式和新特点。借鉴国内外的实践经验，中国城乡发展一体化模式应为：市场运作、政府主导；农民主体、社会参与；“五化”同步、创新驱动；因地制宜，

[1] 《我国大豆进口 6340 万吨创纪录对外依存度超 80%》，新华网，2014 年 2 月 7 日。

特色发展。

（一）政府主导，市场运作

城乡融合发展在部分地区已经取得了一些进展，如成渝地区、苏州地区等，这些地区的成功经验无不显示政府主导在城乡融合发展中的关键作用。新时代下，城乡融合发展要充分发挥市场的资源配置作用，更要发挥政府的主导作用。市场运作、政府主导体现在：（1）政策支持。城乡发展离不开政府的政策支持。政府根据不同地区、不同阶段在资源、技术、资本、人才等方面的特点，整体部署、全面规划，系统性、针对性出台优惠措施和惠民措施，是城乡发展、社会公平的有力保障。十八大以来，以习近平同志为核心的党中央提出一系列促进城乡融合发展的政策措施，为城乡融合发展奠定坚实的政策基础。（2）科学决策。科学决策需要政策具有持续性、需要政策通盘考虑社会现在和未来的需要、需要政策在目标、原则、动力、重点领域等方面具有一致性，这都离不开政府特别是中央政府的主导和协调。（3）资源整合。城乡融合发展不能局限在一地一隅，必须整合各地地方的资源优势和人才优势。实现集约发展、互利共赢，必须市场运作、政府主导。（4）人才培养。党的十九大报告指出，培养造就一支懂农业、爱农村、爱农民的“三农”工作队伍。

（二）农民主体，社会参与

城乡融合发展离不开社会的积极参与。改革开放后，中国经济高速增长，但截至 2013 年，我国的人均 GDP 仍然只有世界平均水平的 2/3[1]，仍然处在不发达阶段，广大农民收入水平依然较低。因此，城乡融合发展不仅需要政府政策和财政支持，还需要发挥农民的主体作用，更需要鼓励社会参与，群策群力，调动社会资源。农民主体、社会参与主要体现在：（1）社会监督。基层工作十分复杂。中央和地方政府的政策，可能会由于基层干部理解不到位、群众未能全面权衡利弊得失等原因，在执行上出现偏差，出现好政策无效果、甚至反效果的局面。这就需要社会各界特别是农民发挥会监督职能，及时纠偏纠错，确保政策落实；（2）社会投入。鼓励民间资本、非营利组织等参与促进城乡融合发展的基础设

[1] 《我国 2013 年 GDP 修订后增加 1.9 万亿元》，新华网，2014 年 12 月 19 日。

施、医疗文体项目建设，有利于弥补政府资金不足，也有利于带动社会参与城乡融合发展的积极性。

（三）“五化”同步，创新驱动

中国过去40年的发展，得益于劳动和资本等要素的高速积累，是较为典型的“要素驱动”模式。但“要素驱动”模式注定不可持续。新时代下，城乡发展一体化必须“五化”同步、创新驱动。主要体现在:（1）科技创新。农业产值低、生产率低，是制约农村发展的重要因素。但新时代下，这些不利因素反而可能成为新的经济增长点。工业4.0、物联网、电子商务等新技术正在改变现有的经济格局，物质文化的丰富使得社会更加关注食品安全和饮食健康。抓住机遇、努力创新，农业和农村都会取得高速发展;（2）政策创新。李克强多次指出，“大众创业、万众创新”是中国经济新的发动机。[1] 创业和创新离不开政府政策创新。政府应积极推进税收、金融、技术、信息等方面的政策创新，降低创业门槛，培育创新土壤，呵护创业环境，让创新为城乡融合发展添砖加瓦;（3）制度创新。十八大以来，政府多次出台文件，简政放权，疏通“堵点”、消除“痛点”、覆盖“盲点”，助力经济发展。[2] 消除“冗政”“繁政”，实属必要，但也不应忽视制度创新。积极进行制度建设，把经济活动、政府活动纳入法律和制度的框架，让制度规范、适应、引导城乡融合发展，应成为政府制度化建设的重要内容。

（四）因地制宜，特色发展

新时代下的城乡融合发展发展，必须坚持因地制宜，特色发展。各地的建设经验表明，在操作成面，不存在一个一般性的、适用于所有地区的城乡融合发展模式。西部地区有人口优势、环境优势，东部地区有技术优势、资金优势，各地应该根据自身的情况，选择合适的发展模式。因地制宜，特色发展主要体现在:（1）符合传统习惯和社会风俗。有的地区在发展过程中，形成了独特的文化氛围和生活习惯，这些地区的城乡融合发展就不能仅仅将目标定在人均收入、公共服务等方面，更要考虑传统文化和风俗的保存和发展;（2）塑造独特的风格和理念。

---

[1] 《李克强：大众创业、万众创新是中国经济新的发动机》，中国广播网，2015年1月7日。
[2] 《简政放权再推进释放三大信号》，中国政府网，2015年5月13日。

有的地区在历史发展中，社会风俗和其他地方相似，但仍然有自己独特的人文地理、历史风物。城乡融合发展可以围绕当地地理名胜、文化遗产等，将城市和农村建设成为有浓郁人文韵味的、互相认同的标志性地区；（3）发掘自身的比较优势。有些地区可能在人文历史、资源环境方面都不具有优势，但也可以充分发掘自己和周边地区的比较优势，最终将相对优势转化为绝对优势。

总之，十八大以来，我国的城乡融合发展进入了新的阶段。坚持协调发展成为中国经济发展的一个指导原则。新形势和新理念必然要求城乡融合发展在目标、动力机制、重点领域和发展模式上有所突破。本章在上述方面做了初步的尝试。本章认为，城乡融合发展的目标应包括制度统一、流动顺畅、经济增长、环境改善、各具特色、互为补充、和谐美好；基本原则应包括科学发展原则、以人为本原则、实事求是原则、坚守底线原则、统筹兼顾原则、形式灵活原则、权利平等原则；动力机制主要包括转变农业发展方式、加大惠农政策力度、全面深化农村改革、基层民主和基层自治制度改革；重点领域主要包括教育公平、公共服务平等、完善社会保障、发展农业科技；基本模式包括政府主导、市场运作，农民主体、社会参与，“五化”同步、创新驱动，因地制宜、特色发展。在未来的城乡发展一体化进程中，认准目标、坚持原则、保持活力、抓住重点、创新模式，城乡发展一体化必然会在“十三五”规划期间向全面建成小康社会的宏伟目标稳步推进。

| 第七章 |

中国城乡融合发展的具体路径

实现城乡融合发展是现阶段我国供给侧结构性改革的重要内容，是新时代中国共产党为决胜全面建成小康社会[1]，夺取新时代中国特色社会主义伟大胜利所做的一项重要部署，是实现中华民族伟大复兴的中国梦的内在要求。与过去的“城乡一体化”“城乡统筹”等提法相比，城乡融合发展既不是要求城市简单地“按照自己的面貌”来对乡村进行改造，更不是要求“以城统乡”，而是强调了城市与乡村的平等性、独立性和差异性[2]，强调了在发挥各自比较优势基础之上的创新、协同与融合。在当前的条件下，实现我国城乡的融合发展，必须深入贯彻党的十九大精神，坚持农业农村优先发展，按照“产业兴旺、生态宜居、乡风文明、治理有效、生活富裕”的总要求，建立健全相关体制机制和政策体系，落实创新、协调、绿色、开放、共享的发展理念，加快推进农业农村现代化，最终形成“以工促农、以城带乡、工农互惠、城乡融合”的新型城乡关系，促进城乡共同繁荣，实现城乡居民共同富裕。

本章从推进中国特色农业现代化、发展新型城镇化和实施乡村振兴战略的角度探讨了我国城乡融合发展的具体路径。

第一节　走中国特色农业现代化道路

农业是国民经济的基础，是关系国计民生的根本性问题。作为一个发展中国

[1]　2013年4月9日，习近平同志在海南考察时就指出：“小康不小康，关键看老乡。”

[2]　2015年1月，习近平同志在云南调研时明确强调：“新农村建设一定要走符合农村实际的路子，遵循乡村自身发展规律，充分体现农村特点，注意乡土味道，保留乡村风貌，留得住青山绿水，记得住乡愁。”

家、作为一个拥有超过十三亿人口的大国，我国必须始终把发展农业作为立国之本，作为提高农民收入水平的重要举措，作为推动实现城乡融合发展目标的重要力量。在当前条件下，为实现上述目标，必须走中国特色的农业现代化道路。

一、中国特色农业现代化道路的内涵

实现农业现代化一直是中国共产党为中国社会建设所构建的一个重要蓝图。早在1945年，毛泽东同志在党的七大政治报告《论联合政府》中就指出[1]，在抗日战争结束以后，“中国工人阶级的任务，不但是为着建立新民主主义的国家而奋斗，而且是为着中国的工业化和农业近代化而斗争。”[2]这里的“农业近代化”就是今天所说的“农业现代化”。在新中国成立后召开的全国人大一次会议上，实现农业现代化作为我国发展国民经济的一个重要目标进一步得到明确。在1956年党的八大上，实现农业现代化被正式写进了党章，成为中国共产党人为之奋斗的目标。党章指出，“中国共产党的任务，就是有计划地发展国民经济，尽可能迅速地实现国家工业化，有系统、有步骤地进行国民经济的技术改造，使中国具有强大的现代化的工业、现代化的农业、现代化的交通运输业和现代化的国防。”在1963年9月召开的中央工作会议上，党提出了发展国民经济的“两步走”战略，明确把实现农业现代化作为“第二步”战略去完成，农业现代化目标被具体化了。1964年12月21日，周恩来总理在第三届全国人民代表大会第一次会议上所做的《政府工作报告》中继续坚持了这一提法，并明确宣布：“我们必须打破常规，尽量采用先进技术，在不太长的历史时期内，把我国建设成为一个具有现代农业、现代工业、现代国防和现代科学技术和社会主义强国。”自此之后，第一代中央领导集体一直坚持着我国社会主义建设中的农业现代化目标，即

[1] 邓小平同志曾经指出：“我们现在讲的四个现代化，实际上是毛主席提出来的，是周总理在他的政府工作报告里讲出来的。”(《邓小平文选》第二卷，人民出版社1991年版，第311—312页。)

[2] 《毛泽东选集》第三卷，人民出版社1991年版，第1081页。

便在“以阶级斗争为纲”的“文革”期间也一直没有放弃[1]。改革开放后，以邓小平同志为核心的中央第二代领导集体审时度势，坚持和完善了国民经济的“四化”目标，并把它变成了一个全国人民耳熟能详的口号。今天，在实现城乡融合发展的征程中，更需要结合我国实际，在总结前人和世界其他国家发展经验的基础上，走出一条具有中国特色的农业现代化道路。为了探索出适应我国国情的农业现代化道路，这里有必要先了解一下世界上有代表性的农业现代化模式。

历史经验表明，由于每个国家的国情、发展阶段不一样，因此不存在一个标准的农业现代化模式。而要成功实现农业现代化，必须从自己的实际出发，吸收借鉴别国的成功经验和失败教训。从国际社会的发展经验上看，现有的农业现代化模式主要有三种类型[2]：一是以美国、加拿大为代表的“规模化生产 + 市场机制 + 政府保护”模式。这种模式建立在丰富的土地资源和短缺的劳动力的基础之上。其主要特点是，以现代科学技术为农业支撑，以机械化、规模化和公司制农场管理方式为主要途径，走以提高劳动生产率为核心，提高农业生产率、商品率、经营效益和资源配置效率农业现代化发展道路。为了更好地沿着这条道路往下走，政府通过财政政策、信贷政策、价格政策等措施实施对农业科研的投入和农业科技的推广进行扶持，对农业生产要素市场和农产品市场进行干预和保护。例如，美国政府用于农业科研的公共拨款占农业国内生产总值从 20 世纪 60 年代的 1.6% 上升到 80 年代前期的 2.4%，近年来这一比重又得到进一步提高。联邦政府每年大约支出 3000 亿美元，用于公路、水利等公共基础设施建设。二是以日本、荷兰为代表的“小农经济 + 农协组织 + 政府保护”模式。这种模式主要基于人多地少和耕地资源的短缺的现状。其主要特点是，以小农经济为基础，以“三位一体”（小农地权、农协组织和政府保护）农业体制为条件，以大量资

---

[1] 例如，1975 年 1 月，周恩来在第四届全国人民代表大会第一次会议上所做的《政府工作报告》遵照毛泽东的指示，重申了分两步走、全面实现四个现代化的战略：“从第三个五年计划开始，我国国民经济的发展，可以按两步来设想：第一步，用十五年时间，即在一九八〇年以前，建成一个独立的比较完整的工业体系和国民经济体系；第二步，在本世纪内，全面实现农业、工业、国防和科学技术的现代化，使我国国民经济走在世界的前列。”

[2] 景丽，苏永涛，王爱玲：《国内外农业现代化发展的主要模式、经验及借鉴》，《河南农业科学》2008 年第 10 期。

本投入为前提，通过依靠农业科学技术引进创新改良农作物品种、加强农田水利建设、增加化肥和农药使用量和政府强力干预等措施，走以土地生产率为核心，提高农业生产率、资源产出率和农民收入的农业现代化跨越式发展道路。三是以法国、英国和德国为代表的“中间类型”模式。这类国家的国情介于上述两者之间，既缺乏足够的劳动力，人均耕地又不多，农户经营规模中等。这种模式的特点是，重视用现代工业装备农业，重视现代农业科学技术尤其是生物技术的普及推广，把农业生产技术现代化和农业生产手段现代化放在同等重要的地位，实行“物力投资”和“智力投资”并举。同时，政府也加大支农惠农的力度，出台了一系列保护农产品的价格政策。例如，法国政府就一直高度重视农业教育、农业培训、开发研究和技术在内的智力投资。据了解，德国农民的收入中有约一半来自各项农业补贴及奖金。2006 年德国联邦政府拨付 6.15 亿欧元给各个州，16 个州按联邦政府拨付资金的 40% 比例配套，专门用于农业发展。据资料显示，如果按农民人均计算，德国每年每位农民享受的补贴为 1.7 万美元；如果按照耕地面积计算，德国每公顷土地补贴 300 多美元。

通过对上述三种类型的总结，我们可以博采众长，结合我国国情，选择一条有中国特色的农业现代化道路。那么，如何选择有中国特色的农业现代化道路呢？首先需要理解影响我国农业现代化的因素。从当前的发展看，这些因素包括[1]：一是目前我国农业生产力水平还不高，与发达国家平均水平相比科技贡献率低 20% 到 30%，人均耕地仅为世界平均水平的 40%，而且耕地质量较差；水资源严重短缺，人均淡水资源仅为世界平均水平的四分之一，农业灌溉每年缺水约 300 亿立方米。因此，实现农业现代化必须提高农业科技水平，通过增加资本投入、应用现代科技和装备、适度集中土地和强化组织管理等来提高农业效益。二是我国农户的经营规模普遍较小，农产品商品率和农业资源配置的市场化程度均较低。而现代农业则是以市场需求为导向的，农民从事农业生产的主要目的是为市场提供商品，实现利润最大化。因此，我国的农业现代化需要在发挥市场的作用的同时，离不开政府的指导和帮助。三是我国有 2.5 亿左右农户，不仅数量

[1]《中共十七大报告解读：走中国特色农业现代化道路》，中国政府网，2007 年 11 月 30 日。

多、规模小，而且结构、行为相似，与千变万化的大市场有效衔接非常困难，与现代农业对产业化方式经营农业的要求还有不小距离。因此，为了建成农工贸紧密衔接、产加销融为一体、多元化的产业形态和多功能的产业体系，必须大力发展农民专业合作组织。通过各种类型的农民合作社举办多种形式的龙头企业，使农民真正享受到农产品加工、销售等环节的利润。四是我国是世界上人口最多的发展中国家，立足国内解决粮食和主要农产品供给问题，始终是治国安邦、实现稳定和发展的基础，对此在任何时候都不能掉以轻心。如果吃饭问题解决不好，工业化、城镇化乃至整个经济社会发展都将难以持续进行。因此，必须把保障农产品供给、增加农民收入、促进可持续发展作为推进农业现代化的首要目标。

进入中国特色社会主义建设的新时期以来，党和政府对农业现代化的发展也越来越重视，要求也越来越明确。2007 年中央一号文件《关于积极发展现代农业扎实推进社会主义新农村建设的若干意见》中明确提出了中国特色农业现代化道路。具体而言，中国特色的农业现代化是指用现代物质条件装备农业，用现代科学技术改造农业，用现代产业体系提升农业，用现代经营形式推进农业，用现代发展理念引领农业，用培养新型农民发展农业，提高农业水利化、机械化和信息化水平，提高土地产出率、资源利用率和农业劳动生产率，提高农业素质、效益和竞争力。换句话说，实现我国农业现代化的过程，就是改造传统农业、不断发展农村生产力的过程，就是转变农业增长方式、促进农业又好又快发展的过程。

二、构建现代农业产业体系、生产体系和经营体系

党的十一届三中全会后我国确立了“统分结合、双层经营”的农业基本经营体制，极大地调动了亿万农民从事农业生产和经营的积极性，激发了广大农村的活力，农业产值取得了举世瞩目的成绩。进入新世纪，随着中央的强农惠农富农政策的连续出台，我国粮食产量逐年增加，农民收入增长也持续提高。但是我们也要看到，当前国内农业生产成本快速攀升，大宗农产品价格普遍高于国际市场，如何在“双重挤压”下创新农业支持保护政策、提高农业竞争力，是必须面对的一个重大考验。我国农业资源短缺，开发过度、污染加重，如何在资源环境硬约束下保障农产品有效供给和质量安全、提升农业可持续发展能力，是必须应对的一个重大挑战。为了应对这些考验和挑战，需要推进农业经营方式创新，强

化物质装备和技术支撑，着力构建现代农业产业体系、生产体系和经营体系，完善农业支持保护制度，实施“藏粮于地、藏粮于技”战略，发展多种形式适度规模经营，推动粮经饲统筹、农林牧渔结合、种养加一体、一二三产业融合发展，培育新型农业经营主体，健全农业社会化服务体系，实现小农户和现代农业发展有机衔接，使农业成为充满希望的朝阳产业。

构建现代农业产业体系、生产体系和经营体系，首先必须在坚持土地公有制性质不改变、耕地红线不突破、农民利益不受损三条底线的基础上，继续完善农村基本经营制度，尊重和保障农民家庭经营主体地位，鼓励有条件的农户流转承包土地的经营权，创新土地流转和规模经营方式，加快健全土地经营权流转市场，完善县乡村三级服务和管理网络。探索建立工商企业流转农业用地风险保障金制度，严禁农用地非农化。有条件的地方，可对流转土地给予奖补。土地流转和适度规模经营要尊重农民意愿，不能强制推动。通过财政扶持等方式，增强农业生产和经营的吸引力，培养和壮大新型职业农民队伍。

其次，扶持发展新型农业经营主体。鼓励发展专业合作、股份合作等多种形式的农民合作社，引导规范运行，着力加强能力建设。允许财政项目资金直接投向符合条件的合作社，允许财政补助形成的资产转交合作社持有和管护，有关部门要建立规范透明的管理制度。推进财政支持农民合作社创新试点，引导发展农民专业合作社联合社。按照自愿原则开展家庭农场登记。鼓励发展混合所有制农业产业化龙头企业，推动集群发展，密切与农户、农民合作社的利益联结关系。在国家年度建设用地指标中单列一定比例专门用于新型农业经营主体建设配套辅助设施。鼓励地方政府和民间出资设立融资性担保公司，为新型农业经营主体提供贷款担保服务。加大对新型职业农民和新型农业经营主体领办人的教育培训力度。落实和完善相关税收优惠政策，支持农民合作社发展农产品加工流通。

再次，健全农业社会化服务体系。稳定农业公共服务机构，健全经费保障、绩效考核激励机制。采取财政扶持、税费优惠、信贷支持等措施，大力发展主体多元、形式多样、竞争充分的社会化服务，推行合作式、订单式、托管式等服务模式，扩大农业生产全程社会化服务试点范围。通过政府购买服务等方式，支持具有资质的经营性服务组织从事农业公益性服务。扶持发展农民用水合作组织、防汛抗旱专业队、专业技术协会、农民经纪人队伍。完善农村基层气象防灾减灾组织体系，开展面向新型农业经营主体的直通式气象服务。

最后，贯彻落实中央决定，加快供销合作社改革发展。供销合作社是为农服务的合作经济组织，是党和政府做好“三农”工作的重要载体。为发挥供销合作社扎根农村、联系农民、点多面广的优势，2015 年 3 月，中共中央、国务院通过了《关于深化供销合作社综合改革的决定》，积极稳妥开展供销合作社综合改革试点，加快形成综合性、规模化、可持续的为农服务体系，在农资供应、农产品流通、农村服务等重点领域和环节为农民提供便利实惠、安全优质的服务。根据《决定》，供销合作社要把为农服务放在首位，要面向农业现代化、面向农民生产生活。到 2020 年，把供销合作社系统打造成为与农民联结更紧密、为农服务功能更完备、市场化运行更高效的合作经济组织体系，成为服务农民生产生活的生力军和综合平台，成为党和政府密切联系农民群众的桥梁纽带，切实在农业现代化建设中更好地发挥作用。

三、实现农业现代化过程中需关注的重点问题

当前，我国经济发展进入新常态，正从高速增长转向中高速增长，如何在经济增速放缓背景下继续强化农业基础地位、促进农民持续增收，是必须破解的一个重大课题。破解这一难题，需要坚定不移地走中国特色农业现代化的道路。为此，需要重点做好如下工作。

（一）确保国家粮食安全，把中国人的饭碗牢牢端在自己手中

解决好十几亿人吃饭问题始终是治国安邦的头等大事，是农业发展的首要任务。要巩固和提升粮食产能，实施“藏粮于地、藏粮于技”战略，坚决保护耕地，大规模开展高标准农田建设，保护提升耕地质量，提高农业良种化、机械化、科技化、信息化水平。加快划定和建设粮食生产功能区和重要农产品生产保护区，健全主产区利益补偿机制，调动地方政府重农抓粮和农民务农种粮的积极性。

（二）加大对“三农”的投入力度，建立促进现代农业建设的投入保障机制

农业生产对气候、水利、土壤等自然条件依赖较大，同时农业现代化是一项涉及技术创新、资本投入、结构调整和体制机制完善等方方面面问题的系统工

程，这就需要国家从战略的高度和全局的高度，对农业现代化的推进方式、推进速度等进行顶层设计，并采取有效措施来支持和协调。发达国家的农业发展经验也表明，农业现代化的实现不可能仅仅依靠农民自身的努力，离不开国家的支持和保护。建立公共财政体制、完善转移支付制度、形成既符合世界贸易组织规则又具有本国特点的农业支持保护体系，是已经实现了农业现代化国家的普遍做法和成功经验。不仅欧洲、日本是如此，就连号称为世界上最自由市场经济的美国也是如此。

党的十八大以来，我国社会主义建设进入一个崭新的时期，党中央、国务院以“四个全面”来统领经济社会发展全局。按照全面深化改革和统筹城乡发展的要求，采取了一系列支农扶农惠农的重大政策，农业科研投入加大，农业基础设施建设进一步巩固。各地区各部门也在积极落实中央部署，切实加强“三农”工作，农民收入、农业发展和农村面貌出现了积极变化，迎来了新的发展机遇。然而，我们还必须看到，由于我国正处于工业化、城镇化发展的关键时期，同时由于传统体制的影响，农业的比较收益低，不仅社会资本投入农业的积极性不高，而且农民种粮的积极性也不高，大量青壮年劳力转移到城镇做工，种粮副业化、农村老龄化日益突出。“谁来种地”“地怎么种”，日益成为农业现代化过程中必须面对和解决好的重大问题。如果这些问题不能够得到很好的解决，农业生产势必会出现萎缩的局面。同时，由于下列一些原因今后保持农产品供求平衡的任务将更加艰巨：一是人口总量将继续增长，城镇化率和城乡居民消费水平将不断提高，农产品的工业用途不断拓宽，全社会对农产品需求会持续增长、质量安全要求不断提升。二是耕地和水资源紧缺、农业生产成本上涨、青壮年劳动力减少、环境污染和生态退化等问题突出，农业稳定发展的难度越来越大。三是国际上农业丰歉、石油价格涨跌、投机资本炒作、货币汇率波动等对我国农产品市场供求和价格产生明显影响。因此，促进农业发展、保障粮食等农产品供给绝非易事，根本出路在于加快推进现代农业建设，不断提高农业综合生产能力。在加快土地流转制度改革的同时，国家需要加大财政资金和信贷资金对农业的支持力度。坚持“多予少取放活”的方针，重点在“多予”上下功夫。调整国民收入分配格局，国家财政支出、预算内固定资产投资和信贷投放，要按照存量适度调整、增量重点倾斜的原则，不断增加对农业和农村的投入。扩大公共财政覆盖农村的范围，建立健全财政支农资金稳定增长机制。

（三）毫不动摇地稳定和完善农村基本经营制度

习近平总书记在小岗村主持召开的农村改革座谈会上强调："新形势下深化农村改革，主线仍然是处理好农民和土地的关系。"当前，必须按照党的十九大的要求，坚持和完善农村基本经营制度，坚持农村土地集体所有，坚持家庭经营基础性地位，坚持稳定土地承包关系。实践证明，以家庭承包经营为基础、统分结合的双层经营体制适应社会主义市场经济体制、符合农业生产特点、符合农民群众愿望，是党的农村政策的基石。同时，还需要根据农业生产力发展的实际，对这一制度进行不断完善。实际上党和政府一直在完善这项制度。2011 年 12 月 27 日，时任国务院总理温家宝同志在中央农村工作会议上指出，要毫不动摇地稳定和完善农村基本经营制度，需要重点把握好三点：第一，大力发展农民专业合作社和各种农业社会化服务组织，为农户提供低成本、便利化的生产经营服务。第二，按照依法自愿有偿原则，鼓励和引导农户流转土地承包经营权，发展专业大户、家庭农场等多种形式的适度规模经营。将来农业经营形式会多样化，但家庭经营任何时候都是最基本的形式。国家鼓励工商企业为农户提供产前、产中、产后服务，不提倡工商企业大面积、长时间直接租种农户的土地。第三，推进农业现代化和规模化，需要培养一代新型农民。要加快发展农村职业教育，鼓励有文化和农业技能的青壮年农民留在农村。这件事关系农业长远发展，要作为一项基础性重大工程来抓。

（四）坚持不懈地推进农业科技进步

我国农业发展到今天，已经到了更加依靠科技突破资源环境约束、实现持续稳定发展的新阶段，必须把农业科技摆上更突出的位置。为了提升农业的科技水平，一是要大力增强农业科技创新能力，加强农业基础性、前沿性科学研究，继续实施现代农业高技术产业化项目，抓好生物技术特别是优良品种培育，抢占农业高技术领域的制高点。二是要深化农业科研体制改革，推动资源整合，着力解决科技创新和农业生产脱节的问题加快建设国家创新基地和区域性农业科研中心，在机构设置、人员聘任和投资建设等方面实行新的运行机制。鼓励企业建立农业科技研发中心，国家在财税、金融和技术改造等方面给予扶持。三是要加强农技推广体系建设，稳定和强化基层公益性农技推广机构，加快发展社会化农技服务组织，着力解决“最后一公里”问题。继续安排农业科技成果转化资金和国外先进农业技术引进资金。加强种质资源和知识产权保护。要加快农业技术推广体系改革和建设，积极探索对公益性职能与经营性服务实行分类管理的办法，完善农技推广的社会化服务机制。四是要积极发展现代种业，加快培育一批“育繁推”一体化的大型种子企业。五是要适应农村劳动力结构出现的新变化，积极发展农机装备业，加大农机具购置补贴力度，全面提高农业机械化水平。

第二节　加快新型城镇化建设步伐

城镇化既是经济社会发展的必然趋势，是工业化、现代化的重要标志，又是推动经济发展和社会进步的重要力量。[1] 工业革命以来的经济社会发展史表明，一国要成功实现现代化，在加快推动工业化发展的同时，必须注重城镇化发展。当今中国，城镇化与工业化、信息化和农业现代化同步发展，是现代化建设的核心内容，彼此相互联系、相互影响。其中，城镇化是载体和平台，起着承载和带动农业现代化发展的作用。

著名经济学家、2011 年诺贝尔奖得主斯蒂格利茨曾预言，未来世界有两件影响国际经济发展的大事，一件是美国高科技的发展，另一件就是中国的城镇化。[2] 改革开放以来，在中国共产党的领导下，我国城镇化发展取得了突出成绩，城镇化率从改革开放之初（1978 年）的 17.9%，上升到 2016 年的 57.35%。一半以上的人口生活在城镇[3]，这在中国历史上从来没有过！它意味着中国的社会结构发生了根本性的改变。城镇化的快速推进，不仅吸纳了大量农村劳动力转移就

[1]　列宁曾指出，“城市是经济、政治和人民的精神生活的中心，是前进的动力。”（《列宁全集》第十九卷，第 2641 页。）

[2]　吴良镛 :《面对城市规划“第三个春天”的冷静思考》,《中国城市规划学会 2001 年年会论文集》，第 5 页。

[3]　根据《国家新型城镇化规划 2014—2020 年》提出的目标，到 2020 年，常住人口城镇化率达到 60% 左右。

业，提高了城乡生产要素配置效率，而且还促进了城乡居民生活水平全面提升。实践表明，加快新型城镇化建设步伐，是实现城乡融合发展的一项重要举措。

一、城镇化的内涵

城镇化（Urbanization）又被称作为“城市化”，是指一个国家或地区的农村人口不断向城市迁移和聚集的过程。在人口总量不变的情况下，城镇化又表现为城镇规模的扩大和城镇数量的增加。在城镇化这一表象的背后，反映的是社会生产力发展所导致的人类社会在生产方式、生活方式和居住方式上的变化。从生产方式上看，城镇化一方面意味着生产要素在空间上的相对集中[1]，另一方面也意味着一个社会产业结构的不断高级化，即第二产业和第三产业在国民经济中产值比重的增加，自然经济逐渐被社会化大生产所取代；从生活方式上看，城镇化意味着过去那种以人格化交易为主的社会逐渐转化为以非人格化交易为主的社会，市场在人们交往中越来越扮演着一个重要的角色；从居住方式上看，城镇化反映的则是人们由散居到聚居的变化。

城镇化的发展程度一般用“城镇化率”来进行刻画。城镇化率是指一个国家或地区期末城镇常住人口占期末常住总人口的比例。在我国，通常把那些在一个地区居住达半年或半年以上的人口称作为该地区的“常住人口”。

作为人类社会发展所不可避免的一种现象，城镇化尽管在各地的发展各具形态，但也存在着很多共性。美国地理学家 R.Northam 在 1979 年出版的《城市地理学》中发现，各地城镇化进程所经历的轨迹可以用一条稍被拉平的 S 形曲线来进行概括：在起步阶段，城镇化随着工业化的发展而缓慢上升。当城镇化率达到一定比例（通常为 20%—30%）之后，便出现加速上升的趋势，即社会进入“快速城镇化”时期。到了临界值（通常为 70%）之后，城镇化的增长速度便明显放慢，到最后甚至还会出现负增长（即“逆城镇化”）。除此之外，城镇化发展还有如下有些共性：第一，大城市在一定时期内存在着快速发展的态势。所谓大城市，

[1] 马克思和恩格斯在其合著的《德意志意识形态》中就指出，“城市本身表明了人口、生产工具、资本、享乐和需求的集中，而在乡村里所看到的却是完全相反的情况，孤立和分散。”（《马克思恩格斯选集》第一卷，第 56 页。）

一般是指人口在50万以上的城市。世界各国城镇化的历史表明，与S型发展形态相适应，在城镇化的初期和中前期阶段，大城市在数目和人口总量的增长方面会明显超过中小城市，并逐渐形成以一个以自身为核心的城市群；第二，大、中、小城市协调发展。随着生产力发展，一个经济发达的区域内总是存在规模不同的大、中、小城市，这些城市之间呈现出一种金字塔式结构，即城市规模越小，数量越多，城市规模越大，数量越少。第三，城镇化发展水平与经济发展呈现出相互促进的关系。经济发展水平提高，城镇化水平也随之提高；而城镇化水平的提高，又会反过来提升资源配置的效率，从而推动经济的发展。

从1996年开始，随着对外开放的进一步扩大和工业化水平的加快，我国迎来了一个全球瞩目的被称作为“中国制造”的时代。在这一时期，由于社会对劳动力需求的快速增长和城乡差别扩大导致的农村生活水平的相对下降，农村富余劳动力开始大规模向城镇流动，“农民工”由此成为被社会广泛关注的一个人群。另外，大中城市由于推行“国退民进”的改制措施，传统的国有经济在民营化后焕发出新活力，对农村劳动力的需求也在不断扩大。与此同时，过去那种限制大中城市发展的政策也被取消。在这几股力量叠加的作用下，我国的城镇化在20世纪90年代中期开始进入一个快速发展的新阶段[1]，并取得了有目共睹的成绩。在1996—2016年这20年时间里，我国城镇化从30%跃升到了50%以上，年均增长1.1个百分点（相当于每年增长1400万左右城镇常住人口），高于美国在城镇化快速发展时期的增长速度。

二、城镇化对城乡融合发展的意义

实践证明，城镇化是解决我国农业农村农民问题的重要途径。具体表现为以下几个方面。

[1] 需要说明的是，国家在此阶段并没有放松对小城镇发展的支持。自2000年以来，国家每年都安排资金以支持部分重点小城镇的基础设施建设和产业发展；2001年发出《关于促进乡镇企业向小城镇集中发展的通知》，并通过调整乡镇行政区划，使小城镇布局分散和重复建设的情况得到改善。

（一）只有加快城镇化，才能加快农村富余劳动力的转移，农业劳动生产率的提高和农村经济结构的优化，促进农民收入的增加

随着农业劳动生产率的提高，农村剩余劳动力不断涌现。研究发现，2011年我国农业剩余劳动力852万人，占农村劳动力总数的2.1%[1]。因此，加快劳动力的合理流动不仅可以减少资源浪费，更重要的是可以促进农民收入的增加。当前，加快农村富余劳动力的转移除了要大力发展农村二、三产业和多种经营、拓展农村的就业领域之外，更重要的是加快城镇化的发展步伐，积极引导农民进城务工，同时大力发展乡镇企业和县域经济，扩大农村劳动力在当地转移就业。

（二）只有加快城镇化，才能做到节约资源，保护环境，实现可持续发展

我国是人口大国，但不是土地资源大国，人均耕地面积仅0.1公顷，农户户均土地经营规模约0.6公顷，相当于世界平均水平的43%，人均草地面积仅为世界平均水平的33%，远远达不到农业规模化经营的门槛。全世界发达国家的人均粮食消费量为1000公斤，东亚发达经济体为500公斤。我国按照每人每天正常所需的营养测算，全年所需人均粮食消费量至少为400公斤。据国家人口和计划生育委员会测算，全国人口2010年第六次人口普查为13.39亿，预期2020年14.7亿。相应的粮食需求必须达到5.44亿吨和5.88亿吨。1990年以来，粮食总产量逐年上升，1996年达到5.1亿吨，但之后始终在5亿吨上下徘徊，没有更大的突破。这一状况很自然地引发人们对耕地占用的关注。中国土地勘测规划院根据对营养需求、粮食自给率、粮食单产水平、复种指数、技术投入、物质投入、耕地资源、生态环境等因素的综合考虑，推算2010年和2020年的耕地保有量必须达到18亿亩和17.38亿亩（袁崇法，2011）。城镇化总体上有利于集约节约利用土地，为发展现代农业腾出宝贵空间。随着农村人口逐步向城镇转移，农民人均资源占有量相应增加，可以促进农业生产规模化和机械化，提高农业现代化水平和农民生活水平。城镇经济实力提升，会进一步增强以工促农、以城带乡能力，加快农村经济社会发展。

然而，我们也必须看到，在城镇化的推动下，建设用地的需求表现得非常强

[1] 《农业部关于切实抓好粮食生产保障国家粮食安全的通知》,《农民日报》2014年2月12日。

劲，城镇化仍处在快速推进阶段。新增城镇建设、基础设施和工矿用地预计需求量在6000万亩左右，全国城镇建设用地总量2020年将累计达到55860万亩。守住18亿亩耕地红线的任务十分艰巨，实现“占补平衡”的压力越来越大[1]，对土地整理的要求也越来越高。因此，在我国城镇化进程中，必须坚持节约土地的原则，杜绝浪费土地现象的发生。

（三）只有加快城镇化，才能尽快缩小工农差别和城乡差别，提高国民的整体素质，促进社会的文明进步与长久稳定

城镇化是促进社会全面进步的必然要求。城镇化作为人类文明进步的产物，既能提高生产活动效率，又能富裕农民、造福人民，全面提升生活质量。随着城镇经济的繁荣，城镇功能的完善，公共服务水平和生态环境质量的提升，人们的物质生活会更加殷实充实、精神生活会更加丰富多彩；随着城乡二元体制逐步破除，城市内部二元结构矛盾逐步化解，全体人民将共享现代文明成果。这既有利于维护社会公平正义、消除社会风险隐患，也有利于促进人的全面发展和社会和谐进步。

三、走城乡统筹的新型城镇化道路

新型城镇化是指以创新、协调、绿色、开放、共享的发展理念为引领，以人的城镇化为核心，更加注重提高户籍人口城镇化率，更加注重城乡基本公共服务均等化，更加注重环境宜居和历史文脉传承，更加注重提升人民群众获得感和幸福感。在具体措施上，就是走出一条城乡统筹的城镇化道路。

城乡统筹的城镇化，是以城乡融合发展为目标，彻底破除城乡分割的二元体

[1] “占补平衡”是指当建设需要占用耕地时，建设主体必须在土地主管部门的指导下按照“数量不减少，质量不下降”的原则整理出耕地给予补偿。这是一种具有中国特色的、成效显著的土地整理和管理办法。例如，2003—2008年，国家投资和地方安排土地开发整理的项目累计3.14万个，全国累计补充耕地57.12万公顷，年均补充耕地9.52万公顷（根据《中国国土资源统计年鉴（2009）》计算）。

制，把“三农”发展与城市发展结合起来[1]，建立起地位平等、开放互通、互补互促、共同进步的城乡经济社会发展新格局，从而可以在更大范围内实现土地、劳动力、资金等生产要素的优化配置，有序转移农村富余劳动力，实现以工促农、以城带乡、城乡互动，最终达到城乡共同发展繁荣。如果城乡仍然保持二元发展，则不仅损害农村、农民和农业，反过来对城市的发展也会产生负面影响。正如邓小平同志所说的那样：“城市搞得再漂亮，没有农村这一稳定的基础是不行的。”[2]那么，在城镇化过程中如何实现城乡统筹呢？

（一）要充分发挥城乡规划对城镇化和城镇建设的引导和调控作用

逐步降低“进城门槛”，使亿万农民有能力进入城镇，有条件居住在城镇，有机会在城镇发展，享有均等化的公共服务和同质化的生活条件。这就是说，要以人的城镇化为核心，按照尊重意愿、自主选择，因地制宜、分步推进，存量优先、带动增量的原则，合理引导人口流动，有序推进农业转移人口市民化，稳步推进城镇基本公共服务常住人口全覆盖，不断提高人口素质，促进人的全面发展和社会公平正义，使全体居民共享现代化建设成果。

城乡二元结构一直是我国经济社会发展的一个大问题，它不仅影响农民生活水平的提高、农村经济的发展，还对我国的城镇化发展产生重大影响。尽管2011年我国的城镇化率第一次超过50%，但是这一指标却更多的只有统计上的意义，因为它把这种城乡的二元差距给掩盖了。在被统计为城镇常住人口的人群当中，有两类人的生活其实并没有完全达到城镇化的水平，一是农民工，2017年底我国农民工总量为28652万人。二是通过行政区划调整，扩大辖区面积而由农民变为市民的那部分郊区人口。据估计，这部分人口在1.5亿左右。这两部分人虽然属于城镇常住人口，但绝大部分人在劳动就业、工资福利、子女就学、社会保障、保障性住房购买等方面仍很难享受城镇居民同等待遇，在本质上

[1] 自从1998年我国政府关于解决我国“三农”问题的决策提出后，城镇化就被视作为一项重要举措。人们普遍认识到，推进和加速城镇化，使农村富余劳动力和过量的农业人口转化为城镇人口，是一项解决“三农”问题的重要措施。由此开始，“城镇化”从学者们的论坛走上了各级政府的计划和议程，得到前所未有的重视和青睐。

[2] 邓小平：《建设有中国特色的社会主义》，人民出版社1984年版，第65页。

并没有真正地完全城镇化。[1]

在城乡二元结构的影响下，相当大一部分农村人口是出于改善自己生活条件的考虑而选择到城市生活的，而非经济发展的拉动。从全国“百村千户”农民调查来看[2]，有66.7%的农民想过或很想离开本村到城市工作生活，有80.53%的农民希望自己的子女到城市工作和生活。这会产生两个方面的影响，一方面使得城镇化加速发展，城市的承接能力在短期内不断受到挑战，另一方面也导致农民不愿意耕作土地，一些地方甚至出现“空村化”的现象。这种矛盾如果得不到有效处理，则最终会制约城镇化的进程。

（二）营造城乡互动发展的制度环境

通过建立新型城乡关系，改变城乡分割、相互脱节的发展模式，使城镇化成为城乡之间互相吸收发展要素、相互融合、共同发展的过程，实现城乡双向、互动的发展。为此，要采取切实有效手段改变城乡分割的体制、城乡分治的做法和重城轻乡的倾向。通过改革城乡体制，把城市和乡村纳入统一的经济社会发展大系统。推进符合条件农业转移人口落户城镇。逐步使符合条件的农业转移人口落户城镇，不仅要放开小城镇落户限制，也要放宽大中城市落户条件。国务院在2014年7月印发的《关于进一步推进户籍制度改革的意见》指出，各类城镇要健全农业转移人口落户制度，根据综合承载能力和发展潜力，以就业年限、居住年限、城镇社会保险参保年限等为基准条件，因地制宜制定具体的农业转移人口落户标准，并向全社会公布，引导农业转移人口在城镇落户的预期和选择。以合法稳定就业和合法稳定住所（含租赁）等为前置条件，全面放开建制镇和小城市落户限制，有序放开城区人口50—100万的城市落户限制，合理放开城区人口100—300万的大城市落户限制，合理确定城区人口300—500万的大城市落户条件，严格控制城区人口500万以上的特大城市人口规模。大中城市可设置参加城镇社会保险年限的要求，但最高年限不得超过5年。特大城市可采取积分制等方

[1] 辜胜阻将之称为“半城镇化”。（辜胜阻：《统筹解决农民工问题需要改进低工业化和半城镇化模式》，《中国人口科学》第5期。）

[2] 项继权：《城镇化的“中国问题”及其解决之道》，《华中师范大学学报（人文社会科学版）》2011年第1期。

式设置阶梯式落户通道调控落户规模和节奏。

（三）推进农业转移人口享有城镇基本公共服务

农村劳动力在城乡间流动就业是长期现象，按照保障基本、循序渐进的原则，积极推进城镇基本公共服务由主要对本地户籍人口提供向对常住人口提供转变，逐步解决在城镇就业居住但未落户的农业转移人口享有城镇基本公共服务问题。保障随迁子女平等享有受教育权利。建立健全全国中小学生学籍信息管理系统，为学生学籍转接提供便捷服务。将农民工随迁子女义务教育纳入各级政府教育发展规划和财政保障范畴，合理规划学校布局，科学核定教师编制，足额拨付教育经费，保障农民工随迁子女以公办学校为主接受义务教育。对未能在公办学校就学的，采取政府购买服务等方式，保障农民工随迁子女在普惠性民办学校接受义务教育的权利。逐步完善农民工随迁子女在流入地接受中等职业教育免学费和普惠性学前教育的政策，推动各地建立健全农民工随迁子女接受义务教育后在流入地参加升学考试的实施办法。

（四）建立健全农业转移人口市民化推进机制

强化各级政府责任，合理分担公共成本，充分调动社会力连构建政府主导、多方参与、成本共担、协同推进的农业转移人口市民化机制。推进农民工融入企业、子女融入学校、家庭融入社区、群体融入社会，建设包容性城市。提高各级党代会代表、人大代表、政协委员中农民工的比例，积极引导农民工参加党组织、工会和社团组织，引导农业转移人口有序参政议政和参加社会管理。加强宣传教育，提高农民工科学文化和文明素质，营造农业转移人口参与社区公共活动、建设和管理的氛围。城市政府和用工企业要加强对农业转移人口的人文关怀，丰富其精神文化生活。推进农业转移人口市民化，逐步把符合条件的农业转移人口转为城镇居民。创新人口管理，加快户籍制度改革，全面放开建制镇和小城市落户限制，有序放开中等城市落户限制，合理确定大城市落户条件，严格控制特大城市人口规模。稳步推进城镇基本公共服务常住人口全覆盖，把进城落户农民完全纳入城镇住房和社会保障体系，在农村参加的养老保险和医疗保险规范接入城镇社保体系。建立财政转移支付同农业转移人口市民化挂钩机制，从严合理供给城市建设用地，提高城市土地利用率。

第三节 实施乡村振兴战略

实现城乡融合发展，最艰巨最繁重的任务在农村。农村人口众多是我国的国情，只有发展好农村经济，贯彻好习近平总书记在党的十九大报告中提出的乡村振兴战略，建设好农民的家园，让农民过上宽裕的生活，才能实现城乡经济社会的融合发展，才能保障全体人民能够共享经济社会发展成果。

一、乡村振兴战略的含义和历史意义

乡村振兴战略是指在社会主义制度下，在习近平新时代中国特色社会主义思想的指导下，按照“产业兴旺、生态宜居、乡风文明、治理有效、生活富裕”的总要求，协调推进农村经济建设、政治建设、文化建设、社会建设和党的建设的顶层设计。乡村振兴战略的提出是习近平“三农”思想的具体体现，是党在新时代对“三农”政策的创新与发展。实施乡村振兴战略是新时代我们党解决“三农”问题的抓手，必将对农业、农村、农民的面貌产生重大而又深远的影响，具体表现如下。

一是乡村振兴是农业发展的基石。与发展工业所需要的集约化和规模化不同，农业发展具有典型的地域化特征，乡村的形成往往也与农业发展的要求高度相关，乡村由此也成为农业发展的出发点和落脚点，成为发展农业的平台，成为农业生产要素的集散中心。实践表明，乡村发展好的地方，农民从事农业生产的积极性就会高涨，农业生产的效率就会稳步提高，而农业的发展又会发过来促进农村各项事业的进步，从而呈现出一种良性循环的局面；而那些乡村落后的地方，从事农业生产的农民不仅数量少，而且积极性也不高，农业的发展也会严重滞后，这种滞后又会反过来阻碍乡村发展的步伐。

二是乡村振兴是满足农民对美好生活追求的重要举措。“以人民为中心，一切为了人民”是我们党发展经济的重要思想。乡村是农民生活的家园，没有农村的发展，农民的生活水平就不能提高、生活状态就不可能美好，农民就不能安居乐业，农业的发展就失去了坚实的社会基础。过去很长时间以来，由于农村的不发展、农业基础设施的落伍、农村教育文化的贫瘠、医疗保障的不充分、社会治安的滞后等问题，富裕之后的农民不愿种地、以迁徙到城镇作为自己的人生目

标，而留守在农村的农民的素质呈现出不断下降的趋势[1]，长此以往，必将掏空了农业发展的基础，使得农业发展成为无本之木、无源之水。正是在这一背景下，党在2005年10月召开的十六届五中全会上通过的《中共中央关于制定国民经济和社会发展第十一个五年规划的建议》中，第一次将“建设社会主义新农村”作为我国现代化进程中的一项重大历史任务。《建议》指出，要按照“生产发展、生活宽裕、乡风文明、村容整洁、管理民主”的要求，坚持从各地实际出发，尊重农民意愿，扎实稳步推进新农村建设。另外，乡村振兴具有综合性。在2013年中央一号文件中，我们党又提出了“美丽乡村建设”的奋斗目标，指出要在农村进一步加强“生态建设、环境保护和综合整治工作”。可见，乡村振兴战略是促进农业进步、壮大集体经济、提高农民收入的重要举措，是我们党在国情世情农情发生重大变化的背景下解决“三农”问题的一次重大政策调整，是对“建设社会主义新农村”“美丽乡村建设”思想的发展。

三是乡村振兴战略是实现城乡融合的重要选择。当前，我国人口总规模巨大，即使将来实现了70%以上的城市化率，届时，中国仍然会有3亿至4亿人生活在农村。这就是说，城镇化不可能取代乡村振兴战略，城镇与农村在经济社会生活中的功能性差别不可能、也不应该被消除。不能把城镇建设的做法简单地套用到农村建设中去，不能把城镇的居民小区照搬到农村去、赶农民上楼。乡村建设还是应该保持乡村的特点，这种“和而不同”不仅有利于农民生产生活，保持田园风光和良好生态环境，还有利于吸引城市生产要素对农村农业的投入，促进城乡的共同繁荣。

经过40年的改革开放，我国乡村振兴取得了很多实际效果，农业基础地位进一步巩固，农村面貌焕然一新，农民收入稳步提高。然而，我们也必须看到，乡村振兴是一项长期的、系统的工程，还有很多工作需要去完成、去落实。当前的重点工作有两个，其一是坚实以农村经济建设为中心，深化农村改革，持续提高农民的收入水平；其二是坚持以民生为中心，推进乡村各项社会事业发展，把

[1] 2013年7月22日，习近平同志在湖北省鄂州市考察农村工作时十分担忧地指出，“农村绝不能成为荒芜的农村、留守的农村、记忆中的故园。”

乡村建设成为宜居之地和首善之地。

二、始终把发展乡村生产力放在第一位

经济基础的不断夯实是落实乡村振兴战略的物质保障。从国内外的历史经验上看，实现乡村振兴战略的目标，必须立足于乡村产业的发展，从解决乡村经济问题入手，以发展乡村经济为中心，始终把发展乡村生产力放在第一位。如果没有农村的经济发展，农民的收入水平就不可能得到提高，农业的基础地位就不可能得到巩固，再美的乡村振兴计划也就无从实现。当前，发展农村生产力，一是要深化农村体制改革；二是要调整农村经济结构，促进农村一二三产业融合发展；三是要支持和鼓励农民就业创业，拓宽增收渠道。

（一）持续不断地深化农村体制改革

首先，要稳定农村土地承包关系并保持长久不变[1]，在坚持和完善最严格的耕地保护制度前提下，赋予农民对承包地占有、使用、收益、流转及承包经营权抵押、担保权能。其次，在落实农村土地集体所有权的基础上，稳定农户承包权、放活土地经营权，允许承包土地的经营权向金融机构抵押融资。再次，完善农业支持保护制度[2]。农业支持保护制度是现代化国家农业政策的核心，也是我国发展现代农业的必然要求。这些年来，国家财政对“三农”的投入快速增长，农业补贴涵盖的范围越来越宽，已初步构建了一套适合我国国情的比较完整的农业支持保护体系。但是，近年我国国内农业生产成本快速攀升，大宗农产品价格普遍高于国际市场，农业比较效益偏低，保证饭碗牢牢端在自己手里，保证农业产业安全，提升我国农业竞争力，必须进一步加强对农业的支持保护。随着财政收入增幅趋缓，以及农业补贴日益逼近我国加入世界贸易组织承诺的“黄箱”补贴上限，农业支持保护政策也需要调整和完善。在未来相当长的时间里，要坚持多予少取放活的基本方针，提高农业支持保护的效能，加快形成覆盖全面、指向明确、重点突出、措施配套、操作简便的农业支持保护制度体系，以保障我国粮

---

[1] 习近平总书记在党的十九大报告中指出，“保持土地承包关系稳定并长久不变，第二轮土地承包到期后再延长三十年。”

[2] 《健全农业支持保护制度》，《人民日报》2015 年 11 月 4 日。

食等主要农产品供给、促进农民增收、实现农业可持续发展。

（二）建立健全合理的乡村产业结构

党中央在我国农村经济体制改革的初期就对农村单一的产业结构进行了规划，提出了“无农不稳，无工不富，无商不活”的口号式目标。经过40年的发展，农村的面貌焕然一新。然而，乡村产业结构不合理的现象依然还很突出，不进行调整的话，必将会成为制约乡村振兴的掣肘。

当前调整农村产业结构，必须牢固树立创新、协调、绿色、开放、共享的发展理念，主动适应经济发展新常态，用工业理念发展农业，以市场需求为导向，以完善利益联结机制为核心，以制度、技术和商业模式创新为动力，以新型城镇化为依托，推进农业供给侧结构性改革，着力构建农业与二、三产业交叉融合的现代产业体系，形成城乡一体化的农村发展新格局。具体来说可以从如下几个方面着手[1]：一是以调整农业结构、延伸农业产业链、拓展农业多种功能、发展农业新型业态等为内容，发展多类型农村产业融合新方式。二是以农民合作社、家庭农场、龙头企业、产业联盟等为形式，培育多元化农村产业融合新主体。三是以订单农业、股份合作等为形式，建立多形式利益联结机制。

（三）支持和鼓励农民就业创业，拓宽增收渠道

当前，农民增收难的基本矛盾在于就业不充分。早在十七大的时候，党就指出，要“以促进农民增收为核心，发展乡镇企业，壮大县域经济，多渠道转移农民就业”。近20年来，农民非农就业人数快速增加。1996年到2016年，农民的工资性收入占人均可支配收入的比重由23.4%提高到了40.6%。要继续多渠道增加就业机会，促进农民增收。一是充分挖掘农业内部的就业和增收潜力。要努力发挥农业的多种功能，按照国内外市场的多样化需求，提高农业的集约化、精细化水平，加快发展特色农业、生物质产业、旅游农业，推进“一村一品”的发展，不断拓展农业内部的就业空间和增收渠道。二是发展乡镇企业，壮大县域经济，促进农民就地就近转移就业。继续支持耗能少、污染低、效益高、就业容量大的

[1]《国务院办公厅关于推进农村一二三产业融合发展的指导意见》，中国政府网，2016年1月4日。

乡镇企业发展。以产业政策和区域政策为引导，合理调整城乡和区域间的经济布局。要结合西部大开发、振兴东北地区等老工业基地、促进中部崛起等发展战略，按主体功能区规划的要求，积极推进中西部地区发展县域经济和提高城镇化水平，促使资金、人才和项目合理向内地中小城市转移，为形成合理的经济布局和农村人口就地就近转移创造条件。三是维护农民工合法权益，为农民外出就业提供服务。2017 年，全年农民工总量 28652 万人，其中，本地农民工 11467 万人，外出农民工 17185 万人。农民工月均收入水平 3485 元，呈现出持续增长的势头。外出务工已成为农民转移就业、增加收入的重要渠道。大中城市要全面落实国家关于保障农民工合法权益的各项政策，完善对农民工的就业和社会服务。要提高对农民外出务工经商的职业技能培训水平，加强保障农民工在劳动合同、工资保障、职业安全、社会参与等方面的合法权益；为农民工家庭提供子女义务教育、基本医疗卫生、基本社会保障等方面的服务。

三、加快推进乡村的社会建设步伐

社会建设与人民的生活息息相关。实施乡村振兴战略，必须加快推进乡村的社会建设步伐。

（一）不断提高农村社会事业发展水平

要把加强农村义务教育放在整个教育的优先位置，紧紧抓住提高农村义务教育质量这个核心，加大经费保障力度，下大力气改善办学条件，扩大免费师范生计划，尽快培养一大批教学水平高、有志于农村教育事业的优秀教师，让农村孩子能够共享优质教育资源。要进一步巩固和发展新型农村合作医疗制度，充实农村医生队伍，推动优质卫生资源向农村覆盖。要加强农村公共文化服务体系建设，开展适合农村特点的文化活动，创新乡贤文化，弘扬善行义举，以乡情乡愁为纽带吸引和凝聚各方人士支持家乡建设，传承乡村文明。

（二）促进城乡社会保障融合发展

当前，我国已经初步搭建起农村社会保障制度框架。但要看到，农村社会保障在执行中还存在不少有待改进的地方，保障水平与城镇也有很大差距。今后一个时期，农村社会保障总的方向是完善制度、提高水平、逐步并轨。完善制度，就是要针对实践中暴露出的问题对现行政策和办法进行修订完善。提高水平，就是要加大对农村社会保障的支持，使保障水平能够随着经济发展相应提高。逐步并轨，就是要在城乡社会保障制度设计上协调一致，逐步缩小保障水平上的差距，最终迈向城乡融合。

扩大参保缴费覆盖面，适时适当降低社会保险费率。完善职工基本养老保险制度，实现基础养老金全国统筹，鼓励农民工积极参保、连续参保。依法将农民工纳入城镇职工基本医疗保险，允许灵活就业农民工参加当地城镇居民基本医疗保险。完善社会保险关系转移接续政策，在农村参加的养老保险和医疗保险规范接入城镇社保体系，建立全国统一的城乡居民基本养老保险制度，整合城乡居民基本医疗保险制度。强化企业缴费责任，扩大农民工参加城镇职工工伤保险、失业保险、生育保险比例。推进商业保险与社会保险衔接合作，开办各类补充性养老、医疗、健康保险。

改善基本医疗卫生条件。根据常住人口配置城镇基本医疗卫生服务资源，将农民工及其随迁家属纳入社区卫生服务体系，免费提供健康教育、妇幼保健、预防接种、传染病防控、计划生育等公共卫生服务。加强农民工聚居地疾病监测、疫情处理和突发公共卫生事件应对。鼓励有条件的地方将符合条件的农民工及其随迁家属纳入当地医疗救助范围。实行新型农村合作医疗制度，着力解决农民“看病难，看病贵”问题。建立农村最低生活保障制度，为农村生活困难人口提供兜底的基本生活保障。推动新型农村社会养老保险，促进农民养老方式实现重大转变。在短短几年时间内，基本建立起覆盖数亿农民的农村社会保障三项制度，几千年来中国农民“老有所养”“病有所医”“困有所济”的愿望正在实现。

（三）完善农村公共服务体系

完善农村公共服务体系，是城乡融合发展的关键。农村公共产品供给总量不足，严重制约了农业生产的进一步发展和农民收入的进一步提高。同时，由于农村公共产品供给长期以来主要是由农民负担其供给成本，因而造成了农民负担较为沉重。因此，要实现城乡融合发展，关键是进一步增加对农业和农村的投入力度，不断增加农村公共产品供给。当前，增加农村公共产品供给，应构建以政府为主体、充分发挥市场与农民作用的多元主体协作供给体制。

加强农民工职业技能培训，提高就业创业能力和职业素质。整合职业教育和培训资源，全面提供政府补贴职业技能培训服务。强化企业开展农民工岗位技能培训责任，足额提取并合理使用职工教育培训经费。鼓励高等学校、各类职业院校和培训机构积极开展职业教育和技能培训，推进职业技能实训基地建设。鼓励农民工取得职业资格证书和专项职业能力证书，并按规定给予职业技能鉴定补贴。加大农民工创业政策扶持力度，健全农民工劳动权益保护机制。实现就业信息全国联网，为农民工提供免费的就业信息和政策咨询。

（四）建立健全现代乡村治理体系

农村稳定是广大农民切身利益。农村地域辽阔，农民居住分散，乡情千差万别，加强和创新社会管理要以保障和改善民生为优先方向，树立“系统治理、依法治理、综合治理、源头治理”理念。尽管农村治理现在已经取得了很大成就，然而，农村治理落后的局面也是有目共睹，需要继续探索乡村治理的新思路和新模式，发挥中国共产党的基层组织领导核心作用，把县乡领导下村下户制度化。[1]

同时，要建立自治、法治、德治相结合的乡村治理体系。一是要采取有效措施继续健全完善村民自治制度，推进村务公开，发挥社会各类人才、大学生村官、新乡贤等群体在乡村治理中的作用。二是发挥法治在现存治理中的作用。法治是现代社会治理的核心，也是乡村治理的核心。当前应该结合乡村发展的实际，加强农村法治建设，推进平安乡镇、平安村庄建设，大农村的安防投入，开展突出治安问题专项整治，引导广大农民群众自觉守法用法，用法律手段来维护自身权益。三是发挥道德治理这一我国乡村治理的传统优势。当前，要找新农民的要求，在农村大力推行社会主义精神文明建设，弘扬优秀传统文化和文明风尚，依托村规民约、教育惩戒等褒扬善行义举、贬斥失德失范，唱响主旋律，育成新风尚。

[1] 2016 年 4 月 25 日，习近平在安徽调研时强调：“各级党委要加强对‘三农’工作的领导，各级领导干部要多到农村走一走、多到农民家里看一看，了解农民诉求和期盼，化解农村社会矛盾，真心实意帮助农民解决生产生活中的实际问题，做广大农民贴心人。要把农村基层党组织建设成为落实党的政策、带领农民致富、密切联系群众、维护农村稳定的坚强领导核心。”

在我国这样一个人口大国实现城乡融合发展的使命光荣，任务艰巨，因此必须增强机遇意识、责任意识、忧患意识。我们相信，只要不断解放思想，实事求是，抓住机遇，勇于创新，这一伟大目标就一定能够实现。

| 第八章 |

城乡融合发展的财政金融保障

城乡融合发展作为破解城乡二元结构、解决“三农”问题的重大战略决策，其贯彻实施是一个系统的工程。推进城乡融合发展，不仅需要财政对“三农”的倾斜，而且更需要金融的有力支持。近十多年来，财政加大了对农业的补贴和对农村公共服务、基础设施的投入，有效地促进了城乡融合发展。今后继续推进城乡融合发展，需要进一步建立和完善财政支农的长效机制。

进入新世纪以来，农村金融改革不断深入，已基本形成了以农村信用社和邮政储蓄银行为主体，政策性银行、商业性金融机构、合作性金融机构和民间金融组织等多元化机构并存的农村金融体系。但农村金融供求失衡依然严重，融资难、金融服务获取难问题依然存在，特别是中小微型企业信贷、农户基础金融服务供给相对不足。因而，推进城乡融合发展，需要继续全面深化金融改革，强化金融的支农作用。

第一节 城乡融合发展与财政体制保障

公共财政是政府履行职能和宏观调控的基本手段，在推进城乡融合发展中担负着重要使命和职责。首先，财政作为政府的一个综合部门，必须保证政府重大方针政策的落实，财政资金的投入可为城乡融合发展提供有效保障，如医疗保健、社会保障、公共交通、供水供热、水利道路等，都需通过财政投入来提供。其次，调节城乡资源配置。财政可按照统筹城乡发展的要求，根据不同时期城乡经济与社会发展的特点，调整城乡资源供给水平。再次，由于财政资金投资具有巨大的导向性和示范作用，能带动民间资本投资农村基础设施建设和农产品生产、销售等领域，进而产生“乘数效应”，可为促进城乡融合发展产生积极作用。

最后，财政制度本身，如税收减免和优惠、财政补贴制度等可以发挥“自动稳定器”的作用，调节城乡居民收入分配。

一、城乡融合发展对财政金融提出新要求

近年来的一系列相关的支农惠农强农政策，有力地促进了农民生产增收和农村个体经济的高速发展。农业生产总量和农民生活质量得到较大提高。但是，从城乡统筹和协调发展的方面来看，农村发展中仍然存在许多问题，需要配套的财政金融支持。这些问题主要表现为以下几个方面。

（一）城乡收入差距依然巨大，农民负担表现为隐形税费

近年来，城镇经济保持高速发展，而农村地区经济发展步伐较慢，规模较小，尤其是在城乡居民收入总体水平得到快速提高的同时，城乡差距大的矛盾未能得到根本改善。城乡收入差距过于悬殊，2012 年是 3.10 ： 1，截止到 2016 年底，城乡收入差距比为 2.72 ： 1。2006 年 1 月 1 日，中国完全取消了农业四税（农业税、屠宰税、牧业税、农林特产税），在中国延续了千年的农业税成为历史，与税费改革之前比，减轻农民税费负担 1200 多亿元。但是农民承担的隐形税费仍然较高，这些隐性负担至少包括流转税负担、增值税进项税负担、工农业产品价格“剪刀差”、土地收益转移等。柳思维（2006）认为，传统的工农业产品“剪刀差”并未消亡。刘书明（2003）估计，改革后每年通过工农业产品“剪刀差”转移到城市的资金为 811 亿元。肖屹等（2008）认为，由于政府垄断、市场失灵等原因，扭曲了土地收益分配格局，使得土地征用中农民生产地权益受损严重，也是城乡收入差距的一个重要因素。

（二）城乡公共基础设施差距在扩大，需要财政金融的更多投入

由于城市基础设施的建设主要靠政府投资，农村的道路、农田水利、电气、信息通信等基础设施建设基本上依靠村集体和农民投资，地方政府只给予一定的资金补助。长期“城乡分治”的资源配置方式致使农村公共产品供给严重短缺与滞后于城镇地区，并且差距在不断增大。常言道：“要想富，先修路。”基础设施的投入不足是制约农村经济发展的瓶颈之一。这些一方面需要政府财政支持，另一方面也需要社会资金和民间金融积极地参与，形成更加合理的财政金融支持体系。

（三）城乡地区的社会保障发展不平衡，需要进一步优化财政支持，提升金融服务

农村地区的初级教育、基本养老和大病医保等社会事业发展相对滞后，无法满足农村社会快速发展的需要。同社会性基础设施投入一样，我国各城镇在医疗卫生、教育文化、体育娱乐、行政管理和社会服务、公共安全、科技推广等公共资源投入上也实行向城市地区倾斜的政策。各级财政将多数公共卫生资源和公共教育资源优先投向城市，而广大农村地区获得的公共财政资金较少，无法满足实际需求。社会保障体系发展的滞后性是制约农民消费不足，"后顾之忧"不能放下的最重要原因。同时金融在参与社会公共服务建设上也要创新模式，提升服务水平。

（四）农业现代化程度还不高，急需财政金融支持下进行产业升级

我国农业基础薄弱的状况尚未根本改变，农业生产力的发展仍然明显滞后。在近年农产品需求旺盛的背景下，粮食等主要农产品供给的增长，赶不上经济社会发展需要和人民生活水平提高速度的迹象已经开始显现。虽然我国农业连年粮食丰产，产量节节升高，但是粮、棉、油、糖、肉、奶等主要农产品的进口数量在逐步增加。目前我国大豆、食用植物油进口依存度已超过50%。粮食进口量占我国粮食产量的比重已从2006年的6.4%逐年提高到2012年的14%。农业产业的落后还表现在产业结构变动和就业结构变动不协调，从国际经验看，产业结构变化必然导致就业结构变化，而且二者变化的速率大致接近，这是社会经济稳定协调发展的必要前提。我国自20世纪80年代以来，随着改革开放的推进，三次产业结构发生了重大变化，第一产业比重已由1980年的30.1%下降到2014年的9.2%，第二产业比重由48.5%变为42.6%，第三产业比重由21.4%上升为48.2%，截止到2016年底，第三季度第一产业比重为8.6%，第二产业比重为39.8%，而第三产业占比已超过51.6%，[1]这标志着我国的工业化进程取得了重大进展。问题是，我国的就业结构存在严重缺陷，主要是第一产业就业比重过大，第三产业就业人数比重相对较小。2009年前后，发达国家第一产业就业

[1] 2017年1月20日，根据国家统计局官网公布的2016年宏观经济数据计算。

人数比重一般在 1%—4%，而第三产业的就业人数比重都在 70% 以上；相对发达的发展中国家第一产业的就业人员比重一般在 20% 左右，而第三产业就业人数多数国家在 60% 以上。而我国在 1990 年第一产业就业人数比重在 60% 以上，而第三产业就业人数比重只有 18.5%，到 2013 年，第一产业就业人数比重仍高达 29.5%，第二产业就业人数比重 29.9%，第三产业就业人数比重只有 40.6% 左右。这些都表明，我国农村的现代化程度还不高，农业的现代化生产还需要大力提升，农业的产业结构与就业结构的合理化还有很大空间。农业的现代化、农村的城镇化和农民的市民化，都需要巨大的投入，都离不开财政金融的支持。

二、公共财政近十多年对城乡融合发展的支持

新世纪以来，国家财政支持“三农”的政策不断创新，力度不断加大，范围不断拓宽，农民受益程度越来越大。这些政策主要体现在以下几个方面。

（一）税费改革和对农补贴举措

2006 年 1 月 1 日开始取消农业税，在此之前还取消了向农民征收的行政事业性收费，同时加大对农民尤其是种粮农民的补贴。“四补贴”就是针对种粮农民实施的直接补贴、针对农民购置良种的补贴、农机具购置补贴及农资综合补贴。上述政策从 2004 年开始实行，当年国家财政投入总共 130 多亿元，到 2011 年已增长到 1406 亿元。农民负担得到真正有效解决，部分农民工返乡创业，这也导致长三角和珠三角地区甚至出现了“民工荒”问题，表面是工资问题，实质是我国产业政策的调整和整个产业升级的结果。

（二）加大对农村基础设施投入

新世纪以来，加大农村道路交通、水利设施、生态保护、退耕还林等方面的投入，同时还不断提升农村的科技支持，财政专设农业科技成果转化专项基金给予支持。2012 年，仅中央财政用于农业生产领域的资金就达 4724 亿元。“十一五”时期中央对农村公路建设投入资金达 1978 亿元，年均递增 30%。从 2012 年 1 月起，中央财政按 20% 的比例统筹使用各地区从土地出让收益中计提的农田水利建设资金，重点支持粮食主产区、中西部地区和革命老区、少数民族地区、边疆

地区、贫困地区的农田水利建设投入1100多亿元，同比增长22%。

（三）农村社会保障体系逐渐完善

以低保、养老和救助为核心的新型保障体系不断完善，新型农村合作医疗和农村的教育为投入重点的财政保障日益巩固和发展。2007—2011年，全国财政共安排资金1813.5亿元，支持建立健全农村最低生活保障制度。截至2011年底，我国农村最低生活保障制度覆盖了5313.5万人和2662.6万农户，比2007年农村最低生活保障制度建立之初分别增长53.9%和69.3%。2009年我国开始推行新型农村社会养老保险制度的试点，当年推出时覆盖面占15%，到2011年全国有27个省、自治区的1914个县（市、区、旗）和4个直辖市部分区县开展国家新型农村社会养老保险试点，新型农村社会养老保险试点覆盖60%的县市。到2012年底已实现基本全覆盖。[1]

新型农村合作医疗是指由政府组织、引导、支持，农民自愿参加，个人、集体和政府多方筹资，以大病统筹为主的农民医疗互助共济制度。从2003年起开始试点实行新型农村合作医疗制度，着力解决农民看病难看病贵问题，实现"病有所医"。2003—2011年，全国财政共安排新型农村合作医疗补助资金4724亿元，实现了新型农村合作医疗制度全覆盖。2018年，新农合将全面纳入到城镇居民医疗保险范畴，统一称之为城乡居民基本医疗保险，实现了城乡医保并轨。

从2006年国家按照"明确各级责任、中央地方共担、加大财政投入、提高保障水平、分步组织实施"的总体思路，将农村义务教育全面纳入公共财政保障范围，稳步增加财政投入，逐步建立中央和地方分项目、按比例分担经费的农村义务教育长效经费保障机制。

（四）提升县级财政保障能力

近年来财政"三农"政策的内容非常丰富，基本政策导向是，一方面取消税费，大力减轻农民负担；另一方面加大对农村社会经济发展的投入，为"三农"发展创造更好的条件；同时调整财政体制，财力分配向基层倾斜，直接服务"三农"。从财力投入看，2003—2012年中央财政累计安排"三农"支出超过6万亿

[1] 苏明：《我国城乡发展一体化与财政政策思路》，《当代经济管理》2014年第1期。

元。其中，2007—2012 年，中央财政安排“三农”投入 4.9 万亿元，年均增长超过 23%，比同期中央财政支出年均增长率高 6.6 个百分点，中央财政用于“三农”支出占中央财政总支出的比重由 2007 年的 14.6% 提高到 2012 年的 19.2%，增加了 4.6 个百分点。这就表明财政支农稳定增长机制正在形成，也直接体现了国家财政支持“三农”的决心。

三、完善财政体制，促进城乡融合发展

城乡融合发展的长远目标，是消除城乡差别和工农差别，实现农民和市民不再有体制、户口、身份等方面的差别，而仅仅是职业的区分。实现这一长远目标，还需要财政发挥其应有的功能和作用。财政资金在调节收入分配、提供公共产品、引导资源配置和直接投资等方面都具有独特作用。要坚持把农业农村作为各级财政支出的优先保障领域，加快建立投入稳定增长机制，持续增加财政农业农村支出，中央基建投资继续向农业农村倾斜。同时，优化财政支农支出结构，重点支持农民增收、农村重大改革、农业基础设施建设、农业结构调整、农业可持续发展、农村民生改善。转换投入方式，创新涉农资金运行机制，充分发挥财政资金的引导和杠杆作用。

（一）进一步完善现行的农村公共财政体制

完善农村公共财政体制主要的任务是明确事权与支出的划分。界定市场经济条件下的政府职能，改变昔日政府大包大揽的问题，进一步区分财政供应的范畴。属于全区范围的事务，由县区政府承担；属于农村范围的事务由镇政府承担。合理划分财权和事权，做到各项权利相结合，责权利相统一。根据事权核定所需的财力，镇一级财力不足的，县区级财政给予补助，以提高基层财政自给率，确保镇政府有充足的财力用来提供农村的公共产品。

（二）建立合理的农税费体制和财政补贴机制

坚持把农业农村作为财政支出的优先保障领域，确保农业农村投入适度增加，着力优化投入结构，创新使用方式，提升支农效能。固定资产投资继续向农业农村倾斜。发挥规划统筹引领作用，多层次多形式推进涉农资金整合。推进专项转移支付预算编制环节源头整合改革，探索实行“大专项 + 任务清单”管理方

式。创新财政资金使用方式，推广政府和社会资本合作，实行以奖代补和贴息，支持建立担保机制，鼓励地方建立风险补偿基金，撬动金融和社会资本更多投向农业农村。建立健全全国农业信贷担保体系，推进省级信贷担保机构向市县延伸，支持有条件的市县尽快建立担保机构，实现实质性运营。拓宽农业农村基础设施投融资渠道，支持社会资本以特许经营、参股控股等方式参与农林水利、农垦等项目建设运营。鼓励地方政府和社会资本设立各类农业农村发展投资基金。加大地方政府债券支持农村基础设施建设力度。在符合有关法律和规定的前提下，探索以市场化方式筹集资金，用于农业农村建设。研究制定引导和规范工商资本投资农业农村的具体意见。对各级财政支持的各类小型项目，优先安排农村集体经济组织、农民合作组织等作为建设管护主体，强化农民参与和全程监督。

（三）建立城乡公共服务均等化的保障体制

近年来，国家采取公共财政覆盖农村的各项政策，农村公共服务如义务教育、医院卫生、社会保障等方面有了很大进步，但由于历史和国情的制约，目前城乡基本公共服务仍差距很大。城乡之间基本公共服务均等化是一个长期动态的过程，只能通过制度和政策完善，逐步缩小差距并最终向均等化迈进。财政要从一般竞争性领域的投资果断退出，集中财力加大民生投入，特别是加大对基本公共服务如教育、医疗卫生、就业服务、社会保障、生态环境等方面的支出力度。各级政府要优先安排预算用于基本公共服务，并确保增长幅度与财力的增长相匹配、同基本公共服务相适应。与此同时，中央和地方财政的民生投入真正向农村倾斜。特别是对于基础教育、职业教育的发展，三级医疗体系在农村的建立与完善，最低生活保障和医疗救助等财政支持要建立长效机制，新型养老体系要不断完善，农村的社会文化事业也要大力积极发展。

（四）加大对农业基础设施的投入力度

农村的基础设施建设关系到农村的生产生活的方方面面，要彻底改变农村行路难、用电难、饮水难的基本状况，根据农村和农民的现实情况，解决制约农村发展的公共问题。例如目前随着市场化和城镇化的发展，有些农村的“白色污染”问题开始成为影响环境的重大问题，这就需要根据情况制定相应的对策，及时予以解决。在建设“美丽农村”家园的时候，一方面发挥财政资金的主导和引领作用，同时也要根据具体项目合理引导社会和民间资本的介入，加快农村基础设施的建设，缩小城乡差别农村准公共产品则按照财政补助和私营投资相联合的方式由地方政府和农民一道提供。如小范围的病虫害防治、小型水利灌溉工程、农业技术应用和推广等，这些既有社会受益，又有生产者个人受益的特点，可在政府补贴基础上，遵循享有收益与负担支出对等的原则，由当地村民依照受益程度的大小进行投入。一些个别范围得益的低等农业公共产品，可考虑通过农村合作社的方式提供。此外，还要进一步完善农村沼气建管机制。加大农村危房改造力度，统筹搞好农房抗震改造。深入推进农村广播电视、通信等村村通工程，加快农村信息基础设施建设和宽带普及，推进信息进村入户。

（五）完善财政支持农业的政策体系

除提供公共物品外，财政还必须对农业进行输血，增强农村经济的自主发展能力，强化对农业的产业保护与支持，不断推进我国农业的现代化建设步伐。近年来国家财政的农业投入保持了稳定增长的态势，但财政农业支出与农业发展的资金需求相比仍是相距甚远。应从以下几个方面加大财政对农业的投入：一是不断加大财政支持农业的投资力度。随着政府财力的不断增长，应逐步提高财政用于农业的支出占财政支出的比重，长期坚持在国家新增财力的安排中向农业倾斜政策，除此之外，还可以从土地出让收益和国有资本运营的收益中建设用于农业发展的专项支持基金。二是不断优化支出结构，加强重点支持，基础设施的投入不断增强，要引导资金逐渐投入到支持传统农业的转型升级产业上来，实现农业产业的现代化，发展有竞争优势的农产品，发展畜牧业和林果业，促进农产品加工转化增值，积极发展小城镇和乡镇企业等。为此，财政要加大对“种子工程”、畜牧良种、优质饲料、区域化优质农产品基地、产业化龙头企业、退耕还林还草等方面的支持，把财政用于农业的资金切实用到最能产生效益的地方。三是充分发挥财政职能，优化资源配置，打通城乡市场梗阻，促进资源和生产要素的城乡互动，支持农村产业发展，打破城乡分割，加快城乡产业融合，增强城乡产业关联度，促进城乡产业优势互补、融合发展。

实行城乡统筹的公共财政政策是一个涉及面广的惠民工程，需要地方政府和全社会的相互配合。在实施过程中，不仅要发挥地方政府在公共产品方面的供给与配置和国民收入再分配以及转移支付的作用，又要充分发挥市场要素对社会资源的有效配置作用，以财政政策这项强有力的杠杆进行区域城乡间资源的科学调控和配置，促进区域城乡协调发展。

第二节　城乡融合发展的农业金融体制障碍

我国农村的金融需求大致有传统农户、农民专业合作社、农业产业化龙头企业、城市郊区居民住房消费和农业基础设施建设等五个层次。这五个层次的金融需求又分别对应着商业金融、政策金融、开发性金融和合作金融三大类别的金融供给。其中，农业产业化龙头企业、城市郊区居民住房消费等金融需求因为具有一定的规模效应，具备了商业可持续开发的基础和条件，基本属于商业金融的作用范围；农业基础设施建设等金融需求则对应着政策性的金融供给；农业农村的中长期信贷支持则需要开发性金融的支持；传统农户和农民专业合作社的金融需求因为具有规模不经济问题，基本隶属于合作金融的范畴。国家开发银行要创新服务“三农”融资模式，进一步加大对农业农村建设的中长期信贷投放，这是新农村建设中的开发性金融的作用发挥的问题。目前我国农村商业金融、政策金融和合作金融都普遍存在供给不足问题，这些金融支持又可分为正规金融和非正规进入两种类型，农村金融的发展水平不高和发展的不平衡性也体现在这两类金融的发展的不足上。

一、正规金融功能弱化，农村资金大量外流

以 1979 年 2 月中国农业银行复牌为标志，我国农村金融体制改革正式启动，农业银行在改革之初兼具政策性与金融性双重职能，同时负责统一管理农村信用合作社，这是农村金融体系的主要构成。1994 年，中国农业发展银行成立，农村政策性与商业性金融业务开始分离。1996 年，国务院在《关于农村金融体制改革的决定》中进一步要求“建立和完善以合作金融为基础，商业性金融、政策性金融分工协作的农村金融体系”，开启了农村金融体系的多元化格局。2000 年之后，管理层启动了以农村信用社为核心的改革，并在 2003 年下发了《关于深化农村信用社改革试点方案的通知》，进一步推动农村金融体制改革向纵深方向

发展。2007 年邮储银行有限公司成立，2012 年正式组建邮储银行股份有限公司。此外，截至 2016 年末，全国已组建村镇银行 1519 家，小额贷款公司 8673 家。新型金融机构在农村扎根发展，落地开花。回顾 40 年来的农村金融改革历程，对促进我国农村经济发展，解决“三农”问题功不可没，但在改革进程中也暴露出诸多问题与不足。

农村金融体制的改革，初衷并不是要解决农村融资问题，满足农村金融服务需求，而是服务于国家整体政策与发展规划，持续不断地为工业化和城市化动员储蓄。与此同时，农村与农业生产效率的低下，决定了农贷资金的“高成本、低收益”特征，造成金融供给严重不足，“非农化”趋向严重，就连农村正规金融的主力军——农村信用合作社，实际上扮演的也是一个农村资金“抽水机”的角色。农业发展需要金融的支持，统筹城乡融合发展更需要金融支持，但自 1999 年金融体制改革以来，四大国有商业银行基本取消了县一级分支机构的放贷权，只保留了吸储功能；占据大片农村金融市场的邮政储蓄也只吸储、不放贷，使得本来急需资金支持的广大农村在缺少国有商业银行支持的同时，农村资金通过银行、信用社和邮政储蓄等渠道大量流向城市，严重阻碍了农业、农村经济的发展和农民福利改善。这些正规的金融机构几乎都变成了农村资金的“抽血机”，使得本来就缺乏的支农资金，由于追逐利润而流向了相对利润高的城市或者发达地区。2017 年末，金融机构人民币各项贷款余额 120.1 万亿元，其中本外币农村（县及县以下）贷款余额 25.1 万亿元，同比增长 9.3%；农业贷款余额 3.9 万亿元，同比增长 5.7%。农村和农业贷款增速上升，但与农村的资金需求相比，缺口仍然是巨大的。[1]

二、非正规金融机构长期受压制，发展有待突破

非正规金融发展薄弱，并且存在很大的金融风险。随着我国金融管制的放松，互联网大数据等信息时代的技术变革，农村中的非正规金融机构也在日益发展成长，逐渐演变成为农村金融中的一股重要力量。除了传统意义上的民间借

[1] 中国人民银行：《2017 年四季度金融机构贷款投向统计报告》，2018 年 1 月 22 日。

贷、民间的“台会”“合会”和地下钱庄外，近几年发展较为迅速的就是新型的民间借贷形式，例如以小额贷款公司形式出现的民间借贷、典当行、各类以投资公司或者租赁公司等名义存在的借贷和投融资主体，以及农业专业合作社中存在资金互助社的资金借贷行为等，截至到2016年末，小额贷款公司已经达到了8673家。此外，随着互联网金融的迅速发展，各种互联网金融模式也逐渐渗透到农村，第三方支付已经是互联网金融中相对成熟的支付模式，尤其是移动端的互联网金融更加迅速的普及开来。此外，P2P公司也将触角深入农村，各种创新的众筹模式也逐渐走进人们的生活，互联网理财、互联网门户、各种消费金融与分期也在不断促进大众的理财方式、生活和消费方式的转变。这些非正规的金融的产生与发展，一方面大大增加了农村的金融供给，一定程度上满足了“三农”的金融需求，另一方面由于非正规金融毕竟处于灰色地带，其追逐收益的本性，对于风险控制的缺失，以及尤其是互联网金融存在的信息不对称和更加难以识别和监管的特点，距离真正成为老百姓信得过的金融还有很大差距。近年来层出不穷的跑路和骗贷事件，时刻警示着我们这个灰色领域的潜在巨大风险，如何进一步的规范监管和引导非正规金融机构的良性发展，也是摆在监管当局面前的一大挑战。

三、农村金融体系不完善，金融供求不对称

由于正规金融功能的弱化和非正规金融机构长期受压制以及市场的逐利性，致使农村金融存在着一系列的问题：一是农村金融体系不完善，金融主体缺乏。正规的银行类基本撤离，现在只剩下农村信用社及其转型的农村合作银行和农商行，以及新成立的邮储银行，却都有从农村“吸血”的特点。与农村小额需求对接的正规金融主体数量和质量存在严重不足，而且发展存在着地区上的不平衡性，落后地区的金融支持更是有待发展。涉农的保险、证券、基金等各类正规其他金融更是少而又少，银行金融服务之外的金融供给更是严重不足。二是金融供给和金融需求的不对称，导致缺口较大。金融的供给希望高收益、短期限，并且希望有担保抵押和信用的保证，而农村金融的需求方恰好是营利性低，附加值较少、期限相对较长、农产品的风险大以及缺乏抵押担保和较好的信用记录，再加上农民本身存在的封闭性、保守型，申请贷款中的过程的复杂性等因素的叠加，

导致农村金融的实际需求得不到有效解决，缺乏政策性的优惠扶持和追逐高利的商业性金融只愿意吸储不愿意增加资金供应成为农村资金供需的矛盾所在。三是金融市场和金融产品的未能达到普惠。多层次的资本市场体系的不断建立、日益开拓的各类金融业务以及日益创新的金融产品虽然也不断向农村渗透，但是距离金融的普惠还有很大的距离。无论是一级市场还是二级市场，农民知之甚少，农民对于现代市场经济中的各类金融产品和各类金融服务也了解不多，更谈不上享受这类服务，与自己的生产生活相关的金融创新也基本上不知情。

实践证明，建设社会主义新农村，统筹城乡发展，推进城乡一体化，离不开金融部门的支持。而农村金融的基本功能，就在于把资金配置到最有效益的部门去，从而提高农村经济效率且更好地使用社会资源，使农村经济得以快速增长，不断推进农村的城镇化，农业的现代化，农民的市民化，最终使得农民生活水平得以迅速提高，实现全面建设小康的目标。因而，继续全面深化农村金融改革势在必行。

第三节　农业金融发展的境外经验借鉴

在推进农业现代化的进程中，一些发达国家或地区都积累了宝贵的经验。其中美国的复合信用型农村金融体系、日本农村合作金融体系、法国国家控制型合作农村金融体系、德国自下而上联合型农村金融体系以及台湾地区农会中的金融功能等最为典型，值得我们借鉴。

一、美国复合信用型农村金融体系

美国虽然只占世界农业人口的3%，其农业人口只占其总人口的2.5%，却成为世界上最大的粮食生产国和出口国，其农业居世界领先水平主要归功于其不遗余力地为农业提供了大量的资金，促进了农业现代化的资金需要。美国农业金融机构虽在20世纪初才开始建立，但如今已经形成了较为合理、规范、有效的农村金融体制。其基本格局是：以私营机构及个人的信贷为基础，以农场主合作金融的农业信贷系统为主导，以政府农贷机构为辅助的多元复合型模式。在整个体系中私营金融机构包括了商业银行、保险公司及个人和经销商的贷款；美国的农业保险主要涉及农产品自然灾害等为主的综合性农业生产保险、团体风险保险以及不定额收益保险等。合作农业信贷包括三种类型，在美国政府扶持下，美国建立了以联邦土地银行、联邦中间信贷银行、合作社银行为主的合作性农业金融体系。联邦土地银行主要向农场提供不动产的抵押贷款，用于发展农业生产和其他信贷需要；联邦中期信贷银行不直接对农场贷款，而是对生产信贷协会和其他为农业服务的金融机构办理农业贷款提供资金，贷款主要满足农牧业生产的需要以及为与农业有关的业务提供流动资金；合作社银行主要向美国境内各州的农产运销、农业供应合作社和为农业服务的企业等发放设备、经营和商业贷款。政府农贷部门拥有四个机构：农民家计局、商品信贷公司、小企业管理局、农村电气化管理局。这部分农业信贷机构不以营利为目的，主要是在私营金融机构不愿意发放贷款的情况下向农场主、农业生产团体和涉农企业发放贷款与提供资助，扶持农业发展。

目前，美国已经形成了政府主导的农村政策性金融信贷体系、农村合作金融体系以及农业保险体系，多种金融机构形成一个分工协作、互相配合的农村金融体系，较好地满足了美国农业和农村发展的资本需要，充分体现出金融在经济发展中的导向和支持作用。

美国复合信用型农村金融体系的特点主要归纳为以下几点：（1）农村金融机构多元化，信贷渠道多样化，分工协作，功能互补；服务对象各有侧重，相互补充。如在非营利性农业信贷机构中，农村电气化管理局主要向农村地区的基础设施项目提供贷款，如兴修水利、搭建电网；农民家计局主要针对贫困农户，立足于保障低收入农户的基本生计；商品信贷公司则面向一般农民，为其提供类似于农业保险的业务，帮助农户规避或减轻农业生产中的经营风险。贷款方式多样，如合作性农村金融机构主要向农户或农户合作社发放贷款；联邦土地银行主要提供长期不动产抵押贷款；联邦中间信贷银行主要向农户提供中短期贷款，可以动产抵押，但只通过农业生产合作社间接提供贷款。（2）政府资金支持和政策扶持。美国政府通过直接出资建立政策性农业金融机构，并为这些金融机构的运作安排财政预算进行补贴，对农业发展提供金融支持。如在商品信贷公司成立伊始，联邦政府就为其提供300万美元创始基金，后又将注册资本金增加至1亿美元。农民家计局、农村电气化管理局等政策性金融机构的最初运营资本金也都来源于美国财政。此外，美国政府也为合作性农业信贷机构提供资金支持，如美国联邦土地银行最初的股金有 80% 来自政府财政拨款。（3）完备的法律体系保障。美国政府为农业金融体系的构建制定了完善的法律法规，除《农业调整法》这类农业法外，还专门制定了系统的农业投入和农业信贷方面的法律，如《农业贷款法》《农业信贷法》《中间信贷法》《农场贷款法》《农作物贷款法》《农场抵押贷款法》《取消农场抵押赎回权法》《联邦农业贷款案》《农业信用法案》等，保证了宏观调控和微观调节相互衔接。

二、日本农村合作金融体系

在日本，既有政府办的政策性金融机构，又有强大的合作金融机构来支持农业的发展，还有一部分其他金融机构，这对第二次世界大战后日本农业的发展起到了极为重要的作用。也正因为如此，虽然日本人多地少，自然环境又比较差，它的农业生产和农业现代化却得到了很好的发展。日本的农村金融体系是在“二战”以后逐步建立和完善起来的，由合作金融和政府金融两部分组成，其中民间合作性质的农村金融机构占主体地位，政府的政策性金融机构为重要补充，是政府扶持下的合作金融型模式。日本农村合作金融不是一个独立的系统，而是依附于“农业协同组合”（简称“农协”）。农协系统是按照农民自愿、自主的原则登记成立的。农协系统的成立，有利于保护日本农村中的弱小经济群体的经济利益，提高其经济和社会地位，促进他们的共同富裕，对促进农村经济的发展和人民生活水平的提高起到了积极作用。

日本承担农村合作金融功能的组织是“农协”，“农协”是集生产、供销、融资为一身的合作经济组织。合作金融是日本农林渔业协同组合系统所办理的信用事业，是农协的一个子系统，由基层农协的信用组织、都道府县的信用联合会、中央的农林中央金库和全国信联协会三级构成。日本农村合作金融体制的优势是其将合作金融机构与国家的产业发展和产业政策紧密相连，服务领域相对固定、信息资源较为充分、贷款决策成功率较高，各级信用社独立性较强、经营自主权较大，同时也易于政府对基础行业的扶植。但其业务范围狭窄、资金利润薄、靠政府优惠、财政压力大。从农户储蓄看，存入农协的金额占 53%，邮政储蓄占

13%，商业银行占34%。从向农户贷款角度看，农协贷款占44%，政策专项资金占17%，银行等机构贷款占39%。日本在1961年设立了农业信用担保制度，服务所属区域的农户、农协等，农户在需要向农协等借款机构借入资金时，可先从担保基金会获得担保承诺。日本的农村保险由国家财政支持的农业保险和农协自办的互助保险两大部分组成，政府支持农民在自愿的基础上，建立农协保险组织，具体办理农村保险事务。在发生农业灾害时，由国家给予财政补贴，而且农村保险一般实行低保险，低保费的原则，保险的范围包括农林牧渔副各行业在内。

日本农村金融体系的特点是：一是以合作金融为依托。二是政府金融是农村合作金融的补充。日本为了支持农村合作金融的发展，在财力上和优惠政策等方面都给予大力支持。比如，在农林中央金库成立初期，政府投入了大量资金，基层农协的存款利率可以高于普通银行利率，以帮助它吸收储蓄率。另外，政府还为农村合作金融机构提供税收优惠、补贴、财政支持等。三是受惠于政府的合作金融系统又将惠农政策反馈于农村经济领域。日本对农协成员从农协获得的分红实行免税政策，要求农协对农民提供的贷款是低息的，这对农民来说是很大的帮助。四是农业信用保证和保险制度是政府扶持合作金融重要措施。

三、法国国家控制型合作农村金融体系

法国是欧洲农业最发达的国家，早在19世纪，法国就颁布了《土地银行法》，开始逐步建立农村信贷机构，支持农业发展。经过一个多世纪的发展，形成了由法国农业信贷银行、互助信贷联合银行、大众银行和法国土地信贷银行组成的农村金融体系。这四家银行在法国银行体系中占有重要的地位，其中法国农业信贷互助银行处于主导地位。法国农村金融体系可称为国家控制式合作金融型模式，其金融机构都是在政府的主导下建立并运行，并受其管理和控制。法国最大的农村金融机构农业信贷银行系统就是一个典型的半官半民性金融组织，它是由地方农业信贷互助银行、地区（省）农业信贷互助银行和中央农业信贷银行（法国国家农业信贷银行总行）三个层次组成，以民间信用合作组织为基础，在政府的支持下，由上而下逐步建立起来的。法国农业信贷银行享受政府从农业预算中拨给的大量贴息资金，因而可以发放大量通过贴息的长期低息贷款。法国农业信贷银行贷款首先保证重点，并实行差别利率，讲求经济效益，按期收回。同时，还建

立了一整套严格的贷款审批手续制度。贷款利率一般只及非优惠贷款利率的一半左右，利息差额由国家财政负责补贴。这种体制既有利于支持农业生产，又并未妨碍法国农业信贷银行发展成为国际性的大商业银行。法国出现世界一流的农产品加工业同法国农业信贷银行的业务促进不无关系。法国农村金融机构一直以创新的方式不断保持适当的服务，而且提供一些称之为"绿点"的服务。这些"绿点"就是批准就近的商业店铺设立银行服务点，在很多情况下这些服务点也逐渐代替了传统的银行网点。

法国国家控制型合作农村金融体系的特点是：合作金融机构的业务与国家政策紧密结合；各级信贷互助银行独立性较小；上官下民性、半官半民性组织体系。

四、德国自下而上联合型农村金融体系

德国的农业金融制度创立最早，已达200多年历史，成就也最大，因此是各国广泛效仿的对象。德国制度是一种自下而上的制度，虽然其源于政府的首先倡导，但其农业金融体系大多是以农民自发组织的力量建立起来的。它既有政府设立的政策性金融机构又有合作金融组织来保护和支持农业的发展。德国是欧洲农业信用合作的发源地，因此德国农村金融是以合作金融为主体。与此同时，政府设立了土地抵押信用协会、土地信用银行、农业中央银行、地租银行等均由政府控制的政策性金融机构来保护和扶植农业，不以营利为目的，承担政府扶助农业发展的责任。它们放款协助农民购买土地及进行水利建设或通过发行土地抵押债券来换取资金，再贷款给农民，有利于农业的发达和进步。

五、台湾地区农会中的金融功能

台湾地区农会集农民职业团体、经济合作组织、社会组织与政府委办机构等性质于一体，是公益社团特殊的法人，2010年台湾地区农会会员182万人，占农户数的99%。农会按省、县、乡镇三级而设，实行"一个乡镇一个农会"。各级农会既是独立法人，又与上级及其他农会互相配合，下级接受上级农会指导，共同组成一个农会网络系统。乡镇农会按实际需要设农事小组，作为基层推行单位，小组内可再分班作业。目前共有农事小组4711个。2010年台湾地区共有团体会员287个，其中省农会21个，乡镇农会266个；个人会员182万人，其中

省农会 7418 人，县市 103546 人；基层农会 1709862 人（如表 8.1 所示）。

表 8.1　台湾地区农会层级及会员个数和人数

	团体会员	个人会员					
		合计	小计	自耕农	佃农	雇农	农校毕业
2010 年	287	1820826	1016198	909939	46574	56632	1158
省农会	21						
办事处		7418	5846	5434	109	295	2
县市合计	266	103546	39671	35508	2609	1398	108
基层合计		1709862	970681	868996	43856	54939	1048

数据来源：台湾省农会：http：//www.farmer.org.tw/first.htm。

台湾地区农会是多功能、综合性的有机经济体，设有供销部、信用部、保险部、推广部等，将“小农”组织成了“大农”，把小农户带入了大市场。“金融服务”是农会生存发展的关键，是农会的强大支撑，是农民经济的血液，保障了农村的各类资金需求。台湾地区有句话：“有钱存农会，没钱农会借。”乡镇市区级农会设有信用部，信用部下又遍设分支机构，目前农会信用部有 277 家，办理信用业务之分支营业点 847 处。农信部非常重要，它是农民的主要资金来源。信用部从事存、贷款及代理业务，存款可来自会员、赞助会员和其他非会员，放款对象则不限于会员。农民向农会贷款可以包括农地在内之土地、房产和山林做抵押，这对资金不足的农民是巨大的帮助。2012 年 5 月底农会信用部存款达 15373 亿元，占台湾地区总存款的 4.84%；到 6 月底贷款达 7819 亿元，占台湾地区总贷款的 3.6%，其中 2809 亿元贷给了农民，占农信部贷款额的 36%。一个万人乡的农会农信部，自有资金就有几亿，每年贷款上百亿元。农信部是为农服务的，因为农民小额贷款只有农会才愿提供，约 1/3 乡镇只有农会提供贷款业务，而商业银行不会在边远地区设网点。农信部收益在提取 50% 以上的事业公积金后，余额全部拨充为农会总盈余，主要用于农业推广教育、农民文化福利事业、农产品营销与加工、支持策略联盟及提高农民素质等服务。农会保险部门也是经营性的，提供家畜保险、健康保险等服务，一般年份都能盈利。

政府对农会的政策支持体现在四个方面：一是特许。让农会代理公库及接受政府或公私团体的委托事项，2010 年农会从政府委托事项中收入 2.1 亿新台币。为农会开拓业务而特开绿灯，如 5 个以上农会共同组织股份有限公司，不受《公司法》有关条款的限制。二是免税。农会举办各项事业，免税部分参照农业发展条例及合作社法有关规定办理，免税范围由行政院另行制定。三是经费补助。政府每年都对农业生产和农民生活给予财政补助，在中央和地方预算中，编列农会补助费，规定农业金库、农业金融机构每年应将一部分收益用于补助农会。对农事推广给予财政补贴，对基础设施、公益性建设等进行直接支持。四是专项支持。如对 30 年农业贷款实行免抵押和担保，利息很低，由政府提供补贴；办一个农产品展会，农渔会出一半，政府出一半，专款专用，部分盈利用于农事推广；农会保险部在大灾之年遇到困难，政府会采取特殊措施拯救；为推动“富丽农村”建设，政府 2009 年开始投入 500 亿新台币发放农业专门贷款，通过电子网络分配给农民，让 30 万人受益。[1]

合作金库是在 1945 年接收日本殖民时期所设立的“台湾产业金库”后，于 1946 年 10 月改组而成的农村合作金融中枢机构，2001 年改制为合作金库银行股份有限公司，2003 年 11 月该银行股票正式挂牌上市，2006 年更名为合作金库商业银行，并于同年 6 月吸收合并台湾地区“中国农民银行”。目前该行拥有国内外分支机构 301 家，为台湾网点最多的商业银行。按台湾“农业金融法”规定，全台农业金库为信用部的上层机构。农业金库为股份有限公司，其资本额不低于 200 亿元，发起人仅限于政府及各级农、渔会。设有信用部的农、渔会（除信用部净值为负者外），其出资额不低于各农、渔会净值的 10%；未设有信用部的农、渔会，应以现金出资，且不得超过农、渔会净值 20%。政府作为农业金库的发起人，在成立初期出资额为农业金库资本额的 49%，在 3 年后逐年降低到 20% 以下。全台农业金库职能为：辅导信用部业务发展，办理农、林、渔、牧融资，稳

[1] 杨正位 :《台湾农会的成功经验与启示》,《中国延安干部学院学报》2012 年第 9 期。

定农业金融，并与信用部积极推动、办理政策性农业项目贷款。

六、启示

从以上分析可以看出，无论是发达国家，还是发展中国家或者台湾地区，一般各国都从金融信贷、保险等多方面对农业和农村经济发展给予了有力的支持。

首先，支持农业发展的农村金融体系比较健全，既有政府的政策性金融机构，也有正规的商业性金融机构，还有合作性金融和民间合作性质的金融机构，以及其他一些商业性金融机构及私人借贷等，它们互为补充、互相促进，共同支持农业的发展。而且这些金融机构之间分工明确，功能互补，起到了良好的支农作用；而目前我国这些金融机构虽然也都存在，但是分工欠明确，互相支持和互相补充的作用不足，服务不到位的现象比较普遍。

其次，政府采取多种方式支持、促进农村金融体系不断完善。由于农业生产的弱质性，再加上农业生产和农业资金的特殊性，使农业贷款具有明显的季节性、非均衡性和风险性，因而要弥补农业金融吸引资金水平低、能力差的不足，保证农业资金的充分供给，保险、财政补贴和税收支持等多种手段互相支撑；而我国政府对农业的支持力度还有待于进一步完善，还缺少一套完整的支农服务体系。

再次，政府扶持，市场运行，农民主体。政府的扶持只作为辅助，主要发挥市场的决定性作用和农民主体作用。虽然各国或地区政府对于农业金融发展都有相当力度的支持，但是这种支撑是建立在合理的范围之内的，其活力和主导性在于市场，在于农民主体的积极性和能动性，政府仅是为这些主体的发展制定扶持政策，提供适当的优惠金融或者财税政策。中国大陆目前的农村金融改革，也是强调让市场在资源配置中发挥决定性作用的同时，更好地发挥政府的作用，充分调动农村金融市场主体的主动性和创造性，鼓励、引导支农金融将资金投入到新农村建设中来。

最后，立法在先。法、美、日、德等国家农村金融的运作都有完善的法律体系，只有规则透明，法律法规完善，才能建立起真正的市场体系。我们在今后的金融法律法规建设方面，应该借鉴境外经验的同时，结合自身的实际情况，探索中国特色的城乡融合发展金融法律法规的建设。

第四节 重构我国农业金融支持体系

结合国际经验和发达国家和地区农业金融的成功范例，合理的农业金融支持体系应该至少由三种类型的金融支持构成，即商业性金融支持、合作性金融支持、政策性金融支持。即使有了三种基本的支持要素，若要实现预期的支持效率，还必须要将它们有效地建构，同时还要结合本国的实际情况，配合以相应的其他金融辅助支持系统。

一、加强城乡融合发展中的政策性金融支持

（一）农业发展银行的政策性金融地位与作用

政策性的金融支持，除了前面探讨的财政支农资金支持外，在我国，最重要的就是农业发展银行为核心的农业政策性金融机构的完善与发展。1994 年 4 月，国务院发出《关于组建中国农业发展银行的通知》，批准了中国农业发展银行章程和组建方案。同年 6 月，工、农、中、建四大专业银行都将其所承担的有关农业政策性金融业务划给了农发行，农发行的成立标志着中国的农村政策性金融进入新的发展阶段；2004 年，保监会启动了农业保险，先后有了安信、安华和阳光三家不同经营模式的专业性农业保险公司，开展保险公司与政府联办、为政府代办，以及直营等多种形式。2005 年以来探索建立由地方政府主导的农业政策性担保公司，为当地的农业产业化龙头企业、农户贷款提供担保。初步形成了以农业发展银行为主导，包括保险、担保资产等业务类型的农业政策性金融组织体系。

农发行自 1994 年成立至今，其政策性银行的性质还只是停留在文件中、口头上，因为对其在现实中的经营职能，由于我国决策层缺乏长期的规划和学术界存在不同的争论而始终处于不断变化中，这就导致农发行职能定位的模糊性，致使农发行支农的政策性金融作用发生波折。1994—1998 年，农发行经营兼具政策性和商业性，政策性为主体；1998—2004 年，专职政策性；2004 年后，又兼具政策性和商业性，而至 2008 年后，商业性业务突飞猛进，政策性业务在不断萎缩。2008 年上半年至 2013 年上半年，农发行粮棉油贷款由 1584.8 亿元增长到 3094 亿元，增幅为 95.32%；同期农村基础设施贷款由 497 亿元增长到 1682.3 亿

元，增幅为238.43%，是粮棉油贷款的2.51倍，如果再考虑到2013年上半年发放的489亿元农业产业化经营和农业科技创新贷款，则商业性贷款增幅更大。其实，自2010年以后，农发行各类商业性贷款占比就已接近甚至超过政策性贷款，政策性业务的主体地位不复存在。要适当扩大农发行的政策性业务范围，以拓宽农发行政策性金融服务领域。总体原则是，政策性业务应涵盖商业性金融和市场不愿意做的，或愿意做但又不能满足需求的业务。具体来说，除粮棉油购储销全产业链等政策性业务外，当前农发行需要扩大为政策性业务范围的业务，可包括：一是明显缺乏商业回报，难以进行市场化运作的低收益或无收益的农村基础性和公益性设施项目，如农田水利建设和贫困山区交通设施等项目；二是期限较长、风险大的中长期农业综合开发、农业科技研发项目；三是商业性金融一般不愿过早介入，需政策性金融发挥引导作用，率先介入或提供担保，引导商业金融资源流入的领域，如农村区域特色农业产业化项目、农村扶贫项目和农户个人家庭生产创业活动等。

（二）农业政策性金融支持的发展与未来

农业政策性金融支持，作为一种既区别于财政金融又区别于完全商业性金融的特殊金融形式，是集财政与金融优势于一体，成为我国农业和农村经济发展金融支持体系的有机组成部分。政策性金融在我国金融体系中占有重要地位，一方面它充当政府贯彻实施农业政策的工具和窗口；另一方面又补充、纠正商业性金融在农业金融领域作用的不足和偏差。为避免政策性金融与商业性金融在体制上的趋同性，需要坚持市场性与政策性均衡原则，积极促进政策性金融的经营业务拓展和治理改进，不断提升其金融效率。合理推进政策性金融支持转型，扩展其支持边界，将直接、单一的流通领域价格支持有机转型到农业生产条件、生产规模、生产方式改善和多种经营方面，全方位完善并促进政策性金融的支持功能。将政策资源、社会资源进行有效整合，最大限度地利用并挖掘政策性金融的支持效应。

2014年，国务院发布《关于金融服务“三农”发展的若干意见》，就深化农村金融体制机制改革明确提出：“研究制定农业发展银行改革实施总体方案，强化政策性职能定位，明确政策性业务的范围和监管标准，补充资本金，建立健全治理结构，加大对农业开发和农村基础设施建设中的中长期信贷支持。”目前农发行正顺应农村新型经营主体发展的需要，开展粮食收购、生产环节的贷款支持，向种粮大户，种粮合作社，家庭农场提供种子、化肥、农药、土地流转、土地整理以及购置农机具等资金支持。在财政支持资金不可能大幅度提升，农发行逐步探索以央行再贷款为依托，新增资金来源以市场化发行债券为主体，组织存款，资金交易等多元化为补充的筹资机制。截止到 2013 年末，农发行已累计发行债券超过 3 万亿元，占行内资金来源的 67%，债券的平均剩余期限 3.3 年，为农发行的业务扩展奠定了坚实的基础。

因此，农业政策性金融未来的发展还有很大的空间，需要不断地加强和提升在城乡一体化中发挥积极重要的作用。其政策性功能的定位需要更加明确，银行、保险、担保的分工需要更加细致，并且互相支持。粮食生产、加工、销售，土地流转、化肥农药，农田水利、电气化改造和信息化建设等政策性金融支持要做到重点突出，程序透明，支持力度更加精确量化，以获得成效。

二、完善城乡融合发展中的商业金融体系

（一）商业银行的主导作用——“三驾马车”的比拼

农业现代化、新型城镇化和城乡融合发展都离不开金融的支持，同时又为资金的“用武”提供了广阔的空间。

从目前的农村发展情况来看，随着农业产业化发展，规模经营不断提升，土地流转等产权改革再次释放农村发展的红利和动力，政策性金融和合作性金融难以承担这个重任，商业性金融一定要担当重任，发挥主导作用。根据银监会的数据，截至 2017 年底，银行业金融机构法人共 4549 家，即银监会批准持牌经营的总行级机构有 4549 家。其中，开发性金融机构 1 家、政策性银行 2 家、国有大型商业银行 5 家、邮储银行 1 家、股份制商业银行 12 家、金融资产管理公司 4 家、城市商业银行 134 家、住房储蓄银行 1 家、民营银行 17 家、农村商业银行 1262 家、农村合作银行 33 家、农村信用社 965 家、村镇银行 1562 家、贷款公司 13 家、农村资金互助社 48 家、外资法人银行 39 家、信托公司 68 家、金融租赁公司 69 家、企业集团财务公司 247 家、汽车金融公司 25 家、消费金融公司 22 家、货币经纪公司 5 家、其他金融机构 14 家。随着我国商业金融机构的日益

发展，农村的商业金融缺陷等越来越滞后。

以中国农业银行、农信社和邮储银行为代表的商业银行应该在城乡融合发展中发挥主导作用。未来农村金融中，主要是这三家商业银行在农村中的较量和比拼，即所谓的“三驾马车”的比拼。

一是农业银行一定程度上的回归。中国农业银行曾经是支农金融中的中坚力量，不仅是最主要的商业性金融支持的提供者，也曾经承担了大量的政策性金融功能。1979年2月国务院发布了《关于恢复农业银行的通知》，从此农业银行一身兼多任，统领农村商业金融从事存贷支付等各种商业银行的业务，同时还兼顾国家支农资金，具有政策性金融职能，此外还领导信用合作社进行金融活动。1994年和2000年经过多次金融改革和调整，农业发展银行和农村信用合作社各自走上了独立的发展道路。而从1996年以后，国家金融体制改革，促使农业银行逐步从农村市场撤出贷款业务。2009年1月，中国农业银行整体改制为股份制商业银行。2010年7月，农业银行先后在上海和香港上市，至此，农业银行彻底完成了从国家专业银行向公众上市公司商业银行转变的历程。随着我国金融的普惠发展，互联网金融等新技术带来的影响和挑战，农业银行有向农村回归的迹象和可能，随着二八现象向长尾理论的转变，金融物理网点向无形网络的转化，信贷技术从传统抵押担保向大数据转化，农业银行也在信息化、互联网化方向上努力创新，其未来农业银行的客户定位和业务范围势必要重新调整，其服务多年和有一定的基础的农村市场还是一个巨大潜力市场，完全从商业性考量也不失为一个重要领域。

二是农村信用社的商业化取向与服务“三农”有结合点。目前，农村信用社的发展过中存在以下一些趋势，表现之一是商业化取向渐成主导，合作金融的性质几乎荡然无存。一部分的农信社改制成为农村商业银行和农村合作银行，直接选择了商业化道路，剩余的1500多家农信社有些准备继续改制为商业银行，有些已经商业化运作，合作性质基本上名存实亡。根据银监会的公报，截止到2017年底，全国有1262家农村商业银行、33家农村合作银行、965家农村信用社。目前农商行、农村合作银行和农信社已经成为取代农业银行，成为当代农村中主导的商业性银行机构。表现之二是新的农信社组织还有待于进一步完善，发挥其服务“三农”的优势。农商行、农村合作银行和农信社诞生于服务三农之中，但是其自身存在着市场定位失准等问题。产权不清和治理结构的不完善，直接导致新型信用社系统存在着管理问题，政府干预较强，大部分组织的实际的控制权掌握在政府手中。信用社服务水平低，人才缺乏，风险管控意识淡薄，不良资产较多，业务缺乏专业性水准，服务低端化，产品单一化和缺乏创新是信用社发展中存在的普遍现象。因此，新型的农信社体系只有不断改善自身的管理，提升自身的服务，借助互联网等新技术，重塑服务“三农”的新形象，为农业产业化和现代化提供金融支撑。

三是未来农村商业银行中的一匹黑马正在崛起——邮储银行。中国邮政储蓄银行于 2007 年 3 月正式挂牌成立，2012 年 2 月，公司整体变更为中国邮政储蓄银行股份有限公司。邮储银行我国城乡一体化建设中，发挥自己的特长和优势，取得了可喜的成绩，其存在的优势主要表现在：品牌优势，经过多年的运营，已经在农村中扎根；成本优势，网点深入农村，在原来邮政基础上开办，相对成本较低；资金优势，过去的只存不贷，不良资产较少，积累了大量的资金；网络优势，全国覆盖，深入乡镇，拥有近 4 万个网点支持。因此，邮储银行作为物理网点最多的商业银行，60% 的网点扎根于农村，为农民提供存款、贷款、汇兑、结算、代收代缴各种费用，带办“新农保”等业务，为农业现代化，农村的城镇化做出了巨大贡献。但是由于邮储银行成立较晚，其自身业务管理上还没有完全理顺，风险控制不到位，人才队伍建设滞后，各网点优势尚未发挥，产品单一，业务缺乏创新，如何进一步发挥邮储银行的后发优势、网点优势、新成立的不良资产和包袱较少的优势，把邮储银行逐渐发展成为新农村建设中一只商业银行的生力军，这是邮储银行未来发展战略中需要不断思考和创新的，例如目前在有些地方推行的电商物流与邮政和邮储的合作等就是一种创新，由此进一步演化出新型的互联网金融和供应链金融，近期邮储与阿里展开合作，未来的阿里金融与邮储的融合创新将是一大看点。邮政企业和中国邮政储蓄银行交叉管理网点改革继续推进，在商业可持续前提下，发挥网络优势，拓展农村金融、社区金融、小微企业金融等普惠金融业务。

因此，过去多年来，虽然农业银行对农村金融基本偏离，但未来不否认有可能进一步有回归的趋势和需求。信用社不断的商业化转型成为商业银行，虽然还有合作性质的一面，但是其合作的性质渐弱，商业性转型已经不可逆转。邮储银行的华丽转身为股份制商业银行，也力图在农村和小微贷中分得一杯羹。在未来城乡融合发展中，商业性金融中，这“三驾银行马车”如何进行比拼，如何在城乡融合发展中完成其商业帝国的使命，还要拭目以待。

（二）新型农村金融机构的建设

近年来，随着金融管制的不断放松，在农村还不断涌现出新型的金融机构，这些新型的金融机构按照监管的不同大体可以分为两类，一类是监管机构审批成立的新型金融机构，主要包括村镇银行、贷款公司和资金互助社；另一类是没有经过监管机构审批而自行成立的民间新型金融主体，例如典当、租赁、小贷公司、投资公司以及互联网金融的各种模式。

自2006年银监会开展新型农村金融机构试点工作以来，我国农村金融体系完善和金融服务水平提高有了明显成效。截至2017年底，全国共有村镇银行1562家、贷款公司13家和农村资金互助社48家。民间资本入股村镇银行的积极性很高，在村镇银行股本中民间资本占比达71%。新型金融机构主要面向农户贷款和小微企业贷款合计占比90%。新型农村金融机构已成为服务农户和小微企业的一股新生力量。

新型农村金融机构中，发展最快和数量最多的当属村镇银行的建设。[1]村镇银行的快速成长，机构覆盖率和服务能力明显提升。一是机构的普及面不断提升。截至2016年6月，村镇银行已覆盖全国65.9%的县市，其中有10省市实现县域全覆盖。二是服务能力显著提升。坚持“立足县域、支农支小”的服务理念，农户和小微企业贷款占各项贷款余额的90%，服务小农的作用显著。三是民间投资渠道畅通。村镇银行大力支持民间资本入股，将吸收的资金再用于当地的经济社会的发展中，投融资渠道畅通，经济社会效益得到很大提高。四是监管有效适当。村镇银行资本充足率和拨备覆盖率都达到了监管要求，没有出现明显的金融风险，整体运作良好。新型农村金融机构未来还有很大的发展空间，我国近年拟

[1] 相关数据来自于《中国银行业监督管理委员会2013年报》。

计划建设 2000 家以上的村镇银行服务于农村经济发展。

在农村新型金融机构的发展中，除了上面的三类正规金融机构，受到金融监管机构的管理和监督外，还有一些民间的非正规的金融组织隐形地大量存在，这些包括典当、租赁、担保、民间借贷、小贷公司以及专业合作资金组织。此外，随着互联网金融的发展出现的一些 P2P 公司、第三方支付业务、互联网理财和保险业务以及财富管理公司等业务延伸到农村领域，这些组织有些是经过地方政府金融办和工商局注册的企业，有些就是没有任何审批的地下资金借贷组织，我们这里把这一类统称为非正规的金融。截至 2017 年底，根据央行公布的数据，全国共有小额贷款公司 8551 家，贷款余额 9799 亿元。而 P2P 公司也已经突破了 2000 多家，以陆金所、宜信为代表的互联网金融逐步深入到各个领域和主体，金融的普惠化程度显著提升。而以阿里金融和京东金融为代表的大数据金融也正在利用互联网的优势全面展开。阿里早已推行“千县万村”战略，推出农村淘宝站的宏伟计划。打算投资 100 亿，建立 1000 个县级运营中心和 10 万个村级服务站来展开全面的商业运营，这就意味着我国每个乡镇不久的将来就有 2.4 个农村淘宝站提供阿里的电商和金融等服务。而阿里系已经成立了自己的网商银行，主要通过互联网进行金融业务。阿里又不断展开与苏宁、邮储银行等其他公司的合作，借助各种平台和渠道，展开更加广泛的合作与创新。网商银行近期上线的旺农贷最高可拿 50 万纯信用贷款，不需要任何抵押和担保，期限分为 6 个月、12 个月、24 个月三档，可采取每月还息、一次性还本或等额本金还款。有贷款需求的农民，直接通过当地的淘宝服务站，即可进行纯信用贷款，最快 3 分钟可得到资金，传统信用社等农村金融机构将会面临巨大挑战。

随着互联网技术、大数据和云计算领域的深刻变革，在金融领域将会有新的商业模式和服务模式的产生、孕育和发展，服务于农业现代化建设的新型金融形式将会是一股不可忽视的新生力量。2017 年的一号文件中指出，鼓励金融机构积极利用互联网技术，为农业经营主体提供小额存贷款、支付结算和保险等金融服务。推进信用户、信用村、信用乡镇创建。支持金融机构开展适合新型农业经营主体的订单融资和应收账款融资业务。深入推进承包土地的经营权和农民住房财产权抵押贷款试点，探索开展大型农机具、农业生产设施抵押贷款业务。加快农村各类资源资产权属认定，推动部门确权信息与银行业金融机构联网共享。

（三）探索建立形式多样的农业保险机构

农村保险是指在农村范围内举办的各种保险的总称，除含农业保险外，还包括乡镇企业、农业生产者的其他各种财产、人身保险。根据国务院通过的《农业保险条例》的界定，农业保险是指保险机构根据农业保险合同，对被保险人在种植业、林业、畜牧业和渔业生产中因保险标的遭受约定的自然灾害、意外事故、疫病、疾病等保险事故所造成的财产损失，承担赔偿保险金责任的保险活动。目前，我国农业保险还处于摸索阶段，单纯依靠商业保险公司来经营农业保险是很难获得成功的。因为洪水、旱灾、台风、禽流感等重大灾害和重大疫情往往波及一省或数省乃至全国，其补偿费是商业保险公司难以承受的，需要政府政策的大力扶持。农业保险本质上是政策性保险，是政府对农业和农村经济实施保护的一项重要内容，属于特殊的准公共物品。因此，应逐步把农业保险业务从商业保险中分离出来，成立专门的政策性农业保险公司；鉴于政府可能难以承受巨大的农业保险补贴负担，建议建立国家和省两级农业保险发展基金，在财政补贴之外，支付农民的保费补贴和农业保险部门的超额赔款补贴；通过政府补贴或委托代理的方式，鼓励商业性保险公司进入农业保险市场，为农业保险提供再保险支持。

2004 年，保监会启动了农业保险，先后有了安信、安华和阳光三家不同经营模式的专业性农业保险公司，开展保险公司与政府联办、为政府代办，以及直营等多种形式。2007 年国家财政拨出 10 亿元专项补贴资金，通过地方财政资金的配套，对六省区五大类粮食作物保险予以补贴，积极为农业安全生产提供保障。这项措施有力地改变了农险经营的外部环境，农业保险由此出现了快速发展的良好势头，全国农业保险当年实现保费收入 51.8 亿。2008 年，国家稳步扩大政策性农业保险试点范围，加大了对粮食、油料、生猪、奶牛生产的各项政策扶持，支持发展主要粮食作物政策性保险。根据中华人民共和国国务院令第 629 号，《农业保险条例》已经 2012 年 10 月 24 日国务院第 222 次常务会议通过，现予公布，自 2013 年 3 月 1 日起施行。《条例》第三条规定，国家支持发展多种形式的农业保险，健全政策性农业保险制度。农业保险实行政府引导、市场运作、自主自愿和协同推进的原则。可以相信，随着《农业保险条例》的正式实施并不断完善，将逐渐形成有利于促进农业发展的多层次的农业保险体系。

持续推进农业保险扩面、增品、提标，开发满足新型农业经营主体需求的保险产品，采取以奖代补方式支持地方开展特色农产品保险。鼓励地方多渠道筹集资金，支持扩大农产品价格指数保险试点。探索建立农产品收入保险制度。支持符合条件的涉农企业上市融资、发行债券、兼并重组。在健全风险阻断机制前提下，完善财政与金融支农协作模式。鼓励金融机构发行“三农”专项金融债。扩大银行与保险公司合作，发展保证保险贷款产品。深入推进农产品期货、期权市场建设，积极引导涉农企业利用期货、期权管理市场风险，稳步扩大“保险 + 期货”试点。严厉打击农村非法集资和金融诈骗。积极推动农村金融立法。

三、重塑农村合作金融支持体系

（一）农村合作金融的发展现状

按照 2003 年农村信用合作社改革时的政策预期，农村信用社应该办成为“三农”服务的合作金融组织。但事与愿违，农信社逐步的商业银行化背离了合作性质，使得农村合作金融的提供主体地位逐步丧失和演变。随着农业的现代化、产业化和专业化发展，适应农业自身的规模经营和产业升级的资金需求，这就需要新的合作金融来满足这样一种新的变化，农村新型信用合作组织逐步兴起，党和政府也力推合作金融在农业发展城乡一体化建设中应该发挥独特作用。

2006 年 10 月，第十届全国人民代表大会常务委员会第二十四次会议通过了《中华人民共和国农民专业合作社法》，明确了农民专业合作社应当遵循的原则：成员以农民为主体；以服务成员为宗旨，谋求全体成员的共同利益；入社自愿、退社自由；成员地位平等，实行民主管理；盈余主要按照成员与农民专业合作社的交易量（额）比例返还。同时，还规定了农民专业合作社成员的权利和义务以及合作社享有国家的税收优惠等。这无疑为支持、引导农民专业合作社的发展，促进农业和农村经济的发展等提供了法律保障。

为摆脱农村融资困境，形形色色的互助性的金融、信用合作组织被内生出来。目前大致有五类新型的信用社合作组织，为了区别于传统的农信社，我们这里统称其为新型信用合作组织。一是经银行监督管理部门正式审批设立的农村资金互助社，由社员入股而成，有较为规范的组织章程和运行规则，开展社区性资金互助活动。二是在民政、扶贫等相关部门登记注册，由财政扶贫款项、专项资金、社会捐赠或者少量社员入股为资金来源，开展社区性的金融互助和信用合作。三是未在任何部门登记注册，由各类农民专业合作社或者专业生产大户主导，自发组建“俱乐部”式的金融、信用合作组织。四是供销社发起的资金信用合作社模式。五是基于互联网金融发展起来的 P2P 和众筹等互联网金融模式。

这类合作资金组织主要有三个方面的基本特征：一是自发性和内生性。绝大多数农村新型信用合作组织都有一定的产业基础，由社员自愿组合而成，成员进出自由，不存在行政干预。二是具有资金互助和信用合作功能。开展资金互助和信用合作的目的是服务于生产，谋求农村产业资本与金融资本的配套、融合，是农民生产合作在金融、信用领域的延伸和发展。三是信息相对对称。鉴于同一产业体系内的成员之间相互知根知底，合作关系密切，信息相对透明，金融交易效率较高。

（二）重塑农村合作金融

针对金融支农支小难的问题，2014 年中央的一号文件对发展新型农村合作金融组织提出了一系列要求，明确在管理民主、运行规范、带动力强的农民合作社和供销合作社的基础上，培育发展农村合作金融，丰富农村地区金融机构类型。还要求坚持社员制、封闭性原则，在不对外吸储放贷、不支付固定回报的前提下，推动社区性农村资金互助组织发展。这样的资金互助不仅可以让农民互帮互助，熟悉“有借有还，再借不难”的金融规则，也可以借此培养一批熟悉金融运作的基层人才，为合作金融的未来发展奠定坚实基础。可见，2014 年一号文件就农村金融的改革创新作出部署，旨在让现代金融服务进村入户。同时，文件要求完善地方农村金融管理体制，明确地方政府对新兴农村合作金融监管职责，鼓励地方建立风险补偿基金，有效防范金融风险，就是要为农村合作金融的发展装上“安全阀”，有效维护农民群众利益。

从合作金融的所有权优势和区位优势看，相对于其他类型的金融机构，具有更多的灵活性、可分割性，以及可转换性。同时，由于国有商业银行在农村金融市场的全部和部分撤出，给农村合作金融留下了巨大的区位市场空间，两者结合必然能够创造出一定的经营优势。多元化的金融体制制约，要求合作金融必须建立竞争性与营利性、合作性与商业性的均衡机制；竞争性经济条件下的合作金融，长期发展必须追求规模经济与范围经济效应，规模成长至关重要；必须通过体制性改革完善合作金融的经济基础。

当然，一些农民资金互助社并不是真正的合作金融，只是打着农民资金互助的旗号，吸引了巨额社会资本，吸收了大量农民资金，运行极不规范，一旦风险出现之后，损害的是合作金融的形象。现在农民资金互助的监管效率较低，监管成本很高，因此需要进一步加强监管，以有效防范风险。

值得一提的是，新兴起的互联网金融有可能在未来有一定的空间，毕竟现在农村中的年轻人也受过一定的教育，对互联网尤其是移动互联网并不陌生，这样与此相关的网络借贷 P2P 模式、众筹模式、互联网金融产品的销售以及服务、银行的互联网化等，都能很快普惠到网络能够接受的地方，这最终取决于中国互联网金融发展的完善与成熟度。

总之，创新农村金融体系需要让政府和市场“两只手”协同推进。政府要在引导、示范和规范方面加大力度，使合作金融能够健康发展。根据北京大学王曙光教授的调研结果[1]显示，主要有五条经验：一是免费为合作社信用合作登记注册，获得合法性准入。二是予以税收豁免。三是大力进行人才培养，由政府组织培训。人才的培训非常重要，合作金融尤其缺乏人才，很多农民连资产负债表都搞不清楚，就去搞合作金融，甚至处理几千万的资金，风险可想而知。四是机制建设方面，帮助合作社制定章程制度，帮助合作社逐步走向规范。五是坚持不过度介入，不拔苗助长。因而，政府需要在上述五方面有所作为。

四、建立多层次农村资本市场体系

农村资本市场作为我国资本市场的重要组成部分，也应该是一个多层次的资本市场体系。建立健全多层次的农村资本市场体系，是发挥市场配置资源决定性作用的必然要求，是推动农业现代化、农村城镇化和农民市民化的有力引擎，也是维护社会公平正义、促进城乡和谐、增进农民福祉的重要手段。

---

[1] 王曙光：《构建真正的合作金融——合作社信用合作模式与风险控制》，《农村经营管理》2014 年第 5 期。

（一）建立健全农村产权市场

随着我国农村土地改革的深化，农业土地产权、林权等交易和流转提上了重要日程，迫切需要健全农村产权市场。我国深化农村土地制度改革的基本方向是：落实集体所有权，稳定农户承包权，放活土地经营权。[1] 为此，需要稳妥开展农村承包土地的经营权和农民住房财产权抵押贷款试点，创新和完善林权抵押贷款机制，拓宽“三农”直接融资渠道。党的十九大报告指出：巩固和完善农村基本经营制度，深化农村土地制度改革，完善承包地“三权”分置制度。保持土地承包关系稳定并长久不变，第二轮土地承包到期后再延长三十年。按照有关法律法规，完善和拓展城乡建设用地增减挂钩、“地票”等试点，推动利用城乡建设用地增减挂钩政策支持易地扶贫搬迁。同时，随着农业集体资产的产权、林权、水权等配套改革问题的逐步展开，资本市场建设的条件也日益成熟。特别是在农业现代化、产业化和专业化的日益发展的今天，建立一个与之配套的产权交易市场是不可或缺的。

一是要建设以企业股权、集体资产产权、公共资源的产权为核心的产权交易市场。深化农村集体产权制度改革，保障农民财产权益，壮大集体经济；二是要以土地使用权的流转、林权、宅基地的用益物权等为主导的土地产权交易所。前一类资本市场主要对应的企业主体、集体和公共资源的产权交易，后一类交易主要对应的是农民、承包户、合作社等的承包权、林权等产权交易。借鉴我们以往在处理国有资产产权交易的经验，全国普遍建立了产权交易所，各类资产的产权交易基本上都包括在这类资本市场交易之中，这些产权交易所可以借用现代化的交易技术，将其功能延伸到农村，建立农村的交易网点、物理网点或者网络网点，支持农业资本市场的建立。这类交易更加适合农村中的实际资产交易需求，应该在原来的产权交易之上专门设立部门或者另设交易机构，进行一次相关的土地等产权交易的市场，进一步推动土地的规模经营，满足大农场经营中土地流转需要。同时在发展产权交易不断完善的情况下，可以试探土地等产权交易的证券化。

[1] 中共中央办公厅、国务院办公厅:《深化农村改革综合性实施方案》，新华网，2015 年 11 月。

（二）完善债券、信托、风险投资等农村资本市场体系

农业资本市场体系的建设，离不开债券市场、信托市场、风险投资等各种资本市场的完善与发展。由于发行债券的门槛较高（股份有限公司净资产不低于3000万人民币，有限责任公司净资产不低于6000万元人民币），暂时可能不太适合农村，但中小企业“集合债”以及“私募债”可以为农所用。过去市场上曾经发行过中小企业集合债产品，如深圳、中关村和大连中小企业集合债，山东寿光和北京顺义等地也发行过农业企业的集合票据产品，以及浙江等多地发行过中小企业集合信托产品等，共同的特点是多家企业统一冠名，共同担保，集合发行债券类产品。这样可以聚小成大，赢得市场准入资格。另外，2012年以来，国家鼓励中小企业发行私募债，不需要经过发改委或者证监会的审批，只需要券商到交易所报备即可发行，成为中小企业融资的一个重要管道。同时，我国目前还存在68家信托机构，规模2013年已经超过10万亿，成为仅次于银行的第二大金融机构，其投融资功能不可小觑。这些融资渠道都可以为农村的资本需求提供有效供给。

当然，天使投资、风险投资和私募股权投资为代表的创业投资机构，在农村资本市场建设中也应该发挥其独特的作用。随着我国现代农业的加快发展，其投资项目也是非常多的，加上城镇化、文化产业和旅游产业、观光农业等新生业态的发展，也吸引了创投机构关注农业投资。由于农业投资往往存在周期长、风险大、收益较低等特点，因而，政府在发展这些资本市场上需要给以政策上的倾斜，资金上的扶持和补贴。对于符合条件的农业企业的债券融资给予提供担保、补贴，给予投资农业的风险投资优惠政策，引导更多资金投资现代化农业，投资于农村的城镇化，投资于城乡一体化建设中来。也可以学习在开发区建设中的经验，建立农业发展引导基金，由财政和相关政策资金（例如农发行或者国家开发银行）共同出资，引导风险投资进入到农业现代化的进程中来。

（三）建立并完善农产品衍生品市场

农产品因其生产周期长，并受到气候季节变化、播种面积，自然灾害、病虫害、市场供求等复杂因素的影响，价格的波动比较大。如何稳定生产并降低风险，就成了百姓最为关心的问题之一。金融上除了通过保险进行风险的转移之

外，还可以通过衍生品市场进行风险的对冲，利用衍生品与现货市场的变动的一致性而做出方向相反的操作，进行套期保值。这种衍生品市场建设主要包括农产品的远期交易、期货交易和期权市场的建设。

早在十九世纪中叶，美国芝加哥作为农产品的集散地，就开始了农产品的远期交易，对冲价格风险。后来，为了便利交易，同时为交易双方履行协议提供保障，开始出现了期货交易所，买卖双方通过缴纳保证金进行交易，远期合约也逐渐转变成为标准化的期货合约。我国于1990年开始试点期货交易，先后建立了郑州商品期货交易所、大连商品期货交易所和上海商品期货交易所，郑州和大连交易所主要就是农产品的期货交易，先后推出了小麦、早籼稻、绿豆、棉花、白糖、大豆、玉米、豆粕、菜籽油、鸡蛋等农产品相关的期货合约。随着人们风险意识和套保意识的不断增强，期货交易的品质和数量，交易金额近年呈大幅度成长，期货的套期保值功能、套利和投机交易也相对日益活跃。农业生产加工商贸物流等企业利用衍生品转移风险的途径进一步的拓宽。以2013年11月份推出的鸡蛋期货为例，由于我国鸡蛋生产集中度低，农民的散养鸡蛋占据市场比例较高，鸡蛋价格波动风险非常大，价格上涨供应很快增加，大量供应导致价格迅速下滑，价格下跌又导致供给很快不足，这样周而复始的恶性循环，严重干扰了鸡蛋生产企业的正常运营，推出鸡蛋期货以后，这样大的价格风险就完全可以对冲化解了。例如，2014年入秋以来，鸡蛋价格在高位盘旋，每吨鸡蛋价格在5000人民币左右，如果这个价格对于生产企业利润可期，担心价格下跌带来的风险，那么就可以根据企业的生产情况着手进行卖出套期保值。

因此，不断发展和完善农产品的衍生品市场，加强对农村经济主体有衍生品需求的教育和宣传，使得这种似乎远离普通百姓的金融工具能够在农业风险控制上发挥应有的作用。

除了以上三个商品期货交易所外，我国还存在于此功能相似的远期市场，例如渤海商品交易所、山东寿光蔬菜远期交易所等，都有类似的功能，这就需要契合农业经济发展的需要，不断发展以转移农业生产经营风险的衍生品市场，可以形成自己的交易特色。当然，衍生品由于其存在的买空卖空、以小博大的特点，如果监管不足，往往会出现较多价格风险、流动性风险、逼仓风险以及其他各类风险，所以在发展期货这种衍生品市场过程中，还是以交易所市场为核心，某类产品的特色交易视情况而规范的发展。

另一个重要的衍生品就是期权。期权是一种选择权的交易，期权的买方支付一定的期权费，拥有在某一特定的期限内，按某一事先约定的价格，买入或卖出某一特定标的资产的权利。早在十七世纪荷兰的郁金香炒作热潮时，就已经诞生了期权的交易，对郁金香球茎看涨的买者，支付一定的价格，获得了按照约定的价格购买郁金香球茎的权利，届时再根据市场的实际价格，可以选择行权或者不行权，期权的卖方只有履约的义务。后来这种衍生品的交易被金融领域广泛使用，产生了金融产品期权交易，标的资产包括股票、外汇、债券以及金融期货期权，当然一些实物商品也可以作为标的，并运用期权的交易原理进行运作。例如小麦期权，面包制造商为了锁定成本，担心未来小麦价格上涨带来损失，可以通过期权交易对冲价格风险，操作策略是：向期权的卖方支付一定费用，获得按照约定价格购买某一数量质量的小麦的权利，届时再根据市场决定是否购买。当今是一个创新的时代，这些看似风险极大的衍生品，在对冲风险中运用得当，能够很好地转移风险，尤其是对价格波动带来的系统性风险得以有效控制。

总之，随着中国市场经济的日益完善，农业产业的专业化、市场化、现代化的不断提升，更加需要一个多层次的金融体系与之相适应，无论是直接融资还是间接融资，无论是传统金融还是互联网金融，都将随着科学技术的进步，产业的升级和现代经济的发展深化而不断推陈出新，也需要我们结合科技、市场发展的实际，勇于开拓，不断进行金融市场、金融体系、金融产品、金融业务和金融组织的创新。

| 第九章 |

乡村振兴战略下的城乡融合发展制度创新

党的十九大报告指出，要坚持农业农村优先发展，按照产业兴旺、生态宜居、乡风文明、治理有效、生活富裕的总要求，建立健全城乡融合发展体制机制和政策体系，加快推进农业农村现代化。作为乡村振兴战略的重要实现途径，城乡融合发展旨在破除长期形成的二元结构，促进乡村与城镇在社会治理、就业创业、生态建设等方面实现融合发展。城乡融合发展路径实施是一个系统工程，涉及许多方面的制度创新。

本章主要就社会治理体制、就业制度、生态文明建设以及农民财产权利保障等几个亟待解决的重大问题，展开讨论。

第一节　城乡融合发展与社会治理体制创新

社会治理体制是国家为了满足社会成员生存和发展的基本需求，协调解决社会矛盾、规范社会运行秩序并提高社会生活质量，就各类社会治理主体在社会事务和社会关系中的地位、作用以及相互关系及运行方式，统筹制定的具有约束力的制度规则体系、组织结构体系及其运行机制安排。在城乡融合发展过程中，随着越来越多的农民涌入城市务工创业，许多地区基层政府管理能力及村委会自治能力削弱，农村社会治理体制正在发生着深刻的变迁。特别是随着城镇化进程的加快，农村土地流转越来越成为常态，农村劳动力流动更趋于频繁，农村社会结构发生着深刻的变化，更加增加了基层城乡社会治理的难度。

党的十九大报告提出，“加强农村基层基础工作，健全自治、法治、德治相结合的乡村治理体系”，为乡村社会治理体制创新指明了方向。在城乡融合发展中推进社会治理体制创新，就是围绕着保障和改善民生的中心需要，构建新的社会治理模式，努力促进共同富裕和社会公平正义，建设既充满活力又和谐有序的社会环境，实现城乡基本公共服务均等化，形成科学有效的社会治理体制，使发展成果更多更公平惠及全体人民。创新社会治理体制，全方位缩小城乡差距，最大限度增加和谐因素，增强社会发展活力，提高社会治理水平，确保人民安居乐业、社会安定有序。

目前我国社会治理体制还存在许多亟待解决的重大问题，如“十三五规划”所指出的“基本公共服务供给不足，收入差距较大，人口老龄化加快，消除贫困任务艰巨”，“国民文明素质和社会文明程度有待提高”等，要按照人人参与、人人尽力、人人享有的要求，坚守底线、突出重点、完善制度、引导预期，注重机会公平，保障基本民生，实现全体人民共同迈入全面小康社会。我们必须增强忧患意识、责任意识，着力在优化结构、增强动力、化解矛盾、补齐短板上取得突破性进展。在实践中，要把群众满意不满意作为加强和创新社会治理的出发点和落脚点，坚持人民主体地位，发挥人民首创精神，紧紧依靠人民群众，开创新形势下的社会治理新局面。

一、以党建为龙头推进基层社会治理组织体系建设

党的十九大报告指出，“加强社会治理制度建设，完善党委领导、政府负责、社会协同、公众参与、法治保障的社会治理体制，提高社会治理社会化、法治化、智能化、专业化水平。”这为社会治理体制创新指明了方向，明确了中国共产党在社会治理体制创新过程中的核心领导地位。在社会治理实践中，须将党的十九大的政策方针和原则主张灌输到其他社会治理主体中去，得到广泛认同并逐步上升到制度和法律层面，顺利实现中央确定的社会治理目标，为全面深化改革提供持久的基础动力支持。当然，党的领导并不是事无巨细的直接领导，而是在大政方针上的指引和导向，是在坚持依法治国的方略下对其他社会治理主体的引导。

随着城乡融合发展的加速推进，原有以村社委员会自治为基础的社会治理组织体系不断受到冲击，村社委员会的自治功能削弱，党委、(区)乡镇政府与村社委员会的工作边界不清晰，其他社会治理组织在工作中的地位和关系不明。社

会治理组织体系建设未能同步于巨大的城乡社会变迁，社会治理运行机制不畅，直接制约着城乡融合的进程和质量，构建适合并促进城乡融合发展的社会治理组织体系成为首要之需。创新社会治理体制，须在一定的秩序下有目标、有步骤、分阶段进行，必须发挥党组织不可替代的领导作用，强化基层党建工作，完善社会领域党建工作的长效机制，为社会治理体制创新提供组织保证。

（一）要创新基层党组织设置方式

随着公民社会的发育，越来越多的单位人转化为社会人，社会组织的数目日益增加，原有的以组织单位为依托的基层党组织设置方式已经不适合形势发展的需要。基层党组织应改变原有的以纵向、封闭为特征的单位建党模式，转向开放、网络化的建党模式，顺应城乡融合发展涌现出来的新小区、商厦、市场、工业区等新场所，采取挂靠、联合、派驻等多种形式，构建立体网络式的大党建格局，使党建工作融入社会、扎根社会，形成党与基层群众联系的最重要媒介。基层党组织应协调各方要求，集中精力出思路、管干部，正确贯彻落实党的路线、方针、政策和决议，建立完善定期研究党建工作、学习交流等工作制度，发挥基层领导班子的坚强战斗堡垒作用，建成坚强有力的城乡社会治理领导集体。加大党建资源的整合力度，灵活采用党建联席会议、实体党委、兼职委员、联合党委等形式，对机关事业单位、企业以及行政村社等党组织的建设工作进行区域统筹。加强党组织对社会组织的培育支持，发动党员创办和领办社会团体，充分发挥党组织的领导作用。

（二）要促进转型真正建成“有限政府”

政府应适应公共诉求和市场经济发展的需要，改变全能型管制政府的角色，摒除以往事无巨细面面俱到的工作方式，抓住重点领域和环节，加快向“有限政府”的服务者角色转化。“有限政府”定位于为公众提供公共产品、公共服务和公共秩序，这需要政府放权，用宏观指导来取代微观管理，通过制定社会政策来引导鼓励，将不应由政府管理、政府管不好的社会领域放权给企业、社会组织、公民，使社会治理主体多元化。在各项政策制定上，政府应该广泛倾听农民的建议，适当地向农村地区倾斜。按照公共服务均等化的要求，在社会保障、就业服务、义务教育和公共基础设施等方面，各级政府都至少要按照最低标准对城乡居民提供服务。

（三）要积极扶持引导其他社会治理组织

城乡社区居民的需求多元化，需要有多元化的组织来应对，因此，社会组织的培育与建设将成为中国社会治理体制创新的重点。必须看到，现代公共行政是一个由各种类型的公共组织纵横联结所构成的网络，包括政府组织、非政府组织、准政府组织、营利组织、非营利组织、志愿者组织等，它们分别从自身的独特条件出发，营造和维护有序的社会治理秩序，形成网络化的社会组织体系。如温家宝（2012 年 3 月 19 日第十三次全国民政会议上的讲话）指出的“政府的事务性管理工作、适合通过市场和社会提供的公共服务，可以适当的方式交给社会组织、中介机构、社区等基层组织承担，降低服务成本，提高服务效率和质量”。城乡融合发展进程中的社会治理要求政府从政策上重点支持三类组织的发展：一是专业合作社等经济合作组织，以发展城乡经济；二是社会性公益性组织，以促进社会建设；三是文化性组织，以丰富城乡精神生活。同时广泛引导和动用社区、学校、企业、社会精英等社会资源参与城乡社会服务与管理。

（四）要在基层形成多层次的社会治理组织设置

根据基层民众的现实需求，在党委牵头、政府主导下，不断完善基层的科层组织体系结构和社区自治体系组织结构，将社会事务管理权力向基层延伸。政府负责社区治理，通过向社区授权和向社会组织分权，实现引导和主导社会治理工作。如街道办事处可以采取委托协议书的形式，将社会日常管理事务授权给街道社区服务中心来实施，把原本政府实施社会性事务管理过程中的权力和责任都向下转移给社区服务中心。一些社区服务工作如居民事务代办、接受日常社会捐助、组织社会服务志愿者活动、开展社区教育、组织举办地区大型文体活动、培养社区文体骨干等工作，都可以由街道社区服务中心来完成。

党的领导是中国特色社会主义制度的最大优势，是实现经济社会持续健康发展的根本政治保证。党的基层组织是确保党的路线方针政策和决策部署贯彻落实的基础。要以提升组织力为重点，突出政治功能，把企业、农村、机关、学校、科研院所、街道社区、社会组织等基层党组织建设成为宣传党的主张、贯彻党的决定、领导基层治理、团结动员群众、推动改革发展的坚强战斗堡垒。要不断增强党的创造力、凝聚力、战斗力，不断提高党的执政能力和执政水平，确保我国发展沿着正确轨道前进。

二、推进以利益协调为主要特征的社会治理契约体系建设

党的十九大报告提出，“培养造就一支懂农业、爱农村、爱农民的三农工作队伍”，这支队伍要成为乡村振兴战略的实施主体，成为城乡融合发展发展过程中社会治理契约体系的建设者，以他们对农业、农村、农民的深刻理解与工作热情，有效理清各种利益关系，在扎根乡村实践基础上，推进城乡融合发展的步骤，创新各项社会治理契约制度。

我国正处于市场化转型和社会结构分化向纵深推进的关键阶段，社会转型过程从社会治理的意义上来说就是管理手段与管理方式的转变过程。利益协调是全面深化改革时期对社会治理提出的客观要求，伴随着改革开放事业向深水区挺进，社会各阶层日益形成具有不同指向和差异性的阶层利益，社会利益结构正在向着市场经济多样性的利益结构转型。社会利益的分化与重组要求社会治理体制将各种利益要求有效整合起来，而整合方式不能再依靠直接的行政命令与国家计划，而应按照市场经济规律的基本要求，制定多层次制度规则协议，全面构建以多元利益表达、疏导、协调、实现为主要特征的社会治理契约体系。

（一）通过制定社会规则即契约体系形成稳定的社会信任体系

现代社会治理强调自主管理、自我管理，但无论是“自主”还是“自我”，都必须是在共同遵守社会规则的基础上的管理，因而，需要制定契约以便形成社会信任。社会治理契约体系具有约束力，体现了社会各方的利益博弈状况，得到大多数人的认同，有利于形成稳定的社会预期和运行井然的社会秩序。在城乡融合发展的巨大制度变迁过程中推进社会治理契约体系的建立，意味着城乡各方利益诉求、表达是按照一定的方式、在一定框架内有序展开，而不是无序摩擦；意味着平等、和谐、公平、正义的新型社会关系和生活方式的建立，是在共同参与规则约束和遵守下实现的，也意味着人们的公民意识、权利意识、自由意识和责任意识的确立与付诸实践。城乡融合发展推动中国由一个熟人社会转变成为一个陌生人社会，基于自由、平等、互利、信用等价值理念形成的契约关系，并对这些契约遵守是构建和谐社会的基石。

鼓励和引导地方政府把契约引入基层社会事业，如对服务群众的事项实行外包服务，即对于某些特定的公共服务，政府不是自己使用财政资金独立运作完成，而是通过建立契约关系，由非营利组织或者营利组织等其他主体来提供，其本质上是公共服务的契约式提供。鼓励其他各类型社会组织运用契约方式界定各自利益边界，在契约梳理确立中明确各自利益关系，在遵守契约规定中建设稳定有序的新型社会关系和人际关系。

（二）加强作为社会契约基础的法律建设，为社会治理体制创新提供最有力的契约保障

事实上，更为宽泛的其他形式的社会契约都需要遵守法律的基本要求。党的十八届四中全会明确提出，要“更好统筹社会力量、平衡社会利益、调节社会关系、规范社会行为，使我国社会在深刻变革中既生机勃勃又井然有序，实现经济发展、政治清明、文化昌盛、社会公正、生态良好，实现我国和平发展的战略目标，必须更好发挥法治的引领和规范作用”。社会治理契约体系建设就是要弘扬社会主义法治精神，建设社会主义法治文化。为此，必须在以下几个方面做出努力：一是“增强全社会厉行法治的积极性和主动性，形成守法光荣、违法可耻的社会氛围，使全体人民都成为社会主义法治的忠实崇尚者、自觉遵守者、坚定捍卫者”。二是“推动全社会树立法治意识，深入开展法治宣传教育，把法治教育纳入国民教育体系和精神文明创建内容”。三是“推进多层次多领域依法治理，坚持系统治理、依法治理、综合治理、源头治理，深化基层组织和部门、行业依法治理，支持各类社会主体自我约束、自我管理，发挥市民公约、乡规民约、行业规章、团体章程等社会规范在社会治理中的积极作用”。四是“建设完备的法律服务体系，推进覆盖城乡居民的公共法律服务体系建设，完善法律援助制度，健全司法救助体系”。

（三）加强社会治理契约体系建设以形成各方合作治理的社会治理格局

在促进合作治理格局形成的实践中，需要注意把握以下三点：一是合作治理主体的身份平等化，即合作治理主体之间是一种独立、平行关系，而不是协作体系中的上下从属关系；二是合作治理的目的在于维护特定范围的公共利益。合作治理主体不能将自身组织利益凌驾于公共利益之上，首要考虑是合作行动的总体

利益，通过合作来达到自身利益，并最终达到系统整合效应。三是合作行为是一种自主性行为，是一种真正的自治。当然，合作过程中更多地表现出道德特征，因为合作首先要满足道德审查和判断，法律规定只有在道德判断存在争议的时候发挥辅助作用。

（四）加强道德建设以形成社会治理的良好软环境

道德作为社会治理中必不可少的契约部分，是所有公众遵从的公共契约，也是最复杂、最难以建立的社会契约。道德契约没有明确的执行主体，它基于社会群体、邻里间的相互软约束，但在很多时候比法律更有效力。40年快速发展的市场经济带来的一个消极后果就是社会道德出现严重滑坡，市场经济是利益驱动经济，对物质利益的过度追求，或把市场经济原则无限地扩大到社会生活的一切领域，会导致道德领域评价标准的迷失，表现为极端个人主义、拜金主义、享乐主义伦理观的盛行，以及以权谋私、权钱交易等腐败现象的出现。失去了道德约束的市场经济是不可持续的，市场经济是法治经济，也是履行合同、诚实守信的道德经济。城乡融合发展进程也是道德契约重建的过程，必须建立起与市场经济相配套的诚实守信的道德体系。

在市场经济下，由于利益主体多元化、分散化，以及市场经济的负面影响，市场法规不健全等，矛盾表现必然复杂化，这就需要运用经济、行政、法律和道德的手段综合去解决。就道德而言，就是要按照集体主义的要求去处理，做到个人利益、局部利益服从集体利益、全局利益，以促进个人、局部与集体、全局的协调发展。法律的实施主要依靠国家强制力，而道德的实施要依靠社会舆论和人们的内心强制。社会舆论对道德标准形成的影响有两方面：一方面是谴责道德缺失行为。随着互联网普及，各种舆论工具声讨道德缺失行为的声音越来越强，对遏制“缺德”行为发挥了重要作用。另一方面则是通过正面宣扬，发挥道德教化作用。这就需要充分发挥社会主义道德的引领作用，社会主义道德是以为人民服务为核心，以集体主义为原则，以诚实守信为重点，以社会主义公民基本道德规范和社会主义核心价值观为主要内容的契约体系。社会治理工作要综合运用各种社会资源，全方位开展社会主义道德教育活动，推动道德契约体系建立，促进整个社会文明程度的提升。

三、集中推进城乡公共服务均等化的提供机制

按照党的十九大报告提出的要求，“保障和改善民生要抓住人民最关心最直接最现实的利益问题，既尽力而为，又量力而行，一件事情接着一件事情办，一年接着一年干。”社会治理体制创新，需要从解决关系人民群众的切身利益问题入手，解决好、发展好和维护好群众的利益，使群众的基本利益得到制度保障，是社会治理源头治理的根本。同时，社会治理体制创新是一个复杂的系统工程，不可能一蹴而就，需要在研究现状的基础上，根据轻重缓急逐步推进。

（一）向社会成员提供均等的基本公共服务

向社会成员提供均等的基本公共服务，是现代政府的基本职责之一。基本公共服务是满足人的最低的、无差别需要的服务项目，一般包括就业服务、基本住房、基本社会保障等“基本民生性服务”；基础教育、基础科技、公共卫生和基本医疗、公共文化等“公共事业性服务”；公益性基础设施和生态环境保护等“公益基础性服务”；生产安全、消费安全、社会安全、国防安全等“公共安全性服务”；法律规范、产权保护、政策制度等“一般性公共服务”五类内容。“均等化”是使受益者均质、同等受益的过程。基本公共服务均等化，包括两方面内容：一是机会均等，指社会成员平等享有消费公共服务机会的均等化；二是权利均等，指尽可能地使每个社会成员享有同样公共服务的权利。一般而言，机会均等和权利均等将导向结果均等。

党的十六届六中全会首次提出实现城乡基本公共服务均等化目标，十七大、十八大进一步强调，到2020年全面建成小康社会战略目标中包含总体实现基本公共服务均等化，为今后我国城乡基本公共服务均等化的发展指明了方向。现阶段我国的基本公共服务还存在不均等现象，主要表现为：城乡之间基本公共服务供给不均等，农村基本公共服务水平远低于城市；区域之间基本公共服务供给差异大，东部地区政府提供的基本公共服务数量和质量明显高于中西部地区；社会成员之间享有的基本公共服务不均等，比较突出的是进城农民工享有的基本公共服务水平远低于城市户籍居民，要求我们必须加快提高基本公共服务水平和均等化程度。

在城乡融合发展过程中，推进城乡基本公共服务均等化的实现，对于改善民

生、维护社会公平，促进社会和谐建设、推动小康社会全面建成具有重要的意义。

（二）改变城乡公共服务二元结构，实现城乡公共服务的均衡发展

通过机制改革和政策调整，改变城乡公共服务二元结构，实现城乡公共服务的均衡发展，主要有以下几个方面：一要深化政府机构改革，建立起促进城乡公共服务均等化发展的人事制度，加快公共服务事业单位的转制改革，加大城乡公共服务优质资源双向对流的力度；二要建立城乡统一的义务教育体制，促进城乡义务教育的均衡发展，把保证教育的公益性和教育公平作为教育政策的基础性目标，明确社会转型期农村教育发展目标，促进基础教育与职业教育相融合，构建利用信息化手段扩大优质教育资源覆盖面的有效机制，逐步缩小区域、城乡、校际差距；三要建立城乡统一的公共医疗卫生机制，实现医疗机构和卫生资源在城乡合理配置，使公共卫生方便、公平地服务广大城乡，加快完善农村新型合作医疗制度体系，解决农民“看病难、看病贵”问题；四要建立城乡统一的劳动力就业机制，将农村劳动者按常住地纳入城乡一体的就业服务体系，并建立起覆盖城乡困难群体的就业援助体系，实现城乡劳动力市场的统一。

目前城市拥有比农村更多数量的基本公共服务资源，使城市居民享受到比农村居民更高质量的服务，而且，由于城市对基本公共服务资源利用的集中程度高于广大农村，农村地区基本公共服务资源有限，又没有被集中利用，极大影响基本公共服务质量。在公共财政投入数量加大或不变前提下，根据各地具体情况，可以考虑适当合并农村学校、农村卫生院、农村基础设施，集中利用资金、人力资源、设备、设施，以提高公共服务质量，缩小与城市的差距;加速推进城镇化，因为城镇化的程度越高，基本公共服务资源被集中利用的程度就越高，基本公共服务就越均等。

（三）完善公共财政政策，科学合理地转移支付

完善公共财政政策，科学合理地转移支付是实现均等化的直接手段。只有逐步改革公共财政体制，才能释放出满足推进城乡基本公共服务均等化所需财力和供给能力。完善以税收、社会保障、转移支付为主要手段的再分配调节机制，加大税收调节力度。建立公共资源出让收益合理共享机制。增加部门经费开支透明度，提高受服务对象的知情权、参与权，是预防公共财政转移支付分配不均的有

效办法。在对公共服务支出进行绩效审计时，应特别考虑公共服务支出的公平性问题。在财政管理方面，要明确划分各级政府的事权。中央政府应以实现城乡基本公共服务均等化为目标，强化再分配职能，由中央政府和地方政府共同按比例提供农村公共服务。要完善财政转移支付制度，优化转移支付结构。从实现城乡基本公共服务均等化的现实要求出发，逐步提高一般性转移支付的比重，增加对基层政府的转移支付，把更多的财力向基层转移，用于农村基本公共服务的供给。

（四）建立科学的基本公共服务绩效评价体系

建立科学的基本公共服务绩效评价体系，不仅能够对公共部门的行为起到约束和引导作用，而且有利于提高基本公共服务的效率和品质。目前，在公共服务的自上而下的行政决策机制下，民众缺乏必要的参与和表达意愿的程序机制，造成了公共产品的浪费，有的地方政府甚至不顾民众对服务的需求和感受，滥用行政权力搞形象工程等形式主义项目。为此，实行“自下而上”和“自上而下”相结合的决策机制，形成政府为主导和民众为主体紧密结合的民主决策机制，按照受益原则明确各自提供城乡公共服务的职责；要寻求普及公共服务评价体系的基本理论和方法，对于提升公众公共服务评价能力、充分表达满意度，实现基本公共服务均等化具有现实意义；要完善基本公共服务效果的跟踪反馈制度，明确对公共服务活动监督的主体、内容、对象、程序和方式，规范问责的工作程序，健全社情民意沟通渠道，扩大公众在公共服务问责制中的知情权、参与权和监督权。

社会治理体制创新可以通过社会政策先行试验，行得通就使之不断完善，有问题就及时调整，然后把在实践中成功的和成熟的社会政策创新成果上升为正式的社会治理制度。为使社会政策更加适合城乡融合发展的现实需要，公共政策出台与实施要进行风险评估，建议“五个不出台”：与民争利，损害多数群众利益的不出台；未经充分酝酿，得不到多数群众理解和支持的不出台；违反市场经济规律的强制性规范措施不出台；前期工作没做好，可能引发社会震荡的不出台；具体方案不细致、配套措施不连贯，可能引发新矛盾的不出台。

总之，乡村振兴战略要求打造共治共享的社会治理格局，实现城乡共治体系的完善，推动社会治理重心向基层下移，实现政府治理和社会调节、居民自治良性互动。在城乡融合发展过程中推进社会治理体制创新，重点是要填平城乡差距，加快建立政府主导、覆盖城乡、可持续的基本公共服务体系，形成政社分开、权责明确、依法自治的现代社会组织体制，形成源头治理、动态管理、应急处置相结合的社会治理机制。在维护社会稳定的基础上，激发社会活力，让一切创造社会财富的源泉充分涌流，实现经济、政治、文化、社会和生态文明建设协调持续发展，实现发展成果更多更公平惠及全体人民。

第二节　城乡融合发展与就业制度创新

党的十九大报告提出，“就业是最大的民生。要坚持就业优先战略和积极就业政策，实现更高质量和更充分就业。”随着城乡融合发展，人口流动成为社会不可回避的现实问题，尤其是大量农村人口涌入城市，为城市经济增加了活力，但他们的就业却因城乡体制差异而处于一种比较尴尬的处境。实行城乡一体的就业机制，促进农业人口向非农人口的转化，为产业集中提供充足的人力资源保障，成为当前需着力解决的重点问题。

党的十九大报告强调，“促进农村一二三产业融合发展，支持和鼓励农民就业创业，拓宽增收渠道。”城乡就业一体化就是按照市场经济规律的要求，消除体制性障碍造成的二元就业机制，把城市就业和农村就业放在同等的地位上通盘设计，为城乡居民提供平等的就业机会、就业环境与就业服务等，建立城乡统一的劳动力要素市场，实现城乡劳动者自由流动、自主择业和平等就业的目标。

“十三五规划”提出，“坚持就业优先战略，实施更加积极的就业政策，创造更多就业岗位，着力解决结构性就业矛盾。完善创业扶持政策，鼓励以创业带就业，建立面向人人的创业服务平台。”统筹人力资源市场，打破城乡、地区、行业分割和身份、性别歧视，维护劳动者平等就业权利。加强对灵活就业、新就业形态的支持，促进劳动者自主就业。为贯彻“十三五规划”的要求，重点应该在以下三个方面做出努力。

一、强化政策引导扶持，建立城乡融合的公共就业服务体系

十八届三中全会指出，“必须健全体制机制，形成以工促农、以城带乡、工农互惠、城乡一体的新型工业城乡关系，让广大农民平等参与现代化进程、共同

分享现代化成果。要加快构建新型农业经营体系，赋予农民更多财产权利，推进城乡要素平等交换和公共资源均衡配置，完善城镇化健康发展体制机制。”在城乡一体化就业中，加强公共就业服务体系建设，突出政府的政策引导与扶持，促进政策引导扶持与市场调节相结合，提供城乡均等化的公共就业服务，是政府工作的重要内容。

公共就业服务是指由政府各级劳动保障部门提供的公益性就业服务，包括研究发布劳动力市场信息及提供咨询、帮助等，充当劳动者和用人单位之间的联系媒介，便利劳动者的就业过程，改善劳动力市场的组织和运行，促使劳动力资源得到合理配置。它是政府干预劳动力市场并调节供求的直接手段，是一国的就业制度和就业政策的重要组成部分。公共就业服务体系建设需按照覆盖城乡、普遍享有的要求，面向全社会提供统一、规范、高效的公共就业服务，方便各类劳动者求职就业和用人单位招聘用工，逐步实现地区间、城乡间基本公共就业服务均等化。

（一）加快推进公共服务组织机构与队伍建设

按照中共中央国务院《关于分类推进事业单位改革的指导意见》（2011）的要求，在事业单位分类改革中明确公共就业服务机构的公益属性。对基层公共就业服务平台提供的基本公共就业服务，可采取政府购买服务的方式给予补偿。省、市、县三级设立公共就业服务机构，县以下街道（乡镇）和社区（行政村）设立基层公共就业服务平台。省、市、县三级公共就业服务机构负责制定落实各项公共就业服务政策，统筹协调辖区内就业管理，建设公共就业服务信息系统，并承担向辖区内劳动者和用人单位提供基本公共就业服务的职责。县级以下基层公共就业服务平台负责开展以就业援助为重点的公共就业服务，落实各项就业政策，实施劳动力资源调查统计，并承担上级人力资源社会保障行政部门安排的其他就业服务工作。按照统一领导、统一制度、统一管理、统一服务标准、统一信息系统的要求，统筹规划公共就业和人才交流服务机构建设，形成覆盖城乡的公共就业服务体系。建立健全覆盖城乡的人才服务网络，建立起职业指导员、劳动保障协理员、职业信息分析师等工作队伍，加强公共就业服务平台机构、人员、场地、经费、制度、工作“六到位”建设。

（二）全面落实公共就业服务政策举措及绩效评估

建立全国统一的公共就业服务信息系统，健全公共就业服务信息指标体系。以“数据向上集中、服务向下延伸、网络到边到底、信息全国共享”为目标，整合各类就业管理服务信息资源；以部省两级为核心建立就业信息数据库，形成覆盖城乡的公共就业服务信息网络和就业信息监测体系，实现就业管理服务工作全程标准化和信息化。各地（市）应根据现实情况，将城乡劳动力就业纳入当地国民经济和社会发展计划，按照城乡融合发展、劳动者平等竞争就业的原则，制定城乡劳动力就业规划。指导用人单位制定城乡统一的招聘条件，用人单位为城乡劳动者提供统一的就业岗位、统一的工作环境、统一的工资水平、统一的福利待遇、统一的用工管理、统一的社会保险，所有员工统一签订劳动合同，享受同等待遇。督促用人单位严格执行《劳动合同法》，强化对用人单位用工行为的监督和动态管理。按照职业培训社会化、市场化的要求，统筹城乡培训资源，建立以（省）市就业指导培训中心为龙头，以职业学校、部门和企业职业培训中心、乡镇成人教育中心为主体，以社会民办职业培训机构为补充的城乡一体职业技能培训网络，将城镇劳动力职业培训优惠政策向农村延伸，形成城乡一体的职业技能培训普惠制。通过政府主导、中介机构组织等方法，在转移就业组织形式上，改变农民靠亲朋帮带、自发盲目外出务工的局面，变无序外出务工为有序输出，实现从“游击散打”到“集团作战”的转变，增强农民工外出就业的有效性和稳定性。以提高公共就业服务绩效为目标，根据公共就业服务机构承担的免费服务工作量、服务效果和服务成本，建立科学的公共就业服务绩效考核管理制度，切实提高公共就业服务效率和水平。

（三）建立就业援助机制，推动就业困难人员就业

各地应按照精细化、长效化的要求，将符合条件的人员全部纳入就业援助范围，普遍实行就业援助对象实名制动态管理，精心组织实施专业化和个性化就业援助，全面落实各项扶持政策，建立“出现一人，认定一人，扶助一人，稳定一人”的就业援助工作机制，使未就业的援助对象获得更具针对性的重点帮助以及时就业，确保已就业的援助对象切实享受政策扶持以稳定就业。各级劳动保障就业服务机构应开设专门的就业帮扶对象服务窗口，积极为就业帮扶对象开展免费

的职业指导、职业介绍、职业培训等服务。街道（社区）劳动保障机构多渠道采集用工信息，对就业帮扶对象进行一对一的职业指导，并定期组织其参加劳动保障部门举办的职业培训、就业推荐等活动。对就业帮扶对象中的“零就业家庭”等就业困难人员，可享受就业援助、培训援助、技能鉴定援助、岗位援助、“一对一”帮扶援助等就业再就业援助服务。积极开发就业岗位，开展职业介绍，引导零就业家庭成员实现自主创业和自谋职业；拓宽公益性岗位开发范围，托底安置零就业家庭成员就业。建立零就业家庭跟踪回访制度，及时解决零就业家庭成员在就业过程中遇到的问题。建立零就业家庭就业援助长效机制，完善申报登记制度，规范企业裁员行为，实现援助工作动态化、精细化、长效化和信息化，确保零就业家庭动态为零。

二、健全劳动权益保护制度，完善用工管理体系

劳动者权益保护是促进城乡就业的关键环节，以往劳动者权益屡遭损害、维权渠道不畅的实际情况，将直接影响劳动者的就业选择。新生代劳动力的维权意识日益提高，要想吸引新生代优质劳动力积极就业，必须完善用工管理体系，健全劳动者权益保护制度。随着劳动者权益保护宏观环境不断改善，社会对劳动者权益保护的关注度有了很大提高，许多用人单位开始积极参与实践《劳动者权益保护法》，我国城乡劳动者权益保护状况得到很大改善。但是，目前劳动者权益保护状况仍不十分理想，劳动争议案件数量居高不下，劳动者长期处于弱势地位，尤其是农民工权益长期得不到相应保护，在维权体系方面追求平等性的同时更要加强对农民工的保护。

（一）加强劳动普法宣传与劳动保障监察

我国劳动者众多，涉及面广量大，很多劳动者在自己的合法权益受到侵犯后，由于对法律法规不熟悉、对维权途径和程序不了解、维权律师费用高、时间和精力不够及相对企业的强势主体地位等诸多因素，导致劳动者无法及时、有效的维护自己的合法劳动权益，甚至放弃正当权益。政府劳动保障部门必须采取各种手段方式，制定可行的策划方案，向用人单位和劳动者宣传劳动法规，各地劳动部门要与宣传部门、司法部门、工会组织等协同动作，对本地区劳动法规的宣传工作做出部署。要在电视、广播、报刊上设立宣传劳动者权益保护法的专题节

目，组织编排宣传劳动法的文艺节目，用广大职工群众喜闻乐见的形式宣传劳动法规。要对用人单位宣传劳动法规提出要求，在有条件的用人单位，都要设立宣传栏、张贴宣传画，出黑板报，挂标语口号，用简明直观的形式向职工群众宣传，以满足广大劳动者的法律需求和维权方面的迫切要求。在加强普法宣传同时还必须加强劳动保障监察，确保监察人员认真履行职责。将劳动保障监察的触角延伸到机关、企业、学校等社会角落，使劳动保障监察网格工作由以企业为主向统筹城乡基层转变；使劳动保障监察由被动反应向主动预防转变，形成对劳动用工的有效监管；对用人单位的劳动用工、劳动合同签订、工资支付等情况进行书面审查，加强对用人单位诚信建设的监督，对管理不规范的用人单位责令限期整改；加强对违法行为高发的重点行业、重点领域监督管理和执法检查，对拒不接受检查或者阻挠监察执法的行为，依法加大查处力度。

（二）疏通扩宽劳动者维权渠道

工会力量在我国一直处于弱势地位，缺乏相对独立性，工会领导人员的自身经济利益依附于企业，工会在企业中的角色不是员工利益的代言人，而是调解人。在工会处于弱势地位或者用人单位没有工会组织的情况下，工人维权得不到工会力量的直接支持，个体维权力量薄弱，弱势地位一直难以改变。因此，疏通扩宽劳动者的维权渠道，使劳动者在利益受侵害时能够有序、有理地展开维权活动，妥善解决劳动纠纷，是现阶段的重点工作。劳动仲裁和劳动保障监察是解决用人单位和劳动者劳动纠纷的两个渠道，它们都是依据现行的劳动法律、法规、规章对劳动纠纷进行处理，在受案范围上也有不少相同的地方。另外，建立专门的劳动争议调解中心，如山东省高密市针对镇街劳动人事争议案件所占比例较大的实际，先后在各镇（街区）设立了 14 个劳动争议调解中心，在 272 家企业建立了劳动争议调解委员会，在卫生、教育、公安等系统建立了 33 个人事争议调解委员会，全面构建起了有机构、有场所、有制度、有人员的劳动人事争议调解网络体系。在镇街探索设立了劳动人事争议仲裁派出庭，实现了“调”“裁”有效对接，提高了辖区内劳动争议案件的处理效率。按照“先预防、再调解、后仲裁”的工作原则，改进办案方式和提高办案效率。对仲裁庭裁决的案件，跟踪法院判决执行结果，最大限度地预防和减少涉法涉诉案件引发的矛盾纠纷。

（三）推进用人单位的社会责任承担

用人单位的社会责任是指用人单位在谋求自身利益最大化之外所负有的维护和增进社会利益的义务。社会责任含有道德因素在内，社会利益包括职工利益、消费者利益、当地社区利益、环境利益、社会弱者及整个社会公共利益等内容，既包括自然人的社会、经济、文化权利，也包括自然人之外的法人和非法人的权益和利益。《公司法》第五条规定："公司从事经营活动、必须遵守法律、行政法规，遵守社会公德、商业道德，诚实守信，接受政府和社会公众的监督，承担社会责任。"这是我国法律首次将"社会责任"列入法律，这为企业承担社会责任确立了法律依据。当然，希望通过用人单位自身的觉悟来主动履行其社会责任是不现实的，如何督促用人单位履行社会责任是一个复杂的系统性工程，涉及观念、立法、执法等多方面的因素。如在督促企业履行社会责任的实践中，可由政府出台统一的"企业社会责任评价体系"，对企业履行社会责任的情况进行量化评估。细化市场责任、环境责任、用工责任、公益责任等多级分层指标，加大用工责任部分分值比重，包括劳动合同履行、工资增长机制、员工发展、职业健康等指标，还可以细化到发放详细工资单、组织职工疗养休养、外来务工人员有固定就餐地点等内容。抓好社会责任审核工作，可以定期由第三方机构进行企业社会责任评估，评估结果为优秀的企业，政府将以适当政策加以扶持；对不合格的企业加强监控，并定期督查。

三、以鼓励创业带动就业，完善扶持创业优惠政策

党的十九大报告强调："提供全方位公共就业服务，促进高校毕业生等青年群体、农民工多渠道就业创业。破除妨碍劳动力、人才社会性流动的体制机制弊端，使人人都有通过辛勤劳动实现自身发展的机会。"鼓励就业创业、实现自身发展，在乡村振兴战略中大显身手，在城乡融合发展中挖掘新的空间。要落实高校毕业生就业促进和创业引领计划，带动青年就业创业，提高劳动力素质、劳动参与率、劳动生产率，增强劳动力市场灵活性，促进劳动力在地区、行业、企业之间自由流动。创业是劳动者通过自主创办生产服务项目、企业或从事个体经营实现市场就业的重要形式。劳动者通过创业，在实现自身就业的同时，吸纳带动更多劳动者就业，促进社会就业的增加。促进以创业带动就业，有利于发挥创业

的就业倍增效应。

从国际经验上看，欧盟各国为了解决日益严重的失业问题，在20世纪90年代末起制定了鼓励创业战略，1997—2001年5年期间，欧盟就业岗位总量增长超过1000万。美国为增加经济活力和创造就业岗位，长期实施鼓励和培育创业的国家战略。为充分发挥创业带动就业的效果，日本制定一系列措施鼓励创业活动，并在劳动政策中制定了帮助青年人、妇女等弱势群体创业的政策。在中国，由人口压力、转轨就业、青年就业和农村转移就业的叠加，使就业问题困难重重，自2002年以来，中国实施了积极的就业政策，其重要内容之一就是鼓励和支持劳动者自谋职业、自主创业，以破解城乡就业难题。事实上，伴随着中国市场化程度不断提升，连年保持较高的经济增速，中国的创业空间相当大，通过创业带动就业是就业工作的新增长点。劳动者在创业的时候，不但解决了自己的就业问题，还可以通过合伙创业、组建公司等方式带动更多的人就业，培养和造就更多的创业主体。

要实施扩大就业的发展战略，促进以创业带动就业。把鼓励创业、支持创业摆到就业工作更加突出的位置，这是在总结我国近年来就业工作的实践，研究认识扩大就业的规律，全面分析我国就业形势的基础上提出来的。要完善支持自主创业、自谋职业政策，使更多劳动者成为创业者。还强调要健全面向全体劳动者的职业教育培训制度，加强农村富余劳动力转移就业培训，以不断提高创业者的创业能力。这就为有效地扩大就业指明了方向。要坚持政府促进、社会支持、市场导向、自主创业的基本原则，强化创业服务和创业培训，改善创业环境，加快形成政策扶持、创业培训、创业服务“三位一体”的工作机制，鼓励更多的城乡劳动者通过自主创业实现就业。

（一）强化创业政策扶持

开辟创业“绿色通道”，规范涉及创业的行政审批事项，简化立项、审批和办证手续，推行联合审批、一站式服务、限时办结和承诺服务等。清理和消除阻碍创业的各种行业性、地区性、经营性壁垒。法律、法规未禁止的行业和领域向各类创业主体开放，国家有限制条件和标准的行业和领域平等对待各类创业主体。在法律、法规规定许可的范围内，对初创企业，可按照行业特点，合理设置资金、人员等准入条件，允许注册资金分期到位。按照法律、法规规定条件、程序和合同约定的允许创业者将家庭住所、租借房、临时商业用房等作为创业经营场所。扩大政府采购范围，制定促进小企业发展的政府采购优惠政策。全面落实有利于劳动者创业的税收优惠、小额担保贷款、资金补贴、场地安排等扶持政策，促进中小企业和个体私营等非公有制经济发展，扶持劳动者创业。推动金融产品和金融服务创新，支持推动以创业带动就业。鼓励和支持发展适合农村需求特点的多种所有制金融组织，创新农村贷款担保模式，积极做好对农民工返乡创业的金融服务。

（二）加大创业培训力度

创业培训是职业教育培训的重要内容，对提高劳动者的创业能力起着积极的促进作用。建立满足城乡各类劳动者创业的创业培训体系，扩大创业培训范围，逐步将所有有创业愿望和培训需求的劳动者纳入创业培训，提高全民创业的意识和能力；各类职业学校、技工学校、就业训练中心应开设相关的创业教育和创业指导课程，积极开展模拟创业和创业实训活动，提升在校学生的创业意识和潜在创业能力。落实职业培训补贴政策，对参加创业培训的创业者，按有关政策规定，给予职业培训补贴。对领取失业保险金人员参加创业培训的，其按规定享受的职业培训补贴由失业保险基金开支。同时，从规范培训标准、提高师资水平、完善培训模式等方面入手，不断提高创业培训的质量。地方各级人民政府要统筹安排劳动者创业所需的生产经营场地，搞好基础设施及配套建设，优先保障创业场地。

（三）健全创业服务体系

由政府主导，推动创业咨询服务工作的开展，建立由企业家、创业成功人士、专家学者及政府工作人员共同组成的创业服务专家队伍，逐步形成创业服务指导专兼职队伍。依托创业孵化基地和创业园区，为创业者从项目推介到成功创业提供全过程跟踪服务，并落实房租和水电费减免等扶持政策。根据城乡创业者的需求，组织开展项目开发、方案设计、风险评估、开业指导、融资服务、跟踪扶持等“一条龙”创业服务，建立创业信息、政策发布平台，搭建创业者交流互助的有效渠道。广泛征集创业项目，建好创业项目库。征集的项目要适合当地具体情况、可操作性强、投资少、见效快。建立创业者信息管理系统，设立创业服务热线，接受创业者的咨询与投诉，提供及时有效的后续服务和跟踪指导。为创业者及其招聘的劳动者提供社会保障、人事管理、教育培训、职称评定等方面的政策便利，吸引人才去新创办企业工作，扩大创业带动就业的规模。完善政府购买培训成果机制，推行“企业订单、劳动者选单、培训机构列单、政府买单”的培训模式。制定实施地区职业技能培训规划，采取多种措施加强对高校毕业生、退役军人、农民工、失业人员、就业困难人员的培训，使素质与岗位需求相一致。

总之，乡村振兴战略需要全方位的公共就业服务体系支撑，以实现高质量和更加充分的就业；推进城乡就业融合发展，促进城乡群众充分就业，是全面落实习近平新时代中国特色社会主义思想、构建和谐社会的要求，是实现工业化、城镇化和城乡融合发展的必经路径。通过建设城乡一体的公共就业服务体系、健全劳动者权益保护机制以及鼓励创业带动就业，助力城乡就业一体化，形成统一、开放、竞争、有序的城乡融合发展劳动力市场和城乡统筹就业制度，优化劳动力资源配置，为我国经济社会发展提供充分人力资源保障。

第三节　城乡融合发展与生态文明建设

进入 21 世纪以来，随着工业化进程以加速度方式推进，能源短缺、资源耗竭、环境污染等生态危机现象日益凸显，严重制约着我国经济社会发展。城乡融合发展制度安排要求实现城乡生态环境的有机结合，把人口、资源、环境与经济、社会的发展紧密结合起来，在处理好人与自然关系基础之上，促进城乡经济和社会的全面进步。生态文明是人类对工业文明后果进行深刻反思的成果，生态文明倡导尊重、保护和顺应自然，以实现包括自然和人类社会在内的全面生态和谐共生为宗旨，建立可持续的生产方式与消费方式。生态文明建设旨在消解工业文明中人与自然的诸多矛盾与冲突，是对工业文明的一种超越，它将有助于建设更高层次的物质文明、精神文明与政治文明。

党的十九大报告强调：“建设生态文明是中华民族永续发展的千年大计。必须树立和践行绿水青山就是金山银山的理念，坚持节约资源和保护环境的基本国策，像对待生命一样对待生态环境，统筹山水林田湖草系统治理，实行最严格的生态环境保护制度，形成绿色发展方式和生活方式，坚定走生产发展、生活富裕、生态良好的文明发展道路，建设美丽中国，为人民创造良好生产生活环境，为全球生态安全作出贡献。”按照党的十九大报告的要求，生态文明建设是城乡融合发展制度安排的重要内容，它统筹城乡生态现实与生态需求，在突出区域特色同时做到全国一盘棋，它将城乡融合发展与转变经济发展方式、建设高层次生态文明紧紧结合，为我国摆脱生态困境、实现经济社会生态的全面发展提供了长效路径。

“十三五规划”提出了生态文明建设的基本思路，就是必须“坚持绿色富国、绿色惠民，为人民提供更多优质生态产品，推动形成绿色发展方式和生活方式，协同推进人民富裕、国家富强、中国美丽”。促进人与自然和谐共生，有度有序地利用自然，调整优化空间结构，划定农业空间和生态空间保护红线，构建科学合理的城市化格局、农业发展格局、生态安全格局、自然岸线格局。生态文明结构包括生态意识、生态法治和生态生产，涵盖政治、经济、文化和社会生活诸多层面。改善生态环境质量，建成资源节约、环境友好型社会，走上生产发展、生活富裕、生态良好的文明发展道路，是现阶段生态文明建设的目标。在城乡融合发展进程中建设良好的生态文明，应从以下三方面着手努力。

一、以生态文明宣传教育为手段培养全社会的生态意识

党的十九大报告强调，“我们要建设的现代化是人与自然和谐共生的现代化，既要创造更多物质财富和精神财富以满足人民日益增长的美好生活需要，也要提供更多优质生态产品以满足人民日益增长的优美生态环境需要。”综合运用各种宣传教育手段，把“人与自然是生命共同体”这一核心生态意识在全社会树立起来，让“尊重自然、顺应自然、保护自然”成为每一位公民自觉地行为准则。

生态意识是把自然、社会和人作为复合生态系统，强调其整体运动对人类的综合价值，根据社会与自然的具体可能性，最优解决自然与社会关系或矛盾产生的所有思想观念的总和。它突破了过去那种分别研究单个自然现象或单个社会现象的理论框架与方法论的局限，要求人类对自然的改造应限制在地球生态条件所容许的限度内，注重维护社会发展的生态基础，实现人与自然环境和谐发展。生态意识构成社会意识形态之一，是公民对复合生态系统中自身权利、义务和自我认同感的总称，它包括生态文明科学知识、生态文明建设中的角色认知以及生态

文明建设中所担负的社会责任等。

一个社会生态意识水平的高低直接制约着生态文明建设的进程，全社会生态意识的形成与提高，是推进生态文明建设的重要途径和基本保证。培养和激发公民明确而强烈的生态意识，充分发挥人的主观能动性、创造性，是生态文明建设的直接切入点。我国现阶段生态环境恶化问题迟迟得不到解决，与整个社会生态意识的缺失有着直接的关系。要在全社会树立起牢固的生态忧患意识、生态道德意识和生态责任意识，须从生态文明素质教育培养入手，通过宣传教育引导，使生态意识成为全社会成员的共同心愿与统一意志，把生态建设付之于自觉行动。生态文明素质教育不仅为生态文明建设提供思想保证，也为其提供智力支持与动力支撑。

（一）生态意识方面仍然存在着亟待解决的问题

目前社会大众对生态环境现状表示不满，开始认识到生态文明建设的重要性，但还存在着诸如环保知识不足、生态消费意识淡薄等问题。

首先，生态环保科学知识水平比较缺乏。大部分公民对频发的生态事件的危害性和严重性缺乏足够认识，学校日常教学中也未能渗透生态环境教育。公民关注的主要是与自己切身利益相关的生态问题，如白色污染、有机食品、雾霾等，而对离人们日常生活较远的生态环境问题，如土壤沙化、海洋污染、野生动植物锐减等，并没有深刻的忧患意识，这属于浅层次的自我保护型的生态意识。

其次，生态消费意识淡薄，普遍存在着“怨多行少”的现象。生态消费是一种绿化的或生态化的消费模式，是符合人类可持续发展的。如果没有生态消费意识，而是物质主义与享乐主义盛行，盲目攀比、追逐流行的消费主义浓厚，过度消费、炫耀消费等愈演愈烈，那么，资源和环境将不堪重负。公民一方面急切呼吁和要求改善生态环境，另一方面对主动参加环境保护活动采取消极态度，理念与行动脱轨。在遇到他人损害生态环境的事情，一般不会加以劝阻，而是认为那是环保部门的事，与己无关，参与程度低。

再次，“潮涌式”的环保教育方式未能从根本上帮助公民树立牢固的生态意识。我国的生态文明教育工作具有鲜明的政府主导色彩，在组织公民生态教育实践中，一般采取短时间内动员各级环保部门和宣传教育部门、新闻出版单位等，由上而下地、集中大规模地运用各种宣传形式进行生态文明宣传教育，即采用“潮涌式”的教育方式，这样虽短期内见效快，但长远看成效递减，不能适应生态文明建设的需求。长期单靠政府主导实施生态文明教育，将导致缺乏社会群众基础，其效果将可能是治标不治本。

产生上述问题的根本原因，在于我国生态文明教育体系仍然不完善，生态文明并未真正成为公民素质教育的重要内容，由此导致政府盲目追求 GDP，企业“见利忘义”愈演愈烈，生态文明教育重知识传播轻实践参与，缺乏系统深入的生态意识培育，未能从人类可持续发展的高度审视生态环境问题。

（二）培育生态文明建设的多元主体

生态文明人人有份，人人有责。首先，政府应建成“生态型政府”。“生态型政府”以遵循自然生态规律、促进生态平衡、实现人与自然和谐共生为基本目标，追求生态效益、经济效益和社会效益的统一，并把生态效益置于三者首位。政府应成为生态建设、环境保护的先行者，在执政过程中强化生态优先的话语权。彻底抛弃“黑色 GDP”，全力推行“绿色 GDP”，普遍设置资源、环境、生态评估指标作为政绩考核必要参照指标，建立生态政绩考核体系，把生态标准植入到政府各项行为之中。疏通各种生态建设表达渠道，倾听社会公众对生态建设的呼声建议，吸引生态行政专家进入决策监督体系，把生态承载力与环境保护的需要放在行政决策的首位。“生态型政府”的建设，就是政府在生态文明素质上实现自我教育、自我约束和自我提升，在全社会树立良好的生态环保形象，对社会公众产生强大的辐射力和示范效应。

其次，企业应定位为“生态文明建设者”。企业是社会财富的主要创造者，先进技术的主要发明应用者，但也是资源、能源的主要消耗者，环境污染的主要责任者。企业对生态环境的破坏源于对自身生态责任的缺失，而自身生态责任的缺失又在于对自身行为目标的误解。一般认为，企业作为独立自负盈亏的商品生产者和经营者，必然以追求“经济利润”最大化作为衡量经营成果的最终标准，追求利润成为企业存在的直接体现。作为现代市场经济中长期经营的企业主体必须认识到，以生态破坏为代价得到的经济利润是短暂不可持续的，这种暂时的利润只是为消灭长期利润、毁灭自身创造了条件。企业利润的质和量依赖于人和自然之间的物质、信息、能量的转换，企业的存在和利润产生需利用和借助于自然力，也就是说，企业利润是由自然生产力与社会生产力共同构筑而成的。因此，追求持续经营的企业不能丧失其生态本质，追求利润的目标取向应建立在人与自然关系合理协调的基础之上。企业不仅是“经济人”，更是“社会人”，全社会应当形成一种共识，那就是只有在经营过程中树立牢固的生态文明观，自觉承担社会责任的企业才可能被社会认同，才能实现长期价值而非短期利润的最大化。

再次，公众应成为生态文明建设的主动参与者。我国各区域经济文化发展水平不均衡，由此社会公众的生态意识差异很大，在生态文明素质宣传教育行动中，必须根据各地民众的收入水平、文化教育水平、不同年龄群体特点等结构性因素，整合利用不同的教育资源，有针对性地设计宣传教育实施方案，强化参与观念。在宣传教育中应充分发挥大众传媒的话语引导权，通过公益基金参与方式，鼓励大众媒体宣传生态文明建设科普知识，使生态文明理念渗透到社会大众日常行为标准中。在宣传教育中必须重视文化工作者的独特作用，鼓励文化工作者创新生态文化产品的内容和形式，以独特的视野和方式向社会大众传达生态文明价值理念，表达生态伦理思想，用优秀的生态文学、生态艺术作品感染人、塑造人和鼓舞人，营造生态文明的文化氛围，影响和指导公众个体生态价值观的形成。当然，宣传教育的主体还应是社会上每一个公民，公民都有权利和义务以自身的生态文明行为感召其他人。生态文明素质教育应立足于基层民众，以相互感召、相互监督、相互鼓励方式，通过寻找“生态文明标兵”，争做“生态公民”，从我做起，在基层社区、基层民众中树立生态文明建设人人有责的观念，共同参与生态文明教育，共同提高生态文明建设水平。

最后，鼓励各种环保 NGO 健康发展。环保 NGO 的非政府性质决定了它可以填补政府和市场在可持续发展中的“真空地带”，它不以政治权力建构，不以追求利润为目的，而是依靠志愿精神实现公益目标，因此，它在绿色传播、绿色行动方面具有不可替代的良好美誉度。支持环保 NGO 通过大众媒体和现场活动传播生态文明知识，动员社会公众参与，从日常生活点滴做起。支持环保 NGO 展开生态文明课题研究，分析市场失灵、政府失灵、公共政策博弈、政策时滞、公地悲剧治理等重点问题，发起绿色主题行动，制定行动方案。环保 NGO 借助社会公众参与的自发力量，开展有目的、有步骤的宣传活动、主题活动，构成社会主义生态文明素质教育的重要组成部分。

生态文明素质教育不应局限于学校教育，而应走向更为广阔的社会教育，扩展教育的主体，形成自发的、由下而上的巨大推力，才能更好更快地养成全社会的生态意识。

二、以强化环境责任追究制度为核心促进生态法治建设

党的十九大报告提出，“提高污染排放标准，强化排污者责任，健全环保信用评价、信息强制性披露、严惩重罚等制度。构建政府为主导、企业为主体、社会组织和公众共同参与的环境治理体系。积极参与全球环境治理，落实减排承诺。”这就要求把生态治理纳入法治化轨道，建设具有中国特色的生态法治制度。

生态法治即生态治理的法治化，是运用完整的法律体系进行生态文明建设管理，以法律手段解决生态利益纠纷，调控经济利益、政治利益、文化利益等与生态利益之间的冲突与矛盾，使生态文明建设走入规范化、法制化轨道，依法营造良好的生态文明环境。法治是社会和谐运转的重要保证，社会各种性质的冲突与矛盾，归根到底是一种利益冲突，而法治是调节社会关系进而解决社会矛盾、促进社会和谐的有效手段。实现生态文明，维护生态平衡，促进生态和谐，必须借助于生态治理的法治化。生态法治是保障生态利益，实现可持续发展理念的体现。

（一）恶性污染事件屡有发生

加强生态法治建设，是20世纪70年代以来世界各国法治发展的一种趋势。然而，改革开放40年以来，经济建设为中心的总体战略使我国法律体系存在“经济发展优先”的倾向，与生态环境相关的法律体系建设缓慢，导致生态法律不完善，难以实现环境保护与经济发展、物质文明与生态文明协调发展的需要，进而引发严重的生态事件。有的地方政府为了发展经济竟然无视国法，自行制定“土法”进行“招商引资”，纵容企业的环境污染和生态破坏行为。如2014年9月被媒体曝光、习近平总书记做出重要批示的腾格里沙漠污染事件，就是典型的违法事件。

早在2010年，就有媒体曝光了宁夏中卫市的造纸厂将大量造纸污水排向腾格里沙漠的污染事件，此后4年间，多家媒体都先后报道了腾格里经济技术开发

区污染问题。2012 年，中央电视台曾对该工业园区违规生产进行过曝光，尽管如此，2014 年以来污染继续，当地企业仍然将未经处理的废水排入排污池，让其自然蒸发，然后将黏稠的沉淀物，用铲车铲出，直接埋在沙漠里面，在沙漠腹部形成巨大排污池，造成严重的生态破坏事件。对于腾格里沙漠污染事件，习近平等中央领导同志做出批示，内蒙古自治区先后召开了自治区党委常委（扩大）会议和全区进一步做好环境保护工作紧急电视电话会议，全面传达批示精神，研究贯彻落实意见，安排部署全区生态环境保护工作，事件朝着人们期望的方向发展。然而，回顾目前整个事件经过，需要反思的是：为什么该工业园区的污染行为经过媒体此前一再曝光，污染行为长期不能得到治理与惩处？直到中央领导批示，这才雷厉风行地行动起来？

事实上，腾格里沙漠污染事件可能仅仅是冰山一角，根据《经济参考报》2014 年 3 月报道，中华环保联合会对内蒙古自治区在内的 9 省份工业园区进行调查，发现一些地区的工业园一方面打着“生态循环经济”的旗号获得政府审批，另一方面却纵容很多高污染企业以及小作坊的生产，甚至一些国家明令关停的污染企业，也在这里集中排污，逃避监管，工业园区成了其违法经营的“保护伞”！目前，我国各地都把工业园区建设当作拉动区域经济的引擎，工业园区在降低基础设施成本、刺激地区经济发展方面确实卓有成效，但是，由工业园区发展引发的环境问题却日趋严重，由于监管缺乏实效，有的环保工业区成为环保盲区，对区域生态系统造成难以修复的破坏。由于受片面的经济发展思想和地方保护主义影响，以及由于法律本身也存在较为薄弱的环节，如在一些方面还只是原则性规定，有的处罚还是行政性或经济性的处罚；有的地方环境执法部门在执法过程中受制于地方领导“政绩观”的束缚，使环境污染防治法没有发挥应有的效力。这种法律相对失效的结果，是造成了全国许多地方生态环境破坏严重，人民群众的生产、生活和身体健康遭受了一定程度的损害。

此起彼伏的惨痛的生态事件带来的一个深刻教训就是：地方政府必须跳出“领导批示才重视”的怪圈，跃出地方关联利益博弈的藩篱，走出“先污染后治理”的恶性循环路子，运用法律手段监管治理污染，强化环境责任追究制度，建设常态化的生态法治体系，才是生态文明建设的正途。

（二）加强生态法治建设，强化环境责任追究

生态法治运行涵盖了生态立法、生态执法、生态司法、生态守法和生态法律监督各环节，都直接地保障着生态和谐。

在生态立法方面，首先是要创新立法理念。应当改变传统的强调人的利益高于一切的价值观，确立现代生态文明价值观。以人类和生态的共同利益为中心，强调人类、社会、自然和谐共生，用尊重自然、顺应自然和保护自然价值观指导生态法治建设。在生态文明语境下，将自然界以及后代人的生态需求纳入法律伦理的关照视野，实现国家法律体系的生态化。其次，是构建完善的生态法治梯级层次。以根本大法的形式把生态文明建设的内容与要求确定下来，逐渐形成以环境保护法为龙头的，涵盖国家立法、地方立法和部门规章制度在内的，内容衔接协调、效力层次清晰的生态法律结构体系。再次，是要立法明晰各个管理部门的具体权限。根据我国现行的《环境保护法》第七条之规定，统一监督管理与分级、分部门协作是现阶段我国实行的环境管理体制，然而，“统一”对下级的效力、“协作”对他部门的约束力规定尚不细致明确，在不履行职责或失责时中央与地方之间以及各部门之间如何分层次追责等需做具体的规定。最后，还要以法规的形式明确生态破坏赔偿责任、公众参与问责的权力以及生态预警制度，使发展经济与保护生态有机结合，社会公众参与环境问责有法可依，环境保护有制度化源头可循。

有了生态立法后，就要严格生态执法。制度不严格执行，就会失去威力。2014 年 10 月，习近平总书记指出，“如果不沉下心来抓落实，再好的目标，再好的蓝图，也只是镜中花、水中月。”在生态法治建设方面，就是要狠抓生态执法，否则，任凭法律体系再完善，也只是一堆好看的废纸。赋予执法部门明确的执法权力和执法手段，按照法定权限、程序进行管理执行，加强执法机关和执法队伍的建设力度，提高执法人员的素质，提高执法公正性、权威性和效率性。严格执法，严厉打击不符合生态环境保护要求的违法行为。多少年来，虽然各级政府文件一直强调环境保护的重要性，要求领导干部推进环保工作，负起环保责任，但在实际工作中，却是口惠而心不至，盲目追求经济发展速度，漠视生态环境保护，把环境牺牲看成是经济发展的必然代价，在处理环境违法事件时往往大事化小、小事化了，致使暂时的经济繁荣景象掩盖了揪心的生态环境问题，也使

有的官员滋生了对生态法律制度的漠视。环境保护责任追究制度没有得到真正全面执行而成为纸老虎，致使一些地方环境违法现象越演越烈，环境问题长期得不到解决，如果任其发展，则政府失去诚信，法律失去尊严，群众失去信心。要向各级政府官员发出清晰的信号，生态法治建设的核心就是要通过强化、落实环保责任追究制度来校正以牺牲环境换取经济增长的发展模式，保障生态法治的有效实施，环保责任追究将成为一种常态，环保干不好，官位保不住。

强化环境责任追究制度。一是要逐步将环境行政责任上升到法律层面。环境行政责任包括国家行政机关、企事业单位根据行政隶属关系，依照有关法规或内部规章对犯有违法失职和违纪行为的下属给予行政制裁；地方政府有关部门及工作人员的违法违纪行为，环境行政主管部门在查处违法行为时提出给予行政处分建议，由行政监察机关或其任免机关按照规定权限和程序给予相关责任人行政处分。现行的环保法侧重于运用行政管理手段来治理环境，已经不适应当前复杂的环境保护要求。今后在追究环境责任时，应将环境行政责任与环境民事责任、环境刑事责任结合起来，综合运用行政管理手段、民事手段、刑事手段，对相关责任人或单位进行严格责罚。二是环保责任追究实行终身制。大部分污染事件不是一开始就能显现的，在追究责任时往往时过境迁，相关责任人（政府官员或企业）已经升职、退休或搬迁至异地经营，导致责任追究往往不了了之。实行环保责任追究终身制，就是不管环境责任人的境况如何变迁，都要一查到底，从严追究处理。在司法系统也要全面推行环保案件责任追究终身制，督促和激发环保执法办案人员能真正行使法律所赋予的至高无上的权力，公正执法、不徇私舞弊，自觉维护法律尊严。三是增加环境责任追究的公开性与透明性。环境执法部门应当依法及时、准确公布环境事件信息，按照规定的信息披露格式不但公布环境责任人，而且公布处罚情况，保障社会公众的知情权、监督权，为社会公众参与环境责任追究提供必要条件。公开环境行政权力信息，开设“阳光投诉”“公益投诉”通道，及时解答群众提出的问题和接受投诉举报，通过网络接受各方监督，实现最大范围的公开、公示和听证，促使环境行政执法工作公平、公正开展，推进环境执法管理工作提高，以主动作为来化解环境问题和污染隐患。

通过环境民事、行政、刑事责任的追究，以及加强生态司法和法律监督，使社会公众明确自己在环境行为中所享有的权利与义务，引导人们依法科学开发、合理利用自然资源，恢复和调整被扰乱的生态秩序。

三、以生态技术创新为先导优化经济结构发展生态产业

以非循环、线性生产为主要特征的工业文明生产方式，造成自然资源大量消耗、废弃物大量排放，这种不可持续的生产方式严重制约了经济的进一步发展。为确保经济持续健康发展，须将生态文明融入经济建设全过程，着力创新生态技术和工艺，优化产业结构，发展以绿色低碳为特征的生态产业。生态产业是生态文明建设的基本支撑，如果单纯强调生态建设而忽视经济建设，生态文明建设就会失去支撑而没有生命力。生态文明建设应以经济建设为中心，推进科技创新，坚持调整和优化经济结构，加强能源、资源节约，发展循环经济、不断提高生态经济在国民经济中的比重，才能实现生态文明和物质文明的互动互进、环境效益和经济效益互融兼收。

党的十九大报告提出，“构建市场导向的绿色技术创新体系，发展绿色金融，壮大节能环保产业、清洁生产产业、清洁能源产业。推进能源生产和消费革命，构建清洁低碳、安全高效的能源体系。推进资源全面节约和循环利用，实施国家节水行动，降低能耗、物耗，实现生产系统和生活系统循环链接。”这就要求推进绿色发展，推进生态产业科学规划与合理布局。生态产业要求把经济发展、环境保护和资源利用结合起来，形成符合经济规律且符合自然生态要求的新的产业结构模式。发展生态产业，不仅可以通过自身的产业张力带动传统产业改造形成新的经济增长点，而且可以通过自身的社会化集成机制形成工农城乡有机结合的生态经济模式，在城乡之间搭建起坚实的纽带，成为推进城乡融合发展进程的持续动力源。

发展生态产业，需要从以下几方面着手。

（一）落实节能减排任务，进一步探索节能减排的新途径

节能减排是生态文明建设的中重要内容，也是促进经济增效升级的必由之路。国家“十二五规划”提出了节能减排的目标，即到 2015 年，单位 GDP 二氧化碳排放降低 17%；单位 GDP 能耗下降 16%；非化石能源占一次能源消费比重提高 3.1 个百分点，从 8.3% 到 11.4%；主要污染物排放总量减少 8%—10% 的目

标。此外，“十二五”规划还明确了主要污染物控制总类，在“十一五”化学需氧量、二氧化硫这两个类别基础上，增加了氨氮和氮氧化物两个类别的污染物控制指标。但是，在任务落实过程中，监测结果显示，2011—2013 年部分指标完成情况落后于时间进度要求，形势十分严峻，导致 2014 年 5 月国务院《2014—2015 年节能减排低碳发展行动方案》出台，要求加强落实节能减排任务。从“十二五”以来全国节能减排完成情况看，实现节能减排约束性目标难度较大的原因，既有发展方式粗放、有法不依、执法不严等，也有经济转型升级缓慢、节能减排指标下达不科学等因素，还与一些地方政府采取措施不得力、节能减排问责制得不到有效落实有关。为此，需要做好以下各项工作：一是加强落实《国务院关于化解产能严重过剩矛盾的指导意见》，严格项目管理，各地区、各有关部门不得以任何名义、任何方式核准或备案产能严重过剩行业新增产能项目，依法依规全面清理违规在建和建成项目。二是加强对服务业和战略性新兴产业相关政策措施落实情况的督促检查，加快落实《国务院关于加快发展节能环保产业的意见》，组织实施一批节能环保和资源循环利用重大技术装备产业化工程，完善节能服务公司扶持政策准入条件，实行节能服务产业负面清单管理，在污染减排重点领域加快推行环境污染第三方治理。三是实行煤炭消费目标责任管理，严控煤炭消费总量，降低煤炭消费比重。加快推进煤炭清洁高效利用，在大气污染防治重点区域地级以上城市大力推广使用型煤、清洁优质煤及清洁能源，强化能评环评约束作用。四是完善节能减排降碳的计量、统计、监测、核查体系，加强分析预警体系建设，定期发布节能目标完成情况和主要污染物排放数据公告。各地区相关部门要研究制定确保完成节能减排降碳目标的预警调控方案，根据形势需要适时启动。

（二）加强技术创新和推广应用，推进产业结构调整

生态技术创新是自然生态学向传统技术创新渗透并成为指导性原则的一种创新系统，它要求在技术创新的各个阶段引入生态文明观念，要求将生态环境和经济活动融合为一个有机整体，从“生态——经济——社会”的系统高度来考虑技术创新，追求自然生态环境承载能力范围内的可持续增长，即生态综合效益最大化。生态技术创新是生态产业发展的支撑，按照生态文明建设要求，技术创新要

把生态效益和社会效益纳入目标，追求经济增长、生态平衡、社会和谐相统一的技术创新形式。先进的技术、工艺和装备不仅能有效提高生产效率和产品质量，在节能减排上也发挥着提纲挈领的作用。生态技术创新包括两个层次：一个是管理层次的创新，即建立起经济与生态相协调的管理模式，是生态思想向管理学的渗透，研究生态生产力和经济生产力的合理组织方式、技术，以保证最优利用和配置现有经济和生态资源。另一个是工程技术层次的创新，即资源、产品和工艺的创新，以节约资源、保护环境和避免污染。这两个层次的创新从不同的途径和方式实现相同的目标，彼此相互支持、相互依赖。

为实现生态技术创新，国家应从财政、税收政策上向生态技术创新倾斜，引导和鼓励企业集中资源投入生态技术创新，营造良好的创新环境。企业应将生态技术创新纳入经营目标，制定生态技术创新战略，形成良好的生态技术创新组织管理体系、开发过程管理体系、创新激励机制，实现企业生产活动全过程的生态化控制，不断强化生态技术创新和应用实力。

为贯彻落实国务院提出的相关生态技术创新措施，应在以下几方面做出努力。一是在国家重点基础研究发展计划、国家科技支撑计划和国家高技术发展计划等科技专项计划中，安排一批节能减排重大技术项目，攻克一批节能减排关键和共性技术。加快节能减排技术支撑平台建设，组建一批国家工程实验室和国家重点实验室。优化节能减排技术创新与转化的政策环境，加强资源环境高技术领域创新团队和研发基地建设，推动建立以企业为主体、产学研相结合的节能减排技术创新与成果转化体系。二是实施一批节能减排重点行业共性、关键技术及重大技术装备产业化示范项目和循环经济高技术产业化重大专项。落实节能、节水技术政策大纲，在钢铁、有色、煤炭、电力、石油石化、化工、建材、纺织、造纸、建筑等重点行业，推广一批潜力大、应用面广的重大节能减排技术。加强节电、节油农业机械和农产品加工设备及农业节水、节肥、节药技术推广。鼓励企业加大节能减排技术改造和技术创新投入，增强自主创新能力。三是深入实施节能减排科技专项行动，通过国家科技重大专项和国家科技计划（专项）等对节能减排相关科研工作给予支持。完善节能环保技术创新体系，加强基础性、前沿性和共性技术研发，在节能环保关键技术领域取得突破。加强政府指导，推动建立以企业为主体、市场为导向、多种形式的产学研战略联盟，鼓励企业加大研发投入。重点支持成熟的节能减排关键、共性技术与装备产业化示范和应用，加快产业化基地建设。发布节能环保技术推广目录，加快推广先进、成熟的新技术、新工艺、新设备和新材料。四是加强节能环保领域国际交流合作，与有关国际组织和国家建立节能环保合作机制，积极引进国外先进节能环保技术和管理经验，不断拓宽节能环保国际合作的领域和范围。

（三）发展循环经济，完善生态产业体系

循环经济，是指在生产、流通和消费等过程中进行的减量化、再利用、资源化活动的总称。所谓减量化，是指在生产、流通和消费等过程中减少资源消耗和废物产生；所谓再利用，是指将废物直接作为产品或者经修复、翻新、再制造后继续作为产品使用，或者将废物的全部或者部分作为其他产品的部件予以使用；所谓资源化，是指将废物直接作为原料进行利用或者对废物进行再生利用。随着工业化、城乡融合发展进程加快和消费结构升级，我国能源需求呈刚性增长，受国内资源保障能力和环境容量制约，资源环境瓶颈约束更加突出。国际上贸易保护主义抬头，发达国家凭借技术优势开征碳关税，绿色贸易壁垒日益突出。我国面临的资源环境约束日益强化，废弃物产生量不断增加，经济增长与资源环境之间的矛盾突出，要求必须发展循环经济。发展循环经济，首先需要政府统筹各项规划、制定针对性政策，推动激励企业、产业园区、各产业内部进行循环化改造，提高资源产出率，从规划、设计、施工、运行、管理以及生产、流通、消费等各环节，按照循环经济要求进行重新梳理改造。在此基础上，打破地区条块束缚，实施大循环战略，推动产业之间、生产与生活系统之间、国内外之间的循环式布局、组合，构建循环型社会，全面推进循环发展。发展循环经济，必须加快关键性技术创新，支持建立各类循环经济技术支撑机构，在政府各项科技计划中加大对循环经济共性关键技术研发的支持力度。推动组建重点领域循环经济产业联盟，加强产学研用结合。引进、消化、吸收和再创新循环经济关键技术和装备，建立循环经济技术遴选、评定及推广机制。

乡村振兴战略要求形成节约资源和保护环境的空间格局、产业结构、生产方式、生活方式，还自然以宁静、和谐、美丽，使乡村真正成为“生态宜居”之地。

为此，在城乡融合发展实践中，必须遵循自然规律，防止在开发利用自然上走弯路；必须坚持节约资源和保护环境的基本国策，坚持可持续发展，坚定走生产发展、生活富裕、生态良好的文明发展道路，加快建设资源节约型、环境友好型社会，形成人与自然和谐发展的现代化建设新格局，推进美丽中国建设，为全球生态安全做出新贡献。

| 附　录 |

中共中央国务院
关于实施乡村振兴战略的意见

（2018 年 1 月 2 日）

实施乡村振兴战略，是党的十九大作出的重大决策部署，是决胜全面建成小康社会、全面建设社会主义现代化国家的重大历史任务，是新时代“三农”工作的总抓手。现就实施乡村振兴战略提出如下意见。

一、新时代实施乡村振兴战略的重大意义

党的十八大以来，在以习近平同志为核心的党中央坚强领导下，我们坚持把解决好“三农”问题作为全党工作重中之重，持续加大强农惠农富农政策力度，扎实推进农业现代化和新农村建设，全面深化农村改革，农业农村发展取得了历史性成就，为党和国家事业全面开创新局面提供了重要支撑。5 年来，粮食生产能力跨上新台阶，农业供给侧结构性改革迈出新步伐，农民收入持续增长，农村民生全面改善，脱贫攻坚战取得决定性进展，农村生态文明建设显著加强，农民获得感显著提升，农村社会稳定和谐。农业农村发展取得的重大成就和“三农”工作积累的丰富经验，为实施乡村振兴战略奠定了良好基础。

农业农村农民问题是关系国计民生的根本性问题。没有农业农村的现代化，就没有国家的现代化。当前，我国发展不平衡不充分问题在乡村最为突出，主要表现在：农产品阶段性供过于求和供给不足并存，农业供给质量亟待提高；农民适应生产力发展和市场竞争的能力不足，新型职业农民队伍建设亟需加强；农村基础设施和民生领域欠账较多，农村环境和生态问题比较突出，乡村发展整体水

平亟待提升；国家支农体系相对薄弱，农村金融改革任务繁重，城乡之间要素合理流动机制亟待健全；农村基层党建存在薄弱环节，乡村治理体系和治理能力亟待强化。实施乡村振兴战略，是解决人民日益增长的美好生活需要和不平衡不充分的发展之间矛盾的必然要求，是实现“两个一百年”奋斗目标的必然要求，是实现全体人民共同富裕的必然要求。

在中国特色社会主义新时代，乡村是一个可以大有作为的广阔天地，迎来了难得的发展机遇。我们有党的领导的政治优势，有社会主义的制度优势，有亿万农民的创造精神，有强大的经济实力支撑，有历史悠久的农耕文明，有旺盛的市场需求，完全有条件有能力实施乡村振兴战略。必须立足国情农情，顺势而为，切实增强责任感使命感紧迫感，举全党全国全社会之力，以更大的决心、更明确的目标、更有力的举措，推动农业全面升级、农村全面进步、农民全面发展，谱写新时代乡村全面振兴新篇章。

二、实施乡村振兴战略的总体要求

（一）指导思想。全面贯彻党的十九大精神，以习近平新时代中国特色社会主义思想为指导，加强党对“三农”工作的领导，坚持稳中求进工作总基调，牢固树立新发展理念，落实高质量发展的要求，紧紧围绕统筹推进“五位一体”总体布局和协调推进“四个全面”战略布局，坚持把解决好“三农”问题作为全党工作重中之重，坚持农业农村优先发展，按照产业兴旺、生态宜居、乡风文明、治理有效、生活富裕的总要求，建立健全城乡融合发展体制机制和政策体系，统筹推进农村经济建设、政治建设、文化建设、社会建设、生态文明建设和党的建设，加快推进乡村治理体系和治理能力现代化，加快推进农业农村现代化，走中国特色社会主义乡村振兴道路，让农业成为有奔头的产业，让农民成为有吸引力的职业，让农村成为安居乐业的美丽家园。

（二）目标任务。按照党的十九大提出的决胜全面建成小康社会、分两个阶段实现第二个百年奋斗目标的战略安排，实施乡村振兴战略的目标任务是：

到 2020 年，乡村振兴取得重要进展，制度框架和政策体系基本形成。农业综合生产能力稳步提升，农业供给体系质量明显提高，农村一二三产业融合发展水平进一步提升；农民增收渠道进一步拓宽，城乡居民生活水平差距持续缩小；

现行标准下农村贫困人口实现脱贫，贫困县全部摘帽，解决区域性整体贫困；农村基础设施建设深入推进，农村人居环境明显改善，美丽宜居乡村建设扎实推进；城乡基本公共服务均等化水平进一步提高，城乡融合发展体制机制初步建立；农村对人才吸引力逐步增强；农村生态环境明显好转，农业生态服务能力进一步提高；以党组织为核心的农村基层组织建设进一步加强，乡村治理体系进一步完善；党的农村工作领导体制机制进一步健全；各地区各部门推进乡村振兴的思路举措得以确立。

到2035年，乡村振兴取得决定性进展，农业农村现代化基本实现。农业结构得到根本性改善，农民就业质量显著提高，相对贫困进一步缓解，共同富裕迈出坚实步伐；城乡基本公共服务均等化基本实现，城乡融合发展体制机制更加完善；乡风文明达到新高度，乡村治理体系更加完善；农村生态环境根本好转，美丽宜居乡村基本实现。

到2050年，乡村全面振兴，农业强、农村美、农民富全面实现。

（三）基本原则

——坚持党管农村工作。毫不动摇地坚持和加强党对农村工作的领导，健全党管农村工作领导体制机制和党内法规，确保党在农村工作中始终总揽全局、协调各方，为乡村振兴提供坚强有力的政治保障。

——坚持农业农村优先发展。把实现乡村振兴作为全党的共同意志、共同行动，做到认识统一、步调一致，在干部配备上优先考虑，在要素配置上优先满足，在资金投入上优先保障，在公共服务上优先安排，加快补齐农业农村短板。

——坚持农民主体地位。充分尊重农民意愿，切实发挥农民在乡村振兴中的主体作用，调动亿万农民的积极性、主动性、创造性，把维护农民群众根本利益、促进农民共同富裕作为出发点和落脚点，促进农民持续增收，不断提升农民的获得感、幸福感、安全感。

——坚持乡村全面振兴。准确把握乡村振兴的科学内涵，挖掘乡村多种功能和价值，统筹谋划农村经济建设、政治建设、文化建设、社会建设、生态文明建设和党的建设，注重协同性、关联性，整体部署，协调推进。

——坚持城乡融合发展。坚决破除体制机制弊端，使市场在资源配置中起决定性作用，更好发挥政府作用，推动城乡要素自由流动、平等交换，推动新型工业化、信息化、城镇化、农业现代化同步发展，加快形成工农互促、城乡互补、全面融合、共同繁荣的新型工农城乡关系。

——坚持人与自然和谐共生。牢固树立和践行绿水青山就是金山银山的理念，落实节约优先、保护优先、自然恢复为主的方针，统筹山水林田湖草系统治理，严守生态保护红线，以绿色发展引领乡村振兴。

——坚持因地制宜、循序渐进。科学把握乡村的差异性和发展走势分化特征，做好顶层设计，注重规划先行、突出重点、分类施策、典型引路。既尽力而为，又量力而行，不搞层层加码，不搞一刀切，不搞形式主义，久久为功，扎实推进。

三、提升农业发展质量，培育乡村发展新动能

乡村振兴，产业兴旺是重点。必须坚持质量兴农、绿色兴农，以农业供给侧结构性改革为主线，加快构建现代农业产业体系、生产体系、经营体系，提高农业创新力、竞争力和全要素生产率，加快实现由农业大国向农业强国转变。

（一）夯实农业生产能力基础。深入实施藏粮于地、藏粮于技战略，严守耕地红线，确保国家粮食安全，把中国人的饭碗牢牢端在自己手中。全面落实永久基本农田特殊保护制度，加快划定和建设粮食生产功能区、重要农产品生产保护区，完善支持政策。大规模推进农村土地整治和高标准农田建设，稳步提升耕地质量，强化监督考核和地方政府责任。加强农田水利建设，提高抗旱防洪除涝能力。实施国家农业节水行动，加快灌区续建配套与现代化改造，推进小型农田水利设施达标提质，建设一批重大高效节水灌溉工程。加快建设国家农业科技创新体系，加强面向全行业的科技创新基地建设。深化农业科技成果转化和推广应用改革。加快发展现代农作物、畜禽、水产、林木种业，提升自主创新能力。高标准建设国家南繁育种基地。推进我国农机装备产业转型升级，加强科研机构、设备制造企业联合攻关，进一步提高大宗农作物机械国产化水平，加快研发经济作物、养殖业、丘陵山区农林机械，发展高端农机装备制造。优化农业从业者结构，加快建设知识型、技能型、创新型农业经营者队伍。大力发展数字农业，实施智慧农业林业水利工程，推进物联网试验示范和遥感技术应用。

（二）实施质量兴农战略。制定和实施国家质量兴农战略规划，建立健全质量兴农评价体系、政策体系、工作体系和考核体系。深入推进农业绿色化、优质化、特色化、品牌化，调整优化农业生产力布局，推动农业由增产导向转向提质导向。推进特色农产品优势区创建，建设现代农业产业园、农业科技园。实施产业兴村强县行动，推行标准化生产，培育农产品品牌，保护地理标志农产品，打造一村一品、一县一业发展新格局。加快发展现代高效林业，实施兴林富民行动，推进森林生态标志产品建设工程。加强植物病虫害、动物疫病防控体系建设。优化养殖业空间布局，大力发展绿色生态健康养殖，做大做强民族奶业。统筹海洋渔业资源开发，科学布局近远海养殖和远洋渔业，建设现代化海洋牧场。建立产学研融合的农业科技创新联盟，加强农业绿色生态、提质增效技术研发应用。切实发挥农垦在质量兴农中的带动引领作用。实施食品安全战略，完善农产品质量和食品安全标准体系，加强农业投入品和农产品质量安全追溯体系建设，健全农产品质量和食品安全监管体制，重点提高基层监管能力。

（三）构建农村一二三产业融合发展体系。大力开发农业多种功能，延长产业链、提升价值链、完善利益链，通过保底分红、股份合作、利润返还等多种形式，让农民合理分享全产业链增值收益。实施农产品加工业提升行动，鼓励企业兼并重组，淘汰落后产能，支持主产区农产品就地加工转化增值。重点解决农产品销售中的突出问题，加强农产品产后分级、包装、营销，建设现代化农产品冷链仓储物流体系，打造农产品销售公共服务平台，支持供销、邮政及各类企业把服务网点延伸到乡村，健全农产品产销稳定衔接机制，大力建设具有广泛性的促进农村电子商务发展的基础设施，鼓励支持各类市场主体创新发展基于互联网的新型农业产业模式，深入实施电子商务进农村综合示范，加快推进农村流通现代化。实施休闲农业和乡村旅游精品工程，建设一批设施完备、功能多样的休闲观光园区、森林人家、康养基地、乡村民宿、特色小镇。对利用闲置农房发展民宿、养老等项目，研究出台消防、特种行业经营等领域便利市场准入、加强事中事后监管的管理办法。发展乡村共享经济、创意农业、特色文化产业。

（四）构建农业对外开放新格局。优化资源配置，着力节本增效，提高我国农产品国际竞争力。实施特色优势农产品出口提升行动，扩大高附加值农产品出口。建立健全我国农业贸易政策体系。深化与“一带一路”沿线国家和地区农产品贸易关系。积极支持农业走出去，培育具有国际竞争力的大粮商和农业企业集团。积极参与全球粮食安全治理和农业贸易规则制定，促进形成更加公平合理的农业国际贸易秩序。进一步加大农产品反走私综合治理力度。

（五）促进小农户和现代农业发展有机衔接。统筹兼顾培育新型农业经营主体和扶持小农户，采取有针对性的措施，把小农生产引入现代农业发展轨道。培育各类专业化市场化服务组织，推进农业生产全程社会化服务，帮助小农户节本增效。发展多样化的联合与合作，提升小农户组织化程度。注重发挥新型农业经营主体带动作用，打造区域公用品牌，开展农超对接、农社对接，帮助小农户对接市场。扶持小农户发展生态农业、设施农业、体验农业、定制农业，提高产品档次和附加值，拓展增收空间。改善小农户生产设施条件，提升小农户抗风险能力。研究制定扶持小农生产的政策意见。

四、推进乡村绿色发展，打造人与自然和谐共生发展新格局

乡村振兴，生态宜居是关键。良好生态环境是农村最大优势和宝贵财富。必须尊重自然、顺应自然、保护自然，推动乡村自然资本加快增值，实现百姓富、生态美的统一。

（一）统筹山水林田湖草系统治理。把山水林田湖草作为一个生命共同体，进行统一保护、统一修复。实施重要生态系统保护和修复工程。健全耕地草原森林河流湖泊休养生息制度，分类有序退出超载的边际产能。扩大耕地轮作休耕制度试点。科学划定江河湖海限捕、禁捕区域，健全水生生态保护修复制度。实行水资源消耗总量和强度双控行动。开展河湖水系连通和农村河塘清淤整治，全面推行河长制、湖长制。加大农业水价综合改革工作力度。开展国土绿化行动，推进荒漠化、石漠化、水土流失综合治理。强化湿地保护和恢复，继续开展退耕还湿。完善天然林保护制度，把所有天然林都纳入保护范围。扩大退耕还林还草、退牧还草，建立成果巩固长效机制。继续实施三北防护林体系建设等林业重点工程，实施森林质量精准提升工程。继续实施草原生态保护补助奖励政策。实施生物多样性保护重大工程，有效防范外来生物入侵。

（二）加强农村突出环境问题综合治理。加强农业面源污染防治，开展农业

绿色发展行动，实现投入品减量化、生产清洁化、废弃物资源化、产业模式生态化。推进有机肥替代化肥、畜禽粪污处理、农作物秸秆综合利用、废弃农膜回收、病虫害绿色防控。加强农村水环境治理和农村饮用水水源保护，实施农村生态清洁小流域建设。扩大华北地下水超采区综合治理范围。推进重金属污染耕地防控和修复，开展土壤污染治理与修复技术应用试点，加大东北黑土地保护力度。实施流域环境和近岸海域综合治理。严禁工业和城镇污染向农业农村转移。加强农村环境监管能力建设，落实县乡两级农村环境保护主体责任。

（三）建立市场化多元化生态补偿机制。落实农业功能区制度，加大重点生态功能区转移支付力度，完善生态保护成效与资金分配挂钩的激励约束机制。鼓励地方在重点生态区位推行商品林赎买制度。健全地区间、流域上下游之间横向生态保护补偿机制，探索建立生态产品购买、森林碳汇等市场化补偿制度。建立长江流域重点水域禁捕补偿制度。推行生态建设和保护以工代赈做法，提供更多生态公益岗位。

（四）增加农业生态产品和服务供给。正确处理开发与保护的关系，运用现代科技和管理手段，将乡村生态优势转化为发展生态经济的优势，提供更多更好的绿色生态产品和服务，促进生态和经济良性循环。加快发展森林草原旅游、河湖湿地观光、冰雪海上运动、野生动物驯养观赏等产业，积极开发观光农业、游憩休闲、健康养生、生态教育等服务。创建一批特色生态旅游示范村镇和精品线路，打造绿色生态环保的乡村生态旅游产业链。

五、繁荣兴盛农村文化，焕发乡风文明新气象

乡村振兴，乡风文明是保障。必须坚持物质文明和精神文明一起抓，提升农民精神风貌，培育文明乡风、良好家风、淳朴民风，不断提高乡村社会文明程度。

（一）加强农村思想道德建设。以社会主义核心价值观为引领，坚持教育引导、实践养成、制度保障三管齐下，采取符合农村特点的有效方式，深化中国特色社会主义和中国梦宣传教育，大力弘扬民族精神和时代精神。加强爱国主义、集体主义、社会主义教育，深化民族团结进步教育，加强农村思想文化阵地建设。深入实施公民道德建设工程，挖掘农村传统道德教育资源，推进社会公德、职业道德、家庭美德、个人品德建设。推进诚信建设，强化农民的社会责任意

识、规则意识、集体意识、主人翁意识。

（二）传承发展提升农村优秀传统文化。立足乡村文明，吸取城市文明及外来文化优秀成果，在保护传承的基础上，创造性转化、创新性发展，不断赋予时代内涵、丰富表现形式。切实保护好优秀农耕文化遗产，推动优秀农耕文化遗产合理适度利用。深入挖掘农耕文化蕴含的优秀思想观念、人文精神、道德规范，充分发挥其在凝聚人心、教化群众、淳化民风中的重要作用。划定乡村建设的历史文化保护线，保护好文物古迹、传统村落、民族村寨、传统建筑、农业遗迹、灌溉工程遗产。支持农村地区优秀戏曲曲艺、少数民族文化、民间文化等传承发展。

（三）加强农村公共文化建设。按照有标准、有网络、有内容、有人才的要求，健全乡村公共文化服务体系。发挥县级公共文化机构辐射作用，推进基层综合性文化服务中心建设，实现乡村两级公共文化服务全覆盖，提升服务效能。深入推进文化惠民，公共文化资源要重点向乡村倾斜，提供更多更好的农村公共文化产品和服务。支持“三农”题材文艺创作生产，鼓励文艺工作者不断推出反映农民生产生活尤其是乡村振兴实践的优秀文艺作品，充分展示新时代农村农民的精神面貌。培育挖掘乡土文化本土人才，开展文化结对帮扶，引导社会各界人士投身乡村文化建设。活跃繁荣农村文化市场，丰富农村文化业态，加强农村文化市场监管。

（四）开展移风易俗行动。广泛开展文明村镇、星级文明户、文明家庭等群众性精神文明创建活动。遏制大操大办、厚葬薄养、人情攀比等陈规陋习。加强无神论宣传教育，丰富农民群众精神文化生活，抵制封建迷信活动。深化农村殡葬改革。加强农村科普工作，提高农民科学文化素养。

六、加强农村基层基础工作，构建乡村治理新体系

乡村振兴，治理有效是基础。必须把夯实基层基础作为固本之策，建立健全党委领导、政府负责、社会协同、公众参与、法治保障的现代乡村社会治理体制，坚持自治、法治、德治相结合，确保乡村社会充满活力、和谐有序。

（一）加强农村基层党组织建设。扎实推进抓党建促乡村振兴，突出政治功能，提升组织力，抓乡促村，把农村基层党组织建成坚强战斗堡垒。强化农村基层党组织领导核心地位，创新组织设置和活动方式，持续整顿软弱涣散村党

组织，稳妥有序开展不合格党员处置工作，着力引导农村党员发挥先锋模范作用。建立选派第一书记工作长效机制，全面向贫困村、软弱涣散村和集体经济薄弱村党组织派出第一书记。实施农村带头人队伍整体优化提升行动，注重吸引高校毕业生、农民工、机关企事业单位优秀党员干部到村任职，选优配强村党组织书记。健全从优秀村党组织书记中选拔乡镇领导干部、考录乡镇机关公务员、招聘乡镇事业编制人员制度。加大在优秀青年农民中发展党员力度。建立农村党员定期培训制度。全面落实村级组织运转经费保障政策。推行村级小微权力清单制度，加大基层小微权力腐败惩处力度。严厉整治惠农补贴、集体资产管理、土地征收等领域侵害农民利益的不正之风和腐败问题。

（二）深化村民自治实践。坚持自治为基，加强农村群众性自治组织建设，健全和创新村党组织领导的充满活力的村民自治机制。推动村党组织书记通过选举担任村委会主任。发挥自治章程、村规民约的积极作用。全面建立健全村务监督委员会，推行村级事务阳光工程。依托村民会议、村民代表会议、村民议事会、村民理事会、村民监事会等，形成民事民议、民事民办、民事民管的多层次基层协商格局。积极发挥新乡贤作用。推动乡村治理重心下移，尽可能把资源、服务、管理下放到基层。继续开展以村民小组或自然村为基本单元的村民自治试点工作。加强农村社区治理创新。创新基层管理体制机制，整合优化公共服务和行政审批职责，打造“一门式办理”、“一站式服务”的综合服务平台。在村庄普遍建立网上服务站点，逐步形成完善的乡村便民服务体系。大力培育服务性、公益性、互助性农村社会组织，积极发展农村社会工作和志愿服务。集中清理上级对村级组织考核评比多、创建达标多、检查督查多等突出问题。维护村民委员会、农村集体经济组织、农村合作经济组织的特别法人地位和权利。

（三）建设法治乡村。坚持法治为本，树立依法治理理念，强化法律在维护农民权益、规范市场运行、农业支持保护、生态环境治理、化解农村社会矛盾等方面的权威地位。增强基层干部法治观念、法治为民意识，将政府涉农各项工作纳入法治化轨道。深入推进综合行政执法改革向基层延伸，创新监管方式，推动执法队伍整合、执法力量下沉，提高执法能力和水平。建立健全乡村调解、县市仲裁、司法保障的农村土地承包经营纠纷调处机制。加大农村普法力度，提高农民法治素养，引导广大农民增强尊法学法守法用法意识。健全农村公共法律服务体系，加强对农民的法律援助和司法救助。

（四）提升乡村德治水平。深入挖掘乡村熟人社会蕴含的道德规范，结合时代要求进行创新，强化道德教化作用，引导农民向上向善、孝老爱亲、重义守信、勤俭持家。建立道德激励约束机制，引导农民自我管理、自我教育、自我服务、自我提高，实现家庭和睦、邻里和谐、干群融洽。广泛开展好媳妇、好儿女、好公婆等评选表彰活动，开展寻找最美乡村教师、医生、村官、家庭等活动。深入宣传道德模范、身边好人的典型事迹，弘扬真善美，传播正能量。

（五）建设平安乡村。健全落实社会治安综合治理领导责任制，大力推进农村社会治安防控体系建设，推动社会治安防控力量下沉。深入开展扫黑除恶专项斗争，严厉打击农村黑恶势力、宗族恶势力，严厉打击黄赌毒盗拐骗等违法犯罪。依法加大对农村非法宗教活动和境外渗透活动打击力度，依法制止利用宗教干预农村公共事务，继续整治农村乱建庙宇、滥塑宗教造像。完善县乡村三级综治中心功能和运行机制。健全农村公共安全体系，持续开展农村安全隐患治理。加强农村警务、消防、安全生产工作，坚决遏制重特大安全事故。探索以网格化管理为抓手、以现代信息技术为支撑，实现基层服务和管理精细化精准化。推进农村“雪亮工程”建设。

七、提高农村民生保障水平，塑造美丽乡村新风貌

乡村振兴，生活富裕是根本。要坚持人人尽责、人人享有，按照抓重点、补短板、强弱项的要求，围绕农民群众最关心最直接最现实的利益问题，一件事情接着一件事情办，一年接着一年干，把乡村建设成为幸福美丽新家园。

（一）优先发展农村教育事业。高度重视发展农村义务教育，推动建立以城带乡、整体推进、城乡一体、均衡发展的义务教育发展机制。全面改善薄弱学校基本办学条件，加强寄宿制学校建设。实施农村义务教育学生营养改善计划。发展农村学前教育。推进农村普及高中阶段教育，支持教育基础薄弱县普通高中建设，加强职业教育，逐步分类推进中等职业教育免除学杂费。健全学生资助制度，使绝大多数农村新增劳动力接受高中阶段教育、更多接受高等教育。把农村需要的人群纳入特殊教育体系。以市县为单位，推动优质学校辐射农村薄弱学校

常态化。统筹配置城乡师资，并向乡村倾斜，建好建强乡村教师队伍。

（二）促进农村劳动力转移就业和农民增收。健全覆盖城乡的公共就业服务体系，大规模开展职业技能培训，促进农民工多渠道转移就业，提高就业质量。深化户籍制度改革，促进有条件、有意愿、在城镇有稳定就业和住所的农业转移人口在城镇有序落户，依法平等享受城镇公共服务。加强扶持引导服务，实施乡村就业创业促进行动，大力发展文化、科技、旅游、生态等乡村特色产业，振兴传统工艺。培育一批家庭工场、手工作坊、乡村车间，鼓励在乡村地区兴办环境友好型企业，实现乡村经济多元化，提供更多就业岗位。拓宽农民增收渠道，鼓励农民勤劳守法致富，增加农村低收入者收入，扩大农村中等收入群体，保持农村居民收入增速快于城镇居民。

（三）推动农村基础设施提挡升级。继续把基础设施建设重点放在农村，加快农村公路、供水、供气、环保、电网、物流、信息、广播电视等基础设施建设，推动城乡基础设施互联互通。以示范县为载体全面推进“四好农村路”建设，加快实施通村组硬化路建设。加大成品油消费税转移支付资金用于农村公路养护力度。推进节水供水重大水利工程，实施农村饮水安全巩固提升工程。加快新一轮农村电网改造升级，制定农村通动力电规划，推进农村可再生能源开发利用。实施数字乡村战略，做好整体规划设计，加快农村地区宽带网络和第四代移动通信网络覆盖步伐，开发适应“三农”特点的信息技术、产品、应用和服务，推动远程医疗、远程教育等应用普及，弥合城乡数字鸿沟。提升气象为农服务能力。加强农村防灾减灾救灾能力建设。抓紧研究提出深化农村公共基础设施管护体制改革指导意见。

（四）加强农村社会保障体系建设。完善统一的城乡居民基本医疗保险制度和大病保险制度，做好农民重特大疾病救助工作。巩固城乡居民医保全国异地就医联网直接结算。完善城乡居民基本养老保险制度，建立城乡居民基本养老保险待遇确定和基础养老金标准正常调整机制。统筹城乡社会救助体系，完善最低生活保障制度，做好农村社会救助兜底工作。将进城落户农业转移人口全部纳入城镇住房保障体系。构建多层次农村养老保障体系，创新多元化照料服务模式。健全农村留守儿童和妇女、老年人以及困境儿童关爱服务体系。加强和改善农村残疾人服务。

（五）推进健康乡村建设。强化农村公共卫生服务，加强慢性病综合防控，大力推进农村地区精神卫生、职业病和重大传染病防治。完善基本公共卫生服务项目补助政策，加强基层医疗卫生服务体系建设，支持乡镇卫生院和村卫生室改善条件。加强乡村中医药服务。开展和规范家庭医生签约服务，加强妇幼、老人、残疾人等重点人群健康服务。倡导优生优育。深入开展乡村爱国卫生运动。

（六）持续改善农村人居环境。实施农村人居环境整治三年行动计划，以农村垃圾、污水治理和村容村貌提升为主攻方向，整合各种资源，强化各种举措，稳步有序推进农村人居环境突出问题治理。坚持不懈推进农村“厕所革命”，大力开展农村户用卫生厕所建设和改造，同步实施粪污治理，加快实现农村无害化卫生厕所全覆盖，努力补齐影响农民群众生活品质的短板。总结推广适用不同地区的农村污水治理模式，加强技术支撑和指导。深入推进农村环境综合整治。推进北方地区农村散煤替代，有条件的地方有序推进煤改气、煤改电和新能源利用。逐步建立农村低收入群体安全住房保障机制。强化新建农房规划管控，加强“空心村”服务管理和改造。保护保留乡村风貌，开展田园建筑示范，培养乡村传统建筑名匠。实施乡村绿化行动，全面保护古树名木。持续推进宜居宜业的美丽乡村建设。

八、打好精准脱贫攻坚战，增强贫困群众获得感

乡村振兴，摆脱贫困是前提。必须坚持精准扶贫、精准脱贫，把提高脱贫质量放在首位，既不降低扶贫标准，也不吊高胃口，采取更加有力的举措、更加集中的支持、更加精细的工作，坚决打好精准脱贫这场对全面建成小康社会具有决定性意义的攻坚战。

（一）瞄准贫困人口精准帮扶。对有劳动能力的贫困人口，强化产业和就业扶持，着力做好产销衔接、劳务对接，实现稳定脱贫。有序推进易地扶贫搬迁，让搬迁群众搬得出、稳得住、能致富。对完全或部分丧失劳动能力的特殊贫困人口，综合实施保障性扶贫政策，确保病有所医、残有所助、生活有兜底。做好农村最低生活保障工作的动态化精细化管理，把符合条件的贫困人口全部纳入保障范围。

（二）聚焦深度贫困地区集中发力。全面改善贫困地区生产生活条件，确保实现贫困地区基本公共服务主要指标接近全国平均水平。以解决突出制约问题为重点，以重大扶贫工程和到村到户帮扶为抓手，加大政策倾斜和扶贫资金整合力度，着力改善深度贫困地区发展条件，增强贫困农户发展能力，重点攻克深度贫困地区脱贫任务。新增脱贫攻坚资金项目主要投向深度贫困地区，增加金融投入对深度贫困地区的支持，新增建设用地指标优先保障深度贫困地区发展用地需要。

（三）激发贫困人口内生动力。把扶贫同扶志、扶智结合起来，把救急纾困和内生脱贫结合起来，提升贫困群众发展生产和务工经商的基本技能，实现可持续稳固脱贫。引导贫困群众克服等靠要思想，逐步消除精神贫困。要打破贫困均衡，促进形成自强自立、争先脱贫的精神风貌。改进帮扶方式方法，更多采用生产奖补、劳务补助、以工代赈等机制，推动贫困群众通过自己的辛勤劳动脱贫致富。

（四）强化脱贫攻坚责任和监督。坚持中央统筹省负总责市县抓落实的工作机制，强化党政一把手负总责的责任制。强化县级党委作为全县脱贫攻坚总指挥部的关键作用，脱贫攻坚期内贫困县县级党政正职要保持稳定。开展扶贫领域腐败和作风问题专项治理，切实加强扶贫资金管理，对挪用和贪污扶贫款项的行为严惩不贷。将 2018 年作为脱贫攻坚作风建设年，集中力量解决突出作风问题。科学确定脱贫摘帽时间，对弄虚作假、搞数字脱贫的严肃查处。完善扶贫督查巡查、考核评估办法，除党中央、国务院统一部署外，各部门一律不准再组织其他检查考评。严格控制各地开展增加一线扶贫干部负担的各类检查考评，切实给基层减轻工作负担。关心爱护战斗在扶贫第一线的基层干部，制定激励政策，为他们工作生活排忧解难，保护和调动他们的工作积极性。做好实施乡村振兴战略与打好精准脱贫攻坚战的有机衔接。制定坚决打好精准脱贫攻坚战三年行动指导意见。研究提出持续减贫的意见。

九、推进体制机制创新，强化乡村振兴制度性供给

实施乡村振兴战略，必须把制度建设贯穿其中。要以完善产权制度和要素市场化配置为重点，激活主体、激活要素、激活市场，着力增强改革的系统性、整体性、协同性。

（一）巩固和完善农村基本经营制度。落实农村土地承包关系稳定并长久不

变政策，衔接落实好第二轮土地承包到期后再延长30年的政策，让农民吃上长效“定心丸”。全面完成土地承包经营权确权登记颁证工作，实现承包土地信息联通共享。完善农村承包地“三权分置”制度，在依法保护集体土地所有权和农户承包权前提下，平等保护土地经营权。农村承包土地经营权可以依法向金融机构融资担保、入股从事农业产业化经营。实施新型农业经营主体培育工程，培育发展家庭农场、合作社、龙头企业、社会化服务组织和农业产业化联合体，发展多种形式适度规模经营。

（二）深化农村土地制度改革。系统总结农村土地征收、集体经营性建设用地入市、宅基地制度改革试点经验，逐步扩大试点，加快土地管理法修改，完善农村土地利用管理政策体系。扎实推进房地一体的农村集体建设用地和宅基地使用权确权登记颁证。完善农民闲置宅基地和闲置农房政策，探索宅基地所有权、资格权、使用权“三权分置”，落实宅基地集体所有权，保障宅基地农户资格权和农民房屋财产权，适度放活宅基地和农民房屋使用权，不得违规违法买卖宅基地，严格实行土地用途管制，严格禁止下乡利用农村宅基地建设别墅大院和私人会馆。在符合土地利用总体规划前提下，允许县级政府通过村土地利用规划，调整优化村庄用地布局，有效利用农村零星分散的存量建设用地；预留部分规划建设用地指标用于单独选址的农业设施和休闲旅游设施等建设。对利用收储农村闲置建设用地发展农村新产业新业态的，给予新增建设用地指标奖励。进一步完善设施农用地政策。

（三）深入推进农村集体产权制度改革。全面开展农村集体资产清产核资、集体成员身份确认，加快推进集体经营性资产股份合作制改革。推动资源变资产、资金变股金、农民变股东，探索农村集体经济新的实现形式和运行机制。坚持农村集体产权制度改革正确方向，发挥村党组织对集体经济组织的领导核心作用，防止内部少数人控制和外部资本侵占集体资产。维护进城落户农民土地承包权、宅基地使用权、集体收益分配权，引导进城落户农民依法自愿有偿转让上述权益。研究制定农村集体经济组织法，充实农村集体产权权能。全面深化供销合作社综合改革，深入推进集体林权、水利设施产权等领域改革，做好农村综合改革、农村改革试验区等工作。

（四）完善农业支持保护制度。以提升农业质量效益和竞争力为目标，强化绿色生态导向，创新完善政策工具和手段，扩大“绿箱”政策的实施范围和规模，加快建立新型农业支持保护政策体系。深化农产品收储制度和价格形成机制改革，加快培育多元市场购销主体，改革完善中央储备粮管理体制。通过完善拍卖机制、定向销售、包干销售等，加快消化政策性粮食库存。落实和完善对农民直接补贴制度，提高补贴效能。健全粮食主产区利益补偿机制。探索开展稻谷、小麦、玉米三大粮食作物完全成本保险和收入保险试点，加快建立多层次农业保险体系。

十、汇聚全社会力量，强化乡村振兴人才支撑

实施乡村振兴战略，必须破解人才瓶颈制约。要把人力资本开发放在首要位置，畅通智力、技术、管理下乡通道，造就更多乡土人才，聚天下人才而用之。

（一）大力培育新型职业农民。全面建立职业农民制度，完善配套政策体系。实施新型职业农民培育工程。支持新型职业农民通过弹性学制参加中高等农业职业教育。创新培训机制，支持农民专业合作社、专业技术协会、龙头企业等主体承担培训。引导符合条件的新型职业农民参加城镇职工养老、医疗等社会保障制度。鼓励各地开展职业农民职称评定试点。

（二）加强农村专业人才队伍建设。建立县域专业人才统筹使用制度，提高农村专业人才服务保障能力。推动人才管理职能部门简政放权，保障和落实基层用人主体自主权。推行乡村教师“县管校聘”。实施好边远贫困地区、边疆民族地区和革命老区人才支持计划，继续实施“三支一扶”、特岗教师计划等，组织实施高校毕业生基层成长计划。支持地方高等学校、职业院校综合利用教育培训资源，灵活设置专业（方向），创新人才培养模式，为乡村振兴培养专业化人才。扶持培养一批农业职业经理人、经纪人、乡村工匠、文化能人、非遗传承人等。

（三）发挥科技人才支撑作用。全面建立高等院校、科研院所等事业单位专业技术人员到乡村和企业挂职、兼职和离岗创新创业制度，保障其在职称评定、工资福利、社会保障等方面的权益。深入实施农业科研杰出人才计划和杰出青年农业科学家项目。健全种业等领域科研人员以知识产权明晰为基础、以知识价值为导向的分配政策。探索公益性和经营性农技推广融合发展机制，允许农技人员

通过提供增值服务合理取酬。全面实施农技推广服务特聘计划。

（四）鼓励社会各界投身乡村建设。建立有效激励机制，以乡情乡愁为纽带，吸引支持企业家、党政干部、专家学者、医生教师、规划师、建筑师、律师、技能人才等，通过下乡担任志愿者、投资兴业、包村包项目、行医办学、捐资捐物、法律服务等方式服务乡村振兴事业。研究制定管理办法，允许符合要求的公职人员回乡任职。吸引更多人才投身现代农业，培养造就新农民。加快制定鼓励引导工商资本参与乡村振兴的指导意见，落实和完善融资贷款、配套设施建设补助、税费减免、用地等扶持政策，明确政策边界，保护好农民利益。发挥工会、共青团、妇联、科协、残联等群团组织的优势和力量，发挥各民主党派、工商联、无党派人士等积极作用，支持农村产业发展、生态环境保护、乡风文明建设、农村弱势群体关爱等。实施乡村振兴“巾帼行动”。加强对下乡组织和人员的管理服务，使之成为乡村振兴的建设性力量。

（五）创新乡村人才培育引进使用机制。建立自主培养与人才引进相结合，学历教育、技能培训、实践锻炼等多种方式并举的人力资源开发机制。建立城乡、区域、校地之间人才培养合作与交流机制。全面建立城市医生教师、科技文化人员等定期服务乡村机制。研究制定鼓励城市专业人才参与乡村振兴的政策。

十一、开拓投融资渠道，强化乡村振兴投入保障

实施乡村振兴战略，必须解决钱从哪里来的问题。要健全投入保障制度，创新投融资机制，加快形成财政优先保障、金融重点倾斜、社会积极参与的多元投入格局，确保投入力度不断增强、总量持续增加。

（一）确保财政投入持续增长。建立健全实施乡村振兴战略财政投入保障制度，公共财政更大力度向“三农”倾斜，确保财政投入与乡村振兴目标任务相适应。优化财政供给结构，推进行业内资金整合与行业间资金统筹相互衔接配合，增加地方自主统筹空间，加快建立涉农资金统筹整合长效机制。充分发挥财政资金的引导作用，撬动金融和社会资本更多投向乡村振兴。切实发挥全国农业信贷担保体系作用，通过财政担保费率补助和以奖代补等，加大对新型农业经营主体支持力度。加快设立国家融资担保基金，强化担保融资增信功能，引导更多金融资源支持乡村振兴。支持地方政府发行一般债券用于支持乡村振兴、脱贫攻坚领

域的公益性项目。稳步推进地方政府专项债券管理改革，鼓励地方政府试点发行项目融资和收益自平衡的专项债券，支持符合条件、有一定收益的乡村公益性项目建设。规范地方政府举债融资行为，不得借乡村振兴之名违法违规变相举债。

（二）拓宽资金筹集渠道。调整完善土地出让收入使用范围，进一步提高农业农村投入比例。严格控制未利用地开垦，集中力量推进高标准农田建设。改进耕地占补平衡管理办法，建立高标准农田建设等新增耕地指标和城乡建设用地增减挂钩节余指标跨省域调剂机制，将所得收益通过支出预算全部用于巩固脱贫攻坚成果和支持实施乡村振兴战略。推广一事一议、以奖代补等方式，鼓励农民对直接受益的乡村基础设施建设投工投劳，让农民更多参与建设管护。

（三）提高金融服务水平。坚持农村金融改革发展的正确方向，健全适合农业农村特点的农村金融体系，推动农村金融机构回归本源，把更多金融资源配置到农村经济社会发展的重点领域和薄弱环节，更好满足乡村振兴多样化金融需求。要强化金融服务方式创新，防止脱实向虚倾向，严格管控风险，提高金融服务乡村振兴能力和水平。抓紧出台金融服务乡村振兴的指导意见。加大中国农业银行、中国邮政储蓄银行“三农”金融事业部对乡村振兴支持力度。明确国家开发银行、中国农业发展银行在乡村振兴中的职责定位，强化金融服务方式创新，加大对乡村振兴中长期信贷支持。推动农村信用社省联社改革，保持农村信用社县域法人地位和数量总体稳定，完善村镇银行准入条件，地方法人金融机构要服务好乡村振兴。普惠金融重点要放在乡村。推动出台非存款类放贷组织条例。制定金融机构服务乡村振兴考核评估办法。支持符合条件的涉农企业发行上市、新三板挂牌和融资、并购重组，深入推进农产品期货期权市场建设，稳步扩大“保险＋期货”试点，探索“订单农业＋保险＋期货（权）”试点。改进农村金融差异化监管体系，强化地方政府金融风险防范处置责任。

十二、坚持和完善党对“三农”工作的领导

实施乡村振兴战略是党和国家的重大决策部署，各级党委和政府要提高对实施乡村振兴战略重大意义的认识，真正把实施乡村振兴战略摆在优先位置，把党管农村工作的要求落到实处。

（一）完善党的农村工作领导体制机制。各级党委和政府要坚持工业农业一

起抓、城市农村一起抓，把农业农村优先发展原则体现到各个方面。健全党委统一领导、政府负责、党委农村工作部门统筹协调的农村工作领导体制。建立实施乡村振兴战略领导责任制，实行中央统筹省负总责市县抓落实的工作机制。党政一把手是第一责任人，五级书记抓乡村振兴。县委书记要下大气力抓好“三农”工作，当好乡村振兴“一线总指挥”。各部门要按照职责，加强工作指导，强化资源要素支持和制度供给，做好协同配合，形成乡村振兴工作合力。切实加强各级党委农村工作部门建设，按照《中国共产党工作机关条例（试行）》有关规定，做好党的农村工作机构设置和人员配置工作，充分发挥决策参谋、统筹协调、政策指导、推动落实、督导检查等职能。各省（自治区、直辖市）党委和政府每年要向党中央、国务院报告推进实施乡村振兴战略进展情况。建立市县党政领导班子和领导干部推进乡村振兴战略的实绩考核制度，将考核结果作为选拔任用领导干部的重要依据。

（二）研究制定中国共产党农村工作条例。根据坚持党对一切工作的领导的要求和新时代“三农”工作新形势新任务新要求，研究制定中国共产党农村工作条例，把党领导农村工作的传统、要求、政策等以党内法规形式确定下来，明确加强对农村工作领导的指导思想、原则要求、工作范围和对象、主要任务、机构职责、队伍建设等，完善领导体制和工作机制，确保乡村振兴战略有效实施。

（三）加强“三农”工作队伍建设。把懂农业、爱农村、爱农民作为基本要求，加强“三农”工作干部队伍培养、配备、管理、使用。各级党委和政府主要领导干部要懂“三农”工作、会抓“三农”工作，分管领导要真正成为“三农”工作行家里手。制定并实施培训计划，全面提升“三农”干部队伍能力和水平。拓宽县级“三农”工作部门和乡镇干部来源渠道。把到农村一线工作锻炼作为培养干部的重要途径，注重提拔使用实绩优秀的干部，形成人才向农村基层一线流动的用人导向。

（四）强化乡村振兴规划引领。制定国家乡村振兴战略规划（2018—2022 年），分别明确至 2020 年全面建成小康社会和 2022 年召开党的二十大时的目标任务，细化实化工作重点和政策措施，部署若干重大工程、重大计划、重大行动。各地区各部门要编制乡村振兴地方规划和专项规划或方案。加强各类规划的统筹管理和系统衔接，形成城乡融合、区域一体、多规合一的规划体系。根据发展现状和需要分类有序推进乡村振兴，对具备条件的村庄，要加快推进城镇基础设施和公共服务向农村延伸；对自然历史文化资源丰富的村庄，要统筹兼顾保护与发展；对生存条件恶劣、生态环境脆弱的村庄，要加大力度实施生态移民搬迁。

（五）强化乡村振兴法治保障。抓紧研究制定乡村振兴法的有关工作，把行之有效的乡村振兴政策法定化，充分发挥立法在乡村振兴中的保障和推动作用。及时修改和废止不适应的法律法规。推进粮食安全保障立法。各地可以从本地乡村发展实际需要出发，制定促进乡村振兴的地方性法规、地方政府规章。加强乡村统计工作和数据开发应用。

（六）营造乡村振兴良好氛围。凝聚全党全国全社会振兴乡村强大合力，宣传党的乡村振兴方针政策和各地丰富实践，振奋基层干部群众精神。建立乡村振兴专家决策咨询制度，组织智库加强理论研究。促进乡村振兴国际交流合作，讲好乡村振兴中国故事，为世界贡献中国智慧和中国方案。

让我们更加紧密地团结在以习近平同志为核心的党中央周围，高举中国特色社会主义伟大旗帜，以习近平新时代中国特色社会主义思想为指导，迎难而上、埋头苦干、开拓进取，为决胜全面建成小康社会、夺取新时代中国特色社会主义伟大胜利作出新的贡献！

（《人民日报》2018 年 2 月 5 日第 1 版）

参考资料

【中文】

[1] 郭晓鸣，张克俊等:《城乡经济社会一体化新格局战略研究》，科学出版社2014年版。

[2] 汝信，付崇兰等:《中国城乡一体化发展报告（2014—2015）》，社会科学文献出版社2015年版。

[3] 陈锡文，赵阳，罗丹:《中国农村改革30年回顾与展望》人民出版社2008年版。

[4] 马庆斌:《城乡一体化中国生产力再一次大解放》，社会科学文献出版社2011年版。

[5] 马德秀:《上海城乡经济社会发展一体化难题破解研究》，上海交通大学出版社2009年版。

[6] 曾福生，吴雄周，刘辉:《新农村建设和城镇化协调发展：以湖南省为例》，经济科学出版社2012年版。

[7] 白雪秋:《中国城乡统筹发展研究》，北京出版社2006年版。

[8] 陈承明，施镇平:《中国特色城乡一体化探索》，吉林大学出版社2010年版。

[9] 厉以宁:《中国经济双重转型之路》，中国人民大学出版社2013年版。

[10] 程水源，刘汉成:《城乡一体化发展的理论与实践》，中国农业出版社2010年版。

[11] 程志强，张文彬等:《中国城乡统筹发展报告（2012）》，社会科学文献出版社2012年版。

[12] 付崇兰，曹文明等:《中国城乡一体化发展报告（2013）》，社会科学文献出版社2013年版。

[13] 聂亚珍，梅友松等:《城乡一体化之现代农业形态》，中国书籍出版社2013年版。

[14] 仇保兴:《城镇化与城乡统筹发展》，中国城市出版社 2012 年版。

[15] 弋振立:《中国城乡统筹发展研究》，经济科学出版社 2014 年版。

[16] 叶裕民，焦永利:《中国统筹城乡发展的系统架构与实施路径：来自成都实践的观察与思考》，中国建筑出版社 2013 年版。

[17] 孙久文:《走向 2020 年的我国城乡协调发展战略》，中国人民大学出版社 2010 年版。

[18] 蒋宏坤，韩俊:《城乡一体化的苏州实践与创新》，中国发展出版社 2013 年版。

[19] 张占斌，张国华，仲武冠:《城镇化推进城乡发展一体化研究》，河北人民出版社 2013 年版。

[20] 朱善利等:《中国城乡一体化之路：生产三要素市场统一构建与城乡经济社会一体化战略实施》，北京大学出版社 2013 年版。

[21] 徐同文:《城乡一体化体制对策研究》，人民出版社 2011 年版。

[22] 戴蒙德:《崩溃：社会如何选择成败兴亡》，上海世纪出版集团 2011 年版。

[23] 上海市发展改革委员会、上海社会:《上海郊区发展报告 2013—2014》，上海社会科学院出版社 2014 年版。

[24] 韩俊:《中国农村经济改革 30 年——农村经济卷》，重庆大学出版社 2008 年版。

[25] 刘彦随等:《中国乡村发展研究报告———农村空心化及其整治策略》，北京科学出版社 2011 年版。

[26] 张云华:《中国农地流转问题调查》，上海远东出版社 2011 年版。

[27] 马丁·布朗芬布伦纳:《收入分配理论》，方敏等译，华夏出版社 2009 年版。

[28] 王旭:《美国城市发展模式》，清华大学出版社 2006 年版。

[29] 王卫星:《对城乡一体化发展模式的思考———苏州市城乡一体化发展调研报告》，《中国软科学》2009 年 12 月。

[30] 张明:《城乡一体化与社会管理体制改——以江苏省苏州市为例》，《苏州大学学报（哲学社会科学版）》2010 年 11 月。

[31] 王振:《上海城乡发展一体化的战略目标瓶颈制约与对策建议》，《上海经济研究》2015 年第 2 期。

[32] 陈锡文:《推动城乡发展一体化》,《求是》2012 年第 23 期。

[33] 张桂文:《破除二元经济结构，促进城乡发展一体化》,《理论界》2015 年第 10 期。

[34] 贺大兴:《乡镇撤并改革对农村公共品供给影响实证研究》,《农业现代化研究》2014 年第 5 期。

[35] 贺大兴，姚洋:《不平等、经济增长和中等收入陷阱》,《当代经济科学》2014 年第 5 期。

[36] 武力，温锐:《1949 年以来中国工业化的“轻、重”之辩》,《经济研究》2006 年第 9 期。

[37] 李新生，谢元态:《美国农村金融体制、运作及启示》,《江西财经大学学报》2003 年第 3 期。

[38] 苏明:《我国城乡发展一体化与财政政策思路》,《当代经济管理》2014 年 1 月。

[39] 陈萍，李平:《如何矫正城乡一体化政策的城市偏向——基于 1978—2012 年省级面板数据的分析》,《学术前沿》2014 年第 7 期。

[40] 缪宁:《论农村宅基地使用权的流转》,《现代商贸工业》2009 年第 6 期。

[41] 孔祥智，刘同山:《赋予农民更多财产权利：必要性、内涵与推进策略》,《教学与研究》2014 年 1 期。

[42] 杨小玲:《城市化进程与农村金融的协调发展研究》,《金融教学与研究》2011 年第 2 期。

[43] 徐伟:《城乡一体化进程中农村宅基地流转问题探析》,《法学研究》2010 年第 10 期。

[44] 杨慧，谭玉连:《城乡一体化取向下公共财政管理改革的探析》,《河北青年管理干部学院学报》2012 年第 6 期。

[45] 王萍，西顺:《当前农村合作金融的困境及对策安排》,《农村金融》2011 年第 10 期。

[46] 卢文祥:《发达国家农村金融服务体系历史演进研究》,《经济研究导刊》2011 年第 33 期。

[47] 鲁胜桂，卞凌云，李文涛:《积极推进土地流转加快城乡一体化进程》,《甘肃农业》2012 年第 21 期。

[48] 林小平:《加强农村政策性金融支农作用研究》,《中国农业银行武汉培训学院学报》2014 年第 1 期。

[49] 黄艳，景美凤:《借鉴国外经验，统筹城乡金融一体化发展》,《法制与经济》2010 年 12 月。

[50] 卫志民，李忠昶，关园:《美国农业金融体系的基本架构、特征及启示》,《经济纵横》2014 年第 9 期。

[51] 韩鹏，史卫国期:《农村资本市场研究进展与述评》,《贵州社会科学》2011 年 5 月。

[52] 王硕，刘跃苍，刘亚涛，刘润良:《浅谈邮政储蓄银行在支持新农村建设中存在的问题》,《河北金融》2011 年 12 月。

[53] 笪管珊:《日本农协的发展及其对中国的经验启示》,《当代经济管理》2014 年 6 月。

[54] 杨正位:《台湾农会的成功经验与启示》,《中国延安干部学院学报》2012 年 9 月。

[55] 施正屏，罗志敏:《探索台湾农业金库改革效能之经济分析》,《台湾农业》2011 年 6 月。

[56] 武函竹:《新型农村金融机构发展存在的问题及对策》,《经济研究导刊》2013 年第 23 期。

[57] 李新生，谢元态:《美国农村金融体制、运作及启示》,《江西财经大学学报》2003 年 3 月。

[58] 李敬，张阳艳，熊德平:《制度创新与统筹城乡发展——来自重庆统筹城乡综合配套改革试验区的经验》,《农业经济问题》2012 年第 6 期。

[59] 李香兰:《成都市统筹城乡发展推进城乡一体化的经验与启示》,《理论研究》2015 年 2 月。

[60] 姚玉洁等:《部分城市公积金出现缓贷甚至断贷公积金闹“钱荒”“刚需”最受伤》,《人民日报》2013 年 10 月 11 日。

[61] 段成荣，王文录，王太元:《户籍制度 50 年》,《人口研究》2008 年第 1 期，第 43—50 页。

[62] 冯海发，李澂:《我国农业为工业提供资金积累的数量的研究》,《经济研究》1998 年第 8 期，第 60—64 页。

[63] 贺大兴:《乡镇撤并改革与农村经济增长》,《南方经济》2012 年第 10 期，第 51—62 页。

[64] 贺大兴:《农业生产率和粮食安全》,《南京农业大学学报（社会科学版）》2015 年第 6 期，第 68—77 页。

[65] 李世东等:《新中国生态演变 60 年》，科学出版社 2010 年版，第 150—200 页。

[66] 陆益龙:《1949 年后的中国户籍制度：结构与变迁》,《北京大学学报》2002 年第 2 期，第 123—130 页。

[67] 武力:《1949——1978 年中国“剪刀差”差额辩正》,《中国经济史研究》2001 年第 4 期，第 3—12 页。

【英文】

[1]Fan S and Zhang X.Production and Productivity Growth in Chinese Agriculture：New National and Regional Measures[J].Economic Development and Cultural Change.2002,50(4):819-838.

[2]maiH.The Labor Income Tax Equivalent of Price Scissors in Pre-reform China[J].Journal of Comparative Economics.2000,28:524-544.

[3]Liu Z.Institution and Inequality:the Hukou System in China[J].Journal of Comparative Economics,2005(33):133-157.

[4]Kuznets S.Economic Growth and Income Inequality[J].American Economic Review,195,45(1):1-28.

[5]Manuelli R and SeshadriA.Human Capital and the Wealth of Nations[J]. American Economic Review.2014,104(9):2736-62.

[6]Pritchett L and Summers L.Asiaphoria Meets Regression to the Mean[J].NBER Working Paper,2014,w20573.

[7]Schultz T.Investment in Human Capital:The Role of Education and of Research[M].The Free Press,1971,1-272.

[8]Whalley J and Zhang S.A Numerical Simulation Analysis of(Hukou)Labor Mobility Restriction in China[J]. Journal of Development Economics.2007(83):392-410.

[9]Young A.The razor's edge:Distortions and incremental reform in the People's Republic of China[J].2000,CXV(4):1091-1135.

[10]Xu Y and Yao Y.Informal Institutions,Collective Action,and Public Investment in Rural China[J].American Political Science Review,2015,109(2):371-391.

[11]Bettencourt L.The Origins of Scaling in Cities[J]. Science.2013(340):1438-1441.

后　记

全面建成小康社会和实现社会主义现代化，关键在补齐“农业农村”短板。新时代实施乡村振兴战略，着力推进城乡融合发展，是决胜全面建成小康社会和加快现代化建设的重大战略。

进入新世纪以来，党中央一直着力推进城乡的协调发展。从党的十六大提出“统筹城乡经济社会发展”，到党的十九大提出“城乡融合发展”，体现了我国经济社会发展战略的不断完善和逐步升华。十几年的统筹城乡发展实践和理论创新，为城乡融合发展奠定了坚实的现实基础。然而，在一个拥有十几亿人口且很大比例在农村的大国实现城乡融合发展和全面建成小康社会，将是十分繁重而复杂的艰巨任务，也是人类发展史上的伟大壮举。

正是“任务”的艰巨和“壮举”的伟大强烈地激发着研究小组的探寻热情。究竟怎样才能顺利完成其艰巨任务以成功实现这一“壮举”？带着浓厚的兴趣，研究小组开始了对中国城乡融合发展的认真探讨。该研究作为教育部人文社会科学重点研究基地重大项目，得到了教育部和北京大学的大力支持。先后历时三年的调查和研究，数易书稿，其间发表了10余篇相关的学术论文，产生了一定的影响。

全书共九章，由白雪秋负责全书的架构设计和统稿工作，具体的写作分工如下：白雪秋，第一章；赵东明，第二章；宋海云，第三章；于潇，第四章；周钧，第五章；贺大兴，第六章；黄俊立，第七章；王在全，第八章；聂志红，第九章。

感谢北京大学中国特色社会主义理论体系研究中心和马克思主义学院对该项研究的热情鼓励和有力支持；感谢陈兰芳女士在整个研究过程中所给予的诸多协助。感谢孙代尧教授对此书的完善所提出的宝贵建议；感谢责任编辑对此书出版的认真态度和专业精神。感谢所有致力于研究城乡关系问题的有识之士们，本书正是站在了他们之肩膀上的。

白雪秋

2018年4月